예언

종교사상가들이 예언한 한국의 미래와 사명

최준식 지음

예언

종교사상가들이 예언한 한국의 미래와 사명

최준식 지음

주류성

목차

III. 과연 한국인은 영적으로 높은 민족일까?   210

코로나 19라는
역병의 만연에 즈음하여

　나는 원래 이 글을 쓰지 않으려 했는데 이 책을 출간 준비하던 중 갑자기 중국 발 역병이 터졌다. 이 사건은 이 책의 내용과 직간접적으로 연관되어 있어 따로 서문을 쓰지 않을 수 없었다. 이 책은 영능력자들이 한국의 미래에 대해 예언한 것을 다루고 있는데 많은 예언이 한국이 미래에 영적인 선진국이 된다고 주장했다. 본문에서도 밝혔지만 나는 이 예언의 실현 여부에 대해 긴가민가했는데 뜻밖에 터진 역병 때문에 그 가능성이 보이기 시작했다. 이에 대해 다시 글을 쓰기보다는 마침 이 현상에 대해 국내 한 일간지에 게재한 글이 있어 그것으로 서문을 대신했으면 한다.

한국이 영적인 국가가 된다고?

나는 지금 매우 기이한 주제를 다룬 책을 출간 준비하고 있다. ‘영능력자들이 바라본 한국의 미래’가 그 주제인데 이에 대해서는 이 지면에서 간략하게 다룬 적이 있다. 여기서 말하는 영능력자란 출중한 종교가일 수도 있고 영적인 존재일 수도 있다.

이런 사람들의 예언 말고 또 『주역』이나, 『정감록』 혹은 『송하비결』 유의 비결서를 바탕으로 한국의 미래에 대해 예언하는 것도 빠트릴 수 없다. 이 가운데 가장 대표적인 것은 탄허 스님이 『주역』을 통해 내린 한국의 미래에 대한 예언이다. 그런가 하면 외계인들이 한국의 미래에 대해 예언했다는 황당한 주장도 있었다.

나는 이 예언들의 신뢰성에 대해 등급을 매겨 보았다. 영화를 5점으로 품평하듯이 이 예언들에 대해 점수를 매겨본 것이다. 같은 예언이라 해도 믿을 수 있는 것이 있고 그렇지 않은 것이 있다는 생각에서 그렇게 한 것이다. 이 평가는 주관적일 수 있지만 내용의 내적 일관성 혹은 예언가가 지닌 영격(靈格)의 고하, 그리고 사회적 위치 등을 고려해 점수를 매겨 보았다.

그 결과 원불교를 창시한 소태산 박중빈이나 그의 제자인 정산 송규가 행한 예언이 5점에 가까운 점수를 받은 반면 미국의 개신교 부흥사들이나 외계인이 했다는 예언은 최하위가 되었다. 그 중간에는 인지학(人智學)을 창설한 슈타이너 등이 내린 예언이 포진되었다.

그런데 이 등급이 어떻든 놀라운 것은 이 모든 예언들의 결론이 같다는 것이었다. 신뢰도가 가장 높았던 소태산은 물론이고 가장 신임할 수 없었던 미국 부흥사들 역시 같은 주장을 하고 있었다. 이것은 어떤 예언일까? 한국이 앞으로 이 세계를 정신적으로 이끌고 간다는 것이 그것이다.

소태산과 정산은 미래의 한국은 세계 여러 나라 가운데 정신적 방면에서 제일가는 지도국이 될 것이라고 힘주어 말했다. 나는 이들의 예언을 대할 때마다 이 분들을 매우 존경하지만 이 예언은 너무 나간 것 아닌가 하는 생각을 지울 길이 없었다(참고로 나는 원불교도가 아니다).

소태산이 행한 것으로, 한국은 앞으로 물고기가 진화해 용과 같은 국가가 된다는 예언은 익히 들어 잘 알고 있다. 이 예언은 맞았다. 한국은 이미 아시아의 작은 용이 되었고 지금은 세계적인 용이 되기 위해 도약 중이니 말이다. 여기까지는 나도 수용할 수 있는데 한국인이 미래에 전 세계를 정신적으로 이끈다는 예언은 정녕 받아들이기 힘들었다. 한국의 정치나 교육, 종교 등의 분야에서 보이는 난맥상을 보면 그렇게 생각할 수밖에 없었다.

그런데 최근 뜻밖의 사태를 맞이하면서 이 예언이 실현될 수도 있겠다는 심산이 섰다. 주지하다시피 지금 전 세계는 중국 발 역병 때문에 큰 곤혹을 치르고 있다. 언제 끝날지 모르는 이 역병은 세계의 모든 것을 바꾸는 엄청난 힘을 발휘했다. 그런데 이 역병을 대하는 각국의 모습에서 우리는 세계의 미래 상을 보게 되었다.

이번 사태에서 한국인들이 보여준 모습은 실로 놀라웠다. 가장 선진화된 모습을 보여주었기 때문이다. 한국의 발전된 의료보험과 의료이용 체계, 그리고 정보 통신 체계의 우수성 등등 외적인 면 등은 단연 세계 수위였다. 그러나 내가 보기에 한국인들이 가장 뛰어났던 것은 그들이 지닌 성품의 '선함'이었다. 큰 위기 앞에서 자신의 안위나 불편함보다 사회나 이웃을 먼저 생각한 그 선함 말이다.

이른바 선진국이라는 나라에서는 볼 수 없었던 의료진들의 불굴의 희생정신, 남을 먼저 생각하는 국민들의 마스크 착용이나 사회적 거리 두기, 또 힘들지만 철저하게 자가 격리를 준수하는 모습 등은 눈물겨운 것이었다. 이렇듯 한국인들의 선한 배려 정신은 세계를 놀라게 했다.

이것은 한국인들이 도덕적으로 매우 선한 심성을 지녔다는 것을 의미한다. 높은 영성은 바로 이 선한 마음에서 비롯된다. 이번 사태를 통해 보면 한국인들은 영적으로 높은 민족이 되기 위해 시동을 건 것처럼 보인다. 앞으로의 미래가 자못 흥미진진해진다.

동해

들어가며

왜 이 책을 쓰게 되었을까? 나는 전부터 한국의 미래에 대해 관심이 많았다. 이유는 간단하다. 한국은 이번 생에 내가 태어난 나라이기 때문이다. 자기 나라에 대해 관심을 갖는 것은 아주 당연한 일 아니겠는가. 그런가 하면 객관적으로 보아도 한국은 그 미래가 궁금한 나라이지 않을까 하는 생각도 든다. 지금까지 한국에서 벌어진 것만 보아도 한국은 기적의 나라라고 할 수 있다. 현대에 들어와 어느 민족도 하지 못한 일을 한국인들이 거의 유일하게 해냈기 때문이다. 경제 성장과 민주화가 바로 그것이다. 그런 나라가 지금은 굉장히 어려운 처지에 있다. 남북 대치 상황에서 북한 핵 위협을 위시해 세계의 최강대국 사이에 끼어서 아주 난처한 상황에 있다. 그런 한국이 과연 미래에는 어떻게 될지 궁금한 것이다.

한국이 미래에 영적인 선진국이 된다는 예언과 현실 우선 한국의 기적적인 현실에 대해서 보자. 이에 대해서는 뒤에서 구체적으로 볼 테지만 여기서는 설명의 전개를 위해 아주 짧게만 살펴보자. 한국은 한 마디로 말해 제2차 세계대전이 끝나고 해방된 수많은 피식민지 국가 가운데 선진국이 된 유일한 나라라 할 수 있다. 한국은 6.25 전쟁이 끝난 직후 세계에서 가장 가난한 나라였다. 그런 나라가 50~60년 만에 국내총생산량(GDP)이 세계 11위까지 올라갔다. 경제 대국이 된 것이다. 호주나 네덜란드, 스페인, 러시아 등과 같은 세계 강국들도 제쳤다. 이것은 객관적인 사실이라 이미 많이 알려져 있다. 한국의 기적은 여기서 그치지 않는다. 한국은 그 어렵다는 민주주의마저 실현했다. 물론 완전한(?) 민주주의를 이룩한 것은 아니지만 말이다. 민주주의 지수로 따지면 한국은 아시아에서 가장 앞선 나라라고 한다. 한국은 이로써 두 마리의 토끼를 다 잡은 셈이다.

그런데 한국은 21세기에 들어오면서 또 이상한 일을 해내고 있다. 다른 분야도 있지만 한국은 특히 문화 분야에서 전 세계를 놀라게 하고 있다. 예상할 수 있듯이 이 문화는 한류를 말한다. 특히 한국의 대중문화, 그 중에서도 대중음악은 세계를 뒤덮었다. 방탄소년단(BTS)으로 대표되는 한국의 대중음악은 전 세계 음악 시장에서 상수(常數)가 되었다. 더 이상 변두리가 아닌 것이다. 특히 방탄소년단은 영국의 전설적인 그룹인 비틀스에 버금가는 인기를 누리고 있다. 한국의 대중문화가 세계를 휩쓸 것이라고 예상한 사람은 과문한 탓인지 모르지만 그동안 아무도 없었다.[1] 이처럼 전 세계를 휩쓰는 문화를 만들어내는 것은 아무 국가나 할 수 있는 것이 아니다. 지금까지 이 일을 성공한 국가는 대부분 구미 국가들이었지 비서구 국가에서는 이런 일이 벌어지지 않았다. 비서구 국가 가운데 가장 발달한 일본도 이런 일을 해내지 못했다. 일본에 비해 볼 때 한국은 그동안 동아시아 끝자락에 일본과 중국 사이에 있는 별 볼 일 없는 변두리 국가에 불과했다. 그런 나라가 이런 세계적인 문화를 만들어낸 것이다. 이처럼 한국은 경제와 정치, 그리고 문화의 방면에서 세계에 유례가 없는 성공을 일구어냈다. 다 찌그러진 나라가 번듯한 선진국이 된 것이다. 그래서 특히 제3세계의 국가들이 닮고 싶은 독보적인 존재로 부상하였다. 과거에 자신들보다 한참 처져있었던 한국이 세계의 중심 국가가 되어 가는 것을 보고 그들도 한국처럼 될 수 있다는 자신감을 갖게 된 것이다.

그런데 그런 외부적인 찬사와는 달리 한국인들에게는 자신들이 이룩한 것에 대한 자부심이 잘 보이지 않는다. 그렇게 된 이유 중의 하나는 한국인들은 도저히 행복할 수 없는 사회 문화 속에서 살고 있기 때문일 것이다. 이 점에 대해서도 곧 뒤에서 보겠지만 한국 사회에 산다는 것은 엄청난 '스트레스' 속에 사는 것을 의미한다. 한국 사회에는 사람답게 사는 '생활'이라는 것은 보이지 않고 그저 '생존'만 있는 것처럼 보인다. 지금 한국은 사회의 모든 면에서 난맥을 보이고 있다. 저질 중의 상 저질인 정치계나 살

---

1) 그러나 나는 십여 년 전부터 한국인들의 뛰어난 가무 정신은 세계를 놀라게 할 것이라고 주장했다. 이 주장을 정리한 것이 졸저 『한국의 신기』(소나무, 2012)다.

인적인 경쟁에 신음하는 교육계, 그리고 영혼이 텅 빈 것 같은 종교계 등등 한국은 병에 찌든 사회라고 할 수 있다. 과장처럼 보일 수도 있겠지만 내 눈에 한국은 거대한 정신병동처럼 보인다. 그래서 정신이 성한 사람이 없는 것 같다. 모든 것이 너무 불합리하게만 돌아간다. 이 점에 대해서는 뒤의 본론에서 상론할 것이다.

게다가 한국을 둘러싼 국제 정세도 매우 나쁘다. 그 중에서도 북핵 문제는 가장 큰 골칫덩이라 할 수 있다. 그동안 한국은 지독한 악성국가인 북한으로부터 엄청나게 많은 괴롭힘을 당해왔다. 전 세계적으로 볼 때에 북한은 악성 종양 같은 존재다. 북한은 그 국가가 성립한 이래 인류에게 공헌한 바가 거의 없었다. 대신 자국 국민을 노예처럼 부리면서 어마어마한 고통을 주었고 주변 국가, 특히 남한에 씻을 길 없는 상처를 주었다. 그들은 드디어 마지막 카드인 핵으로 남한을 비롯해 전 세계를 위협하고 있다. 그래서 전 세계가 유엔을 앞세워 북한의 악을 차단하기 위해 온갖 노력을 하고 있다.

이 북한 때문에 가장 큰 피해를 받고 있고 앞으로도 받을 나라는 한국이다. 그것은 당연한 일이다. 북한이 어떻게 해서든 남한을 삼키려고 호시탐탐 기회를 노리고 있기 때문이다. 김일성이 살아생전에 이런 말을 했다고 전해진다. 그에 따르면 '한반도의 평화는 남한이 사라질 때 비로소 가능하다'는 것인데 이것은 북한이 남한을 흡수하기까지는 항상 전쟁 상태라는 것을 의미한다. 그들은 이 목표를 달성하기 위해 어떤 일이든 할 것이고 목표 달성 여부에 관계없이 끝까지, 다시 말해 그들의 국가가 붕괴되기 직전까지 온 힘을 다해 남한에게 위해를 가할 것이다.

한국은 이러한 현실을 직시하고 이것을 타개하기 위해 노력을 아끼지 않아야 한다. 그래서 어떻게 해서든 남한 주도로 평화적인 통일을 이루어야 한다. 그런데 그것으로 끝나는 것이 아니다. 그 다음에는 북한에 70여 년 동안 있어 왔던 악을 정리해야 하기 때문이다. 설혹 통일이 되었다 하더라도 이 북한 사회에 만연했던 악과 그 외의 수없이 많은 문제들을 어떻게 해결할 수 있을지에 대해서는 전혀 대중을 잡을 수 없다. 시행착오를 최소한으로 줄이면서 북한을 남한의 자유민주주의 체제로 편입하는 일은 엄청나게 힘든 일일 것이다. 과연 이 일이 성공할지 어떨지는 지금으로서는 도저히 예측하기 힘들다. 이 같은 한국 사회를 보고 있노라면 한국인들은 현재 얼마나 고달픈 삶을 살고 있는지 알 수 있다. 이 같은 요인으로 인해 한국인이 앞으로 인간으로서 품위를 갖고 살 가능성은 그리 높아 보이지 않는다.

이런 여러 현실을 감안해 보면 한국인들은 주눅이 들어 기를 못 필 것 같은데 뜻밖에 한국인들을 놀라게 하는 것이 있어 우리의 주목을 끈다. 그것은 한국의 미래에 대해 영능력자나 그에 버금가는 존재들이 행한 예언이다. 이 책에는 다양한 예언들이 제시되고 있는데 놀랍게도 이 가운데 많은 예언이 한국이 앞으로 뛰어난 영적인 국가가 된다는 데에 의견을 같이 하고 있다. 이 예언에 따르면 한국은 일단 남한 주도의 평화통일을 이룩할 뿐만 아니라 그 뒤에 세계적인 강국이 될 것이라고 한다. 지금 한국이 내외적으로 처해 있는 상황을 보면 도저히 그럴 것 같지 않은데도 말이다. 그런데 이 예언들은 여기에서 끝나지 않고 한 걸음 더 나아간다. 한국이 멀지 않은 미래에 영적 선진국이 될 것이라고 진단하고 있으니 말이다.

예를 들어 보면, 나중에 자세하게 언급하겠지만 원불교를 창시한 소태산 박중빈은 세계 아틀라스에서 한국이라는 나라가 완전히 사라진 일제기에 한국은 앞으로 엄청난 발전을 해 세계를 정신적으로 인도할 것이라고 예언했다. 구체적으로 그는 한국은 어변성룡(魚變成龍)의 국가, 즉 지금은 물고기와 같은 작은 존재에 지나지 않지만 미래에 용과 같은 최고의 나라가 될 것이라고 예언했다. 당시에는 이 예언의 적중에 대해 긴가민가했겠지만 현재 시점으로 볼 때 그의 예언은 적어도 반은 맞는 것이 된다. 경제적으로는 용과 같은 국가가 됐으니 말이다. 한국은 이미 아시아의 작은 용으로 불렸으니 그의 예언, 즉 한국이 용과 같은 나라가 된다는 것은 정확히 맞힌 것이라 할 수 있겠다(물론 지금은 작은 용이 아니다). 그에 비해 아직 실현이 되지 않은 반은 한국이 정신적인 지도국이 된다는 것이다. 한국이 정신적인 지도국이 되어야 그의 예언이 백퍼센트 실현된 것이라 할 수 있다. 지금 한국의 상황을 보면 이 예언은 실현될 가능성이 그다지 크게 보이지 않는다. 그런데 만일 이러한 주장을 소태산만 예외적으로 했다면 그냥 지나칠 수도 있겠지만 이와 비슷한 주장을 하는 예언가들이 국내외에 산재해 있어 범상치 않다는 생각이다. 그래서 나는 이들의 예언을 한 번 모아 구체적으로 검토해 보면 매우 흥미롭겠다는 생각을 했고 그 결과가 이 책이다.

이 책의 가설 중 하나 - 국가에도 운이 있다! 이 책은 이처럼 이러한 영능력자나 그에 준하는 존재들이 한국의 미래에 대해 예언한 것들을 분석한다. 그런데 이렇게 하는 데에는 하나의 암묵적인 가정이 있다. "개인에게 **일정한 운이 있듯이 국가에도 국운이 있다**"는 것이다. 이 가정의 핵심은 나라에도 일정한 운이 있다는 것이다.

이 가정에 대해서 여러 비판이 있을 수 있다. 우선 개인에게 일정한 운이 있다는 것부터 받아들이지 못하는 사람들이 있을 수 있다. 이런 사람들은 나라에 일정한 운이 있다는 것은 더더욱 받아들이기 힘들 것이다. 개인에게도 운이 있을 수 없는데 어떻게 나라에 운이 있겠냐는 것이다. 이들의 주장을 이해 못할 바는 아니다. 이렇게 주장하는 사람들은 대략 이러한 생각을 하는 것 같다. 사람은 자유의지가 있어 미래를 자기 마음대로 결정할 수 있다. 따라서 어떤 미래가 펼쳐질지는 누구도 알 수 없다. 그런 관점에서 볼 때 이미 결정된 운이 있다는 것은 말이 안 된다는 것이다.

그런데 여기서 필자가 말하는 '개인에게는 운이 있다'는 것은 어떤 사건이 결정되어 있다고 주장하는 것이 아니다. 개인에게 닥치는 사안이 결정되었는지 결정되지 않았는지는 잘 알 수 없는 영역의 이야기다. 여기서 주장하는 것은 그런 사건에 대한 정확한 예언이 아니라 무슨 사건이 벌어지든 거기에는 일정한 기운의 흐름이 있다는 것이다. 물론 이것도 가정이지만 말이다. 만일 이 가정을 받아들인다면 다음과 같은 예상이 가능할 것이다. 개인에게 있다고 하는 이 기운의 흐름을 잘 읽어낸다면 그 개인의 미래를 알 수 있지 아닐까 하는 것이다. 만일 어떤 사람이 지닌 기운의 흐름이 탁하거나 막혀 있으면 그 사람이 하는 일은 백발백중 실패로 끝난다. 반대로 그 흐름이 원활하고 정화되어 있으면 그 사람의 일은 반드시 성공한다. 이것은 밖에서 보는 상황과는 무관할 수 있다. 아무리 좋은 환경에 처해 있더라도 기운의 흐름이 좋지 않으면 그 사람의 일은 실패로 끝난다. 반대로 상황은 안 좋지만 그 사람의 기운이 좋으면 그는 반드시 성공한다. 그런데 사람들의 인생을 관찰해보면 확실히 개인에게는 기운의 부침(浮沈), 즉 뜨고 가라앉음이 있는 것 같다. 따라서 만일 이것을 정확하게(?) 읽어낸다면 그 개인의 미래를 어느 정도는 예측할 수 있을 것이다.

내가 여기서 말하고 싶은 것은 개인에게 통용되는 것을 국가에게도 적용해보자는 것이다. 당연한 것이지만 이 국가라는 사회는 수많은 개인으로 구성되어 있다. 그런데 앞에서 이 개인들은 일정한 기운을 갖고 태어난다고 가정해보자고 했다. 사정이 그렇다면 이런 개인들이 모였을 때 그 집단인 국가나 사회에는 어떤 일정한 기운의 흐름이 생기지 않을까 하는 생각을 해볼 수 있다. 여러 개인들의 수많은 기운이 모여 일정한 대세가 형성되는 것이다. 그래서 만일 그 대세가 밝고 열려 있어 상승의 기운을 갖고 있으면 그 집단은 흥하게 될 테지만 그렇지 않은 집단은 쇠락할 것이라는 예측이 가능할 것이다. 인류 역사를 보면 그동안 수많은 왕조와 나라가 있었는데 그 집단의 흥과 망을 이런 시각에서 보면 이해할 수 있을 것이다.

그런 시각으로 과거 역사를 보면, 어떤 국가가 겉으로 보기에는 상당히 강한 것처럼 보여도 그 전체적인 기운이 하강의 국면에 있을 수 있다. 그런데 마침 이런 나라가, 비록 외부적으로는 열세인 것으로 보이지만 기운이 상승하는 국가로부터 침공을 받았다고 하자. 이때 사람들은 당연히 외부적으로 강하게 보이는 나라가 필승할 것으로 예상할 것이다. 그러나 그 예상과는 달리 이 열세의 나라가 뜻밖에 전쟁을 이기는 경우가 있다. 왜 이런 일이 일어났을까? 여기에는 여러 해석이 가능하겠지만 이것은 열세인 나라의 전체적인 기운이 강세로 보이는 상대 국가보다 훨씬 더 큰 상승세를 탔기 때문이라고 해석할 수 있다.

독자들의 이해를 돕기 위해 예를 들어보면, 러일 전쟁 때 러시아의 무적 함대인 발틱함대를 무찌른 일본이 그런 예에 속하지 아닐까 싶다. 당시 전 세계에서 작은 나라라 할 수 있는 일본의 해군이 천하무적인 러시아 함대를 이기리라고는 아무도 예상하지 못했다. 그러나 그런 예상을 깨고 도고 [東鄕] 제독이 이끄는 일본 함대가 러시아 함대를 물리쳤다. 일본은 이 전투를 승리로 이끌면서 러일 전쟁을 승리로 마감한다. 이 전쟁의 결과를 놓고 전 세계는 경악했다. 동북아의 끄트머리에 있던 작디작은 일본이라는 신생국이 유럽의 대국인 러시아를 이길 것이라고는 전혀 예상하지 못했기 때문이다. 이 사건을 위의 관점에서 해석해 보면, 이것은 당시 일본의 전체적인 운세가 빠르게 상승세를 타고 있던 반면 러시아의 운세는 하강 국면에 있었기 때문이라고 할 수 있을 것이다. 일본은 그 뒤에도 기운이 계속 상승해 한국을 병탄하고 만주나 중국 본토까지 침략하는 엄청난 기세를 보였다. 그에 비해 러시아는 그 뒤에 하강 국면이 이어져, 정확히 말해 제정 러시아는 1917년에 일어난 볼셰비키 혁명에 의해 막을 내리게 된다. 왕조가 아예 없어졌으니 그 기운이 끊긴 것이다.

남의 이야기만 하지 말고 이러한 생각을 한국에 대입해 보자. 그러면 다음과 같은 이야기가 가능할 것이다. 한국은 혹독한 식민지 체험과 연이은 미증유의 전쟁으로 인해 앞에서 말한 대로 알거지가 되었다. 그래서 겉으로만 보면 한국은 어떤 기회가 주어져도 다시 일어나지 못할 나라로 보였다. 그 때문에 당시에 한국의 미래를 긍정적으로 점친 사람은 하나도 없었다. 그런데 앞에서 잠깐 본 것처럼 소태산과 같은 영능력자들은 한국의 미래를 아주 밝게 보았다. 그것도 일제기처럼 한국이 세계지도에서 완전히 사라진 때에 말이다. 그런 일이 어떻게 가능했을까? 우리는 소태산이 어떤 배경으로, 또 어떤 근거로 그런 주장을 했는지 잘 모른다. 그러나 추정해본다면, 소태산과 같은 인류 최고의 종교가들은 한국이라는 한 국가의 기운이 현재 어떠하고 그것이 앞으로 어떻게 될 것인가를 직관적으로 감지한 것 아닐까 하는 생각이다. 소태산은 비록 당시의 한국이 피식민국가에 불과했지만 그 땅에 태어난 사람들이 지닌 기운 등을 비롯해 국가적 기운이 상승하는 것을 체감했던 것 같다. 그렇지 않고서야 한국의 미래를 저리 밝게 예언할 수 없다.

영능력자들은 이른바 '아카식 레코드'를 읽는다?　이런 기운의 체감은 우리 일반인들에게는 불가능한 일이다. 반면 소태산과 같은 인류 최고의 종교가들은 이런 능력을 갖고 있는 것처럼 보인다. 우리는 이런 일이 영능력자에게 어떻게 가능한지 그 구체적인 정황은 모른다. 이에 대한 일반적인 설명은, 그 같은 영능력자들은 아카식 레코드(혹은 아카샤[2]의 기록)라 불리는 우주의 기억을 읽을 수 있는 능력을 갖고 있다는 것이다. 이것은 일부의 종교가들이 갖고 있는 신념으로 그 신념에 따르면 이 우주는 그 기저가 의식으로 형성되어 있다고 한다.

이것을 힌두교 식으로 표현하면, 이 우주는 브라만이라는 절대 의식 혹은 우주 의식(Cosmic Consciousness)으로 되어 있어 우주에 있는 물질을 포함한 모든 것이 이에서 비롯됐다고 할 수 있다. 이 입장에서 볼 때 이 우주는 브라만밖에 존재하는 것이 없다. 브라만만이 존재하는 것이다. 다른 것은 모두 허상, 혹은 그림자일 뿐이다. 불교에서도 같은 주장이 되풀이된다. 이 신념을 가장 잘 표현한 학파는 유식학(唯識學)이다. 이 학파의 주장은 '존재하는 것은 의식뿐이다'는 뜻을 갖고 있는 그 이름에 잘 표현되어 있다. 그래서 '오로지' '유'에 '의식' '식'이라고 하는 것이다. 이 입장에서 보면 외계에 존재하는 물질은 단지 의식이 투사된 것[mental ideation]일 뿐이다. 이러한 사고는 눈에 보이는 물질만이 존재한다고 믿고 있는 대다수의 우리들 입장에서는 받아들이기가 매우 힘든 주장이다. 내 눈 앞에 멀쩡하게 외계의 사물들이 존재하는데 그게 다 허상이라니 도무지 이해가 안 되는 것이다. 그러나 이 입장은 힌두교나 불교에서 확고한 기반을 가진 정통파의 철학으로 높은 경지에 올라간 사람만이 체감할 수 있는 것이다.

이런 입장을 견지하고 있는 사람들은 바로 이 의식에 지금까지 이 우주

---

2) 아카샤는 산스크리트어로 공간이나 하늘을 뜻한다.

에 있었던 모든 사건이나 사람들이 생각했던 모든 것이 저장되어 있다고 주장한다. 그런 끝에 나온 가정이 '이 (우주)의식은 모든 것을 알고 있다, 다시 말해 절대 진리를 알고 있는 존재'라는 것이다. 종교 용어로는 이것을 전지적(全知的, omniscient) 존재로 표현하고 있다. 유일신교에서 신의 속성 가운데 하나로 이 기능을 넣는 것도 같은 맥락에서 이해될 수 있다. 이것은 인격적인 존재로 표현되는 신이 의식을 갖고 있기 때문에 가능한 것이다.

그런데 이 (우주)의식은 결코 폐쇄적이지 않다. 이 의식은 누구에게나 완전히 열려 있다. 우리 같은 보통 사람들도 몸은 말할 것도 없고 개인의식을 청정하게 해서, 다시 말해 의식을 고양시켜 이 (우주)의식과 파동을 맞출 수 있다면 이 의식에 다가갈 수 있다. 만일 그 일에 성공한다면 우리는 이 의식에 저장되어 있는 정보를 접할 수 있다. 그 무한한 정보는 항상 개방되어 있는데 자아에 갇혀 있는 우리가 이 우주 의식과 파동을 맞추지 못해 그 정보를 알아내지 못하는 것이다. 이야기가 조금 추상적으로 흘러 독자들이 이 주장이 무엇을 의미하는지 잘 모를 수 있겠다.

독자들의 이해를 위해 예를 하나 들어 보자. 이러한 믿음을 가장 잘 설명해 줄 수 있는 예 가운데 일반 독자들이 가장 친숙한 사람은 아마도 에드가 케이시일 것이다. '잠자는 예언자'라는 별칭으로 불렸던 케이시는 미국에서 20세기 최고 예언자로 숭앙받던 사람이다. 그는 혼자 자가(自家) 최면 상태에 들어가 환자들의 병의 원인과 그 치료법을 발설한 것으로 유명하다. 옆에 있는 사람이 최면 상태에 있는 그에게 환자의 이름과 주소를 알려주면 이 정보들이 그의 입에서 술술 나왔다. 어떻게 해서 이런 일이 가능했을까? 그의 체험을 설명해본다면, 그는 아마 최면 상태로 들어가 자신의 무의식 안으로 깊숙이 들어가서 앞에서 말한 우주 의식과 코드를 맞추었을 것이다. 그는 그런 식으로 아카식 레코드에 접근했을 것이고 그 과정에서 그 환자에 대한 전체적인 정보를 접하고 거기에 기록된 해결책을 그대로 전달했을 것이다. 이것은 추정이지만 이렇게 하는 것 외에는 다른 방도가 없다.

이 관점에서 보면 사람들이 하는 종교 체험도 이 같은 방법으로 해석할 수 있다. 종교 체험이 대단한 것처럼 보이지만 그것은 그 사람이 자신의 능력으로 대단한 것을 획득한 것이 아니라 단지 이 아카식 레코드에 접속한 것이라 할 수 있다. 다시 말해 자신의 의식 수준이 갖고 있는 파동을 아카식 레코드의 수준으로 끌어 올린 것이라고 해석할 수 있다는 것이다. 따라서 종교 체험이라는 것은 그 체험을 한 사람이 새로운 능력을 갖는 것이 아니라 원래부터 누구에게나 갖추어져 있는 능력을 발현시킨 것에 불과한 것이라 할 수 있다. 이 레코드에 접속되는 순간 우리는 어떤 노력을 하지 않아도 모든 것을 알게 되기 때문이다. 이것은 논리적이기보다 직관적이고, 의식적이기보다 무의식적인 세계에서 이루어지는 일이라 매우 비과학적으로 들릴 수 있을 것이다. 그러나 이는 일반인들보다 뛰어난 능력을 가진 사람들이 하는 주장이라 간과할 수는 없다. 그럼에도 불구하고 이런 주장을 할 때에는 매우 조심해야 한다는 것을 잊어서는 안 된다.

영능력자라고 해서 다 맞는 것은 아니다! 이 책은 바로 이런 (우주)의식을 읽어냈다고 믿어지는 사람이나 그런 존재들이 행한 예언을 다룬다. 여기서 우리는 심각한 문제에 봉착한다. 위에서 말한 가정을 모두 받아들인다 해도 여전히 큰 문제가 있다. 이것은 이 같은 초세간적인 주제를 다룰 때 항상 겪는, 매우 당연한 것이다. 의문점은 간단하다. 우리가 인용하려고 하는 영능력자들이 진짜로 이 아카식 레코드에 접했는지 아닌지 어떻게 알 수 있느냐는 것이다.

이 레코드에 접속하지 못한 우리들은 이 능력자들이 아카식 레코드에 접속했는지, 다시 말해 자신의 영적인 파동을 이 레코드의 파동까지 올렸는지 올리지 못했는지를 알 수 없다. 또 이들이 과연 이 레코드를 전체적으로 접속했는지, 아니면 부분적으로만 접속해 부분적인 진리만 알아냈는지도 알 수 없다. 내가 이렇게 말하는 이유는 이러한 영능력자 가운데 모든 예언을 전적으로 정확하게 한 사람은 아직 보지 못했기 때문이다. 그들의 주장을 보면 어떤 것은 맞고 어떤 것은 틀린다. 그래서 어떤 능력자의 주장도 그것들이 모두 사실이라고 받아들일 수 없다. 예를 들어 앞에서 잠깐 인용한 에드가 케이시의 경우, 그는 당대에 대단한 영능력자로 추앙받았지만 그의 예언이 다 맞았던 것은 아니다. 예를 들어 미국 케네디 대통령의 암살이나 소련의 체르노빌 원전 사고 등의 발생은 정확히 예언했다고 전해지고 있지만 그는 틀린 예언도 많이 내놓았다. 비근한 예로 그는 1960년대에 중국이 기독교 국가가 된다는 어이없는 예언을 내놓았는데 이것이 완전히 틀렸다는 것은 설명이 필요 없을 것이다.

우리는 이런 영능력자들이 어떤 예언은 맞게 하고 어떤 것은 틀리게 하는지 그 이유는 잘 모른다. 그들은 분명 무엇을 보았을 것이고 또 어떤 기운을 탐지했기 때문에 그런 예언을 했을 텐데 왜 그런 예언들의 진위여부가 갈리는지 알 수 없다. 따라서 일반인인 우리는 이런 예언을 접할 때 보다 정확한 예언을 고르기 위해서 두 가지 관점을 유념하고 접근해야 할 것이다. 먼저 예언을 한 영능력자를 고를 때 가능한 한 신임이 더 가는 사람들을 선정해야 한다. 그 선정하는 기준은 그가 얼마나 사심 없이 살았고 도덕심이 강하며 사상이나 영성이 높은가에 있다고 할 수 있다. 그 중에서도 특히 그가 얼마나 다른 사람들을 위해 봉사했는가 하는 것은 가장 엄격한 기준이라 하겠다. 한 마디로 말해 사적인 이익을 위해 살지 않고 공적인 이익을 위해 살았는지 어떤지를 살펴보자는 것이다. 이 기준을 통과한 분들은 여간해서 거짓말이나 허언을 하지 않는다. 또 그들은 자신이 아니라 전체를 위해서 행동하기 때문에 사사롭게 거짓말을 해 자신의 이익을 챙기려 하지 않는다. 그러기에 이런 분들은 자신의 말을 전할 때에도 조심스럽게 하지 아무 말이나 내뱉지 않는다.

예를 들어 어떤 이들은 몇 년 몇 월에 김정은이 죽는다든지 혹은 정확히 몇 년도에 남북통일이 된다는 식으로 아주 구체적인 예언을 하는데 이런 언행은 매우 경솔한 것이다. 미래란 그렇게 쉽게 알 수 있는 것이 아니기 때문에 미래를 예측할 때 대단히 신중해야 한다. 대중들은 정확한 년도와 날짜를 알고 싶어 할 테지만 그런 바람에 응하다 보면 예언을 그르칠 수 있다. 정확한 시기를 말해서 예언가로서 명망을 얻고 싶은 욕심에 가려 사실을 호도할 수 있는 것이다. 그래서 신중한 영능력자들은 자신이 하는 말이

다른 사람들에게 어떤 영향을 미칠 것인가를 충분히 고려하고 언행에 옮긴다. 따라서 이런 사람들의 의견은 믿을 만하다.

그런데 이렇게 신중한 사람들도 실수할 가능성은 언제든지 있다. 자신은 전적으로 다른 사람들을 위해 산다고 하지만 사람이 모든 면에서 완벽한 것은 아니기 때문에 현실에 맞지 않는 주장을 할 수 있는 것이다(그래서 조금 두루뭉술하게 예언하는 것이 제일 안전하다!). 또 예언을 했을 당시와 현재의 기운이 많이 달라져 예언이 어긋날 수도 있다. 사실 한 국가가 지닌 것으로 보이는 기운만 가지고 그 나라의 미래를 예측하는 것은 쉽지 않은 일이다. 이유는 간단하다. 그 국가가 홀로 존재하는 것이 아니라 주변 국가와 맞물려서 돌아가기 때문이다. 따라서 주변 국가들의 기운이 앞으로 어떻게 흘러갈지를 총체적으로 파악하지 않으면 이 국가의 미래를 정확히 예측하기 힘들 것이다. 현대는 더욱더 그렇다. 현대의 국제정세는 너무도 급변하기 때문에 그것을 정확히 예언하기란 정말로 어렵다. 그래서 진실로 높은 영능력을 가진 사람이라면 이런 상황을 감안해서 전체적으로 큰 틀에 대해서만 예언하지 세부적인 것에 대해서는 말을 아낄 것이다.

이러한 모든 것을 감안해서 볼 때 우리는 어떤 영능력자들의 주장도 있는 그대로 받아들여서는 안 될 것이다. 영능력자들의 세계에는 불문율의 법칙 같은 것이 있다. 그것은 생각해보면 아주 단순한 것인데 의외로 사람들이 잘 모른다. 그것은, 고수들은 하수들의 경지를 다 알고 있는데 하수들은 고수들의 경지를 알 수 없다는 것이다. 이것은 매우 상식적인 이야기인데 의외로 영성을 추구하는 사람들이 잘 모른다. 그래서 자꾸 자신의 능력을 과대평가한다. 다시 우리의 이야기로 돌아가면, 우리가 이 책에서 살피려고 하는 영능력자의 경지는 우리 같은 보통 사람들은 알 수 없다. 그 경지의 높이를 평가할 수 없다는 것이다. 그러면 평가하는 것을 포기해야 할까? 그럴 수 없을 뿐만 아니라 그럴 필요도 없다. 우리에게는 이성이 있기 때문이다. 우리는 우리가 지니고 있는 이성의 칼날을 곧추 세워 영능력자들이 하는 예언을 분석해야 한다. 그들이 하는 주장에 내적인 모순이나 문제가 없는지 살펴야 한다. 이때에는 어떤 자비나 관용도 베풀면 안 된다. 아주 꼼꼼하게 그의 언행을 검사해야 한다. 그래서 만일 그의 언행에서 모순점이나 문제가 발견된다면 그의 주장은 받아들이면 안된다.

이제 서론을 마치는데 다시 한 번 왜 내가 이 책을 쓰게 되었는지 정리해보자. 개인적인 추단에 그칠 수 있지만 아무리 보아도 한국은 어떤 소명을 갖고 있는 나라인 것 같다. 그 소명이 어디서 유래했는지는 잘 모른다. 그러나 소명이 있는 것은 사실인 것 같다. 왜냐하면 한국 같은 나라는 이 지구상에 없기 때문이다. 한국은 망해도 벌써 망했을 나라이고 망하지 않고 잔존했더라도 절대로 다시 일어날 수 없는 나라였다. 이에 대해서는 이 책에서 상세하게 다룰 것이다. 그런데 세계에서 가장 가난했던 나라가 선진국 반열에 올랐다. 그 뿐만이 아니다. 문화적인 면에서도 전 세계에서 서서히 두각을 나타내고 있다. 이 같은 한국의 기적은 도저히 인간의 두뇌로는 설명되지 않는다. 한국이 끝을 알 수 없는 바닥을 치고 이렇게 다시 올라온 것은 한국이라는 국가가 소명을 지니고 있지 않다면 설명하기 어렵다는 것이 내 개인적인 생각이다. 이것을 그냥 민간에서 하는 표현으로 하면 '하늘로부터 할 일을 부여받았다'고 할 수도 있겠다.

만일 이 가정을 받아들인다면 우선 해야 할 일은 이 소명이 무엇인가를 밝히는 일이다. 이 소명을 제대로 알아야 올바른 방향으로 갈 수 있기 때문이다. 이것은 한 사람도 마찬가지다. 우리는 자신이 이번 생에 받은 소명을 완수해야 바른 삶을 살았다고 할 수 있다. 그렇지 않고 딴 짓만 하다가 가면 그 인생은 허비한 것이 된다. 그런데 문제는 한국이 부여받았을 것으로 생각되는 소명을 우리 같은 평범한 사람들은 알 수 없다는 것이다. 국가라는 단위는 대단히 큰 것이라 그 전체 기운이나 소명을 읽어내는 일은 범부들이 할 수 있는 일이 아니다. 그런데 다행히 우리에게는 영능력자나 그에 버금가는 존재들이 있다. 우리는 이런 분들의 예언을 통해 한국의 소명이 어떤 것인가에 대해 그 단서를 잡아낼 수 있을 것이다. 이제 그것을 보려 하는데 그에 앞서 한국이 과거에 어떤 나라였고 지금은 어떻게 변해 있는지에 대해 살펴보도록 하자. 그런 다음 한국의 미래에 대해 예언한 것을 보면 시간의 축이 들어맞는다.

예언

I

종교사상가들이 예언한 한국의 미래와 사명

한국의
어제와
오늘

동해

동해

기적의 나라, 한국

한국은 내가 태어나고 지금까지 산 나라인데 도무지 이해가 안 되는 구석이 너무 많다. 한국이 보여주는 모습이 너무나 뒤죽박죽이기 때문이다. 한국은 인류사에 유례가 없는 엄청난 기적을 행한 나라 같은데 어떻게 보면 제대로 돌아가는 게 하나도 없는, 그래서 망하지 않고 굴러 가는 게 신기한 나라로 보인다. 그 신기한 면이 하나 둘이 아니다. 어떤 것부터 들어야 할지 모를 지경이다. 우선 지정학적으로 보면 한국은 실로 극악한 자리에 있다. 지정학적으로 한 국가에게 가장 좋지 않은 것은 옆에 강한 나라가 있는 경우다. 이웃에 강한 나라가 있으면 십중팔구 그 나라에 어떤 형태로든 예속되기 쉽기 때문이다. 이것은 국제정치학적으로 볼 때 틀린 적이 없는 엄연한 사실이다. 국제정치란 힘 혹은 권력에의 의지(will to power)만이 판치는 약육강식의 정글이기 때문이다.

기적적으로 생존한 한국　한국은 현재 경제력을 포함한 국력으로 볼 때 세계 2위인 중국과 3위인 일본에 둘러싸여 있다. 그리고 이전에는 미국과 맞장을 뜨면서 제2위국의 지위에 있었던 러시아(당시에는 소비에트 유니온)도 있었다. 그리고 국토의 반은 전 세계에서 가장 극악한 정권이라 할 수 있는 공산당 정권이 점령하고 있다.

만일 한국을 둘러싼 주변 국가가 한국과 같은 민주주의 국가였다면 훨씬 긴장이 덜 했을 것이다. 그러나 한국은 북한을 비롯해 한반도 위와 옆에 있는 그 넓은 대륙이 공산주의로 시뻘겋게 물들어 있다. 특히 한국의 바로 위에 러시아와 중국의 지원을 받고 있는 북한이 있다는 것은 한국에게는 심대한 위협이다. 이것은 한국의 지정학적 상황이 최악이라는 것을 말해 준다. 그래도 다행인 것처럼 보이는 것은 한반도의 동쪽에 민주주의 국가이면서 세계 3위의 막강한 힘을 자랑하는 일본이 있다는 사실이다. 한국과 일본은 같은 민주주의 국가이기 때문에 무력으로 상대방에게 위협을 가하지는 않는다. 그러나 일본과는 과거사 때문에 껄끄러운 때가 한두 번이 아니다. 그 때문에 한국은 일본과 공조해서 앞으로의 미래로 나아가지 못한다. 한국인들은 이성적으로는 일본과 협력해 북방 공산주의 세력을 대항해야 한다고 생각하지만 감정적으로는 일본과 융화되지 않는다.

한국이 처한 작금의 상황을 쉽게 이해할 수 있는 방법이 있다. 이렇게 말로 설명하는 것보다 지도로 보면 전광석화처럼 빨리 알 수 있다. 이 지도를 보자. 중국과 러시아의 그 넓은 땅이 빨갛게 되어 있다. 그리고 북한 지역 역시 빨갛게 되어 있는데 중국이나 러시아보다 더 빨간 색으로 되어 있어야 할 것 같다. 북한은 자국 국민 전체를 노예로 만든 아주 이상한 공산주의 국가이기 때문이다. 이 지도를 통해 보면 남한은 그 넓은 대륙에 붙어 있는 것처럼 보이는데 국토가 동강난 비정상적인 상태로 있어 간신히 붙어 있는 것처럼 보인다고 하면 지나친 표현일까. 그래서 아주 신기하게 보인다. 정치학을 전혀 모르는 사람도 이 같은 한국의 위치를 보면 기이하다고 할 것이다. 남한이 어떻게 저런 자리에 있으면서 빨갛게 변하지 않고 수십 년을 버텼을까 하는 의구심을 가질 것이다. 실제로 국제정치학자들 가

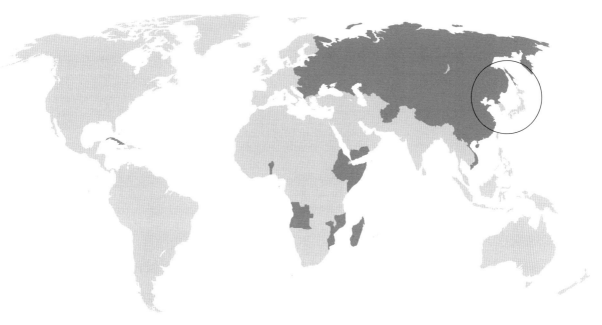

한국 주변의 지도(색깔이 짙은 부분이 빨간 부분이다)

운데에는 한국이 공산화 되지 않은 것은 기적이라고 입을 모아 말하는 사람들이 있다. 한국에 사는 우리들은 현 상황에 익숙해져 있어 이것이 기적이라는 것을 체감하지 못할 수 있다. 하지만 한국의 상황을 잘 모르는 사람이 이 지도만 놓고 보면 남한이 공산화 되지 않은 것은 기이하기 짝이 없는 일이라고 할 것이다.

한국을 위와 옆에서 짓누르고 있는 두 대국의 면모는 어떠한가? 세계에서 영토가 제일 넓은 러시아는 남한보다 약 170배나 넓고 4번째로 영토가 큰 나라인 중국은 남한보다 약 95배나 넓다. 이런 두 대국에 한국이 붙어 있는 것이다. 대국도 그냥 대국이 아니라 영토상으로 첫 번째와 네 번째 국가이니 범상한 대국이 아니다. 그런데 이 두 나라가 정치적으로 같은 성향이었으면 좋으련만 한국과는 그 기본 이념이 근본적으로 다른 공산주의의 원단 국가들이다. 그래서 그 넓은 지역이 새빨갛게 되었다. 현재의 러시아는 이전처럼 공산주의 국가가 아니라 민주주의 국가가 되었다. 그렇지만 많은 세월 동안 러시아는 공산주의 국가였고 지금도 그 영향이 강해 한국인들은 러시아를 여전히 공산주의 독재국가처럼 생각하는 경향이 있다. 그래서 러시아 영역을 빨갛게 칠해도 크게 문제될 게 없겠다.

어떻든 이 지도를 보면 무시무시한 감정을 숨길 수 없다. 전 세계에 한국처럼 이렇게 정치적 성향이 다른 무시무시한 나라 둘을 머리에 두고 사는 나라는 흔하지 않다. 북쪽 대륙과 서쪽 대륙에서 오는 저 중압감을 한국이 어떻게 감내했는지 그저 신기할 따름이다. 그런데 그것도 모자라 나라의 절반은 미국도 쩔쩔 매는 지독한 공산 국가가 점령하고 있다. 사정이 이렇기 때문에 남한이 공산화 되지 않은 것이 기적이라는 국제정치학자들의 주장이 설득력이 있는 것이다. 상황이 이렇게 된 것, 즉 한국이 공산화 되지 않은 데에는 한반도에 이해관계가 얽혀 있는 유일한 패권국인 미국이 개입한 덕이 크지만 그것으로 설명이 다 되지는 않는다.

한국 고난사 일별　한국이 지난 백여 년 동안 고생한 것은 필설로 다 할 수 없다. 그 전모를 극히 간략하게 보면, 한 말의 혼란을 극복하지 못하고 한국은 일본의 식민지로 전락한다. 이 식민지 체험이 얼마나 혹독했는지는 언급할 필요 없다. 특히 일제가 1940년대 초반에 전쟁을 일으키는 바람에 수많은 한국인이 각기 다른 형태로 희생되었다. 1945년에 한국이 해방되었다고 장밋빛 미래가 약속되었던 것은 아니었다. 미국과 소련 같은 강대국들이 한국을 남북으로 분할하는 황당한 생각을 실천에 옮겼기 때문이다. 이들은 이 잘못된 결정으로 그 뒤에 얼마나 많은 한국인들이 죽고 고통을 겪게 되는지에 대해 전혀 예상하지 못했을 것이다.

그 희생 중 가장 먼저 겪게 되고 대표적인 것으로 6.25전쟁을 들 수 있을 것이다. 이 전쟁은 피식민지 경험을 하면서 수많은 수탈을 당한 나라, 즉 한국을 완전히 털어버린 전쟁이라 할 수 있겠다. 식민지로 있으면서 직간접적으로 많은 약탈이 있어 나라가 심히 빈약해졌는데 그 얼마 남지 않은 것을 탈탈 털어버린 게 6.25전쟁이었다. 1945년에 해방이 된 후 특히 한반도의 남반부는 전기마저 북한에서 송전 받아 써야 할 정도로 기반 시설이 약했다. 그런데 그나마 남아 있던 것도 전쟁 통에 날아갔다.

한국인들은 6.25전쟁을 한국에서 일어난 크지 않은 전쟁으로 생각하기 쉬운데 결코 그렇지 않다. 심지어는 내전이라고 말하는 사람이 있는데 그것은 어림도 없는 이야기다. 이 전쟁에는 무려 20개국이 참전했는데 어떻게 내전이라고 할 수 있겠는가? 이 20개국에는 미국은 말할 것도 없고 당시 세계의 강국이었던 영국이나 프랑스, 캐나다 등과 같은 나라가 포함되어 있다. 따라서 6.25전쟁은 세계적인 전쟁이라 할 수 있다. 충분히 그렇게 말할 수 있는 것이 6.25전쟁은 군인의 인명 피해로 치면 세계에서 7번째로 큰 전쟁이었다고 하니 말이다. 전쟁의 규모로 보면 제2차 세계대전과 제1차 세계대전이 각각 1, 2위를 차지하고 있는데 그런 순위로 7번째가 6.25전쟁이니 이 전쟁이 얼마나 큰 전쟁이었나를 알 수 있다. 군인이 약 95만 명이나 죽었다고 하는데 민간인의 피해까지 포함하면 수백만의 인명이 살상됐다.

한반도처럼 그다지 크지 않는 땅에서 규모 상 7번째의 전쟁이 났으니 전쟁 후에 한국의 어떤 상태가 될 것인가는 안 봐도 '비디오' 아닐까? 한국, 특히 남한은 완전히 알거지가 되어 세계에서 가장 가난한 나라가 되었다. 6.25전쟁 직후에 남한은 북한보다 4배 못 살았다고 하니 남한의 참상을 알 만하다. 요즘 젊은 세대는 당시 한국인들이 얼마나 못 살았는지 실감이 잘 나지 않을 것이다. 당시 한국의 1인당 국민 소득이 얼마였다고 말해봐야 이들은 체감하지 못한다. 그래서 나는 이미지로 접근한다. 당시 한국의 상황은 지금 소말리아나 평양을 제외한 북한을 생각하면 엇비슷할 거라고 말해 준다. 경제적인 규모도 그렇고 그 꾀죄죄하게 사는 모습도 비슷하다. 내가 말하고자 하는 핵심은 당시 한국이라는 나라는 전 세계가 포기한 아무 희망이 없는 나라였다는 것이다. 당시 서구 선진국 입장에서 볼 때 남한은 진짜 아무 희망도 보이지 않았을 것이다. 자원은 하나도 없고 기술도 거의 수공업 수준이고 돈은 아예 없었다. 있는 것이라고는 사람뿐인데 그 사람들은 노상 좌와 우로 편을 갈라 싸우면서 죽고 죽이기를 반복했다. 그러니 그런 나라에서 무슨 희망을 볼 수 있었겠는가? 당시의 참상에 대해서는 잘 알려져 있으니 더 이상 설명이 필요 없겠다.

한국의 불행은 남한 내부에만 있는 것이 아니었다. 한국은 북한이라는 불구대천의 적 때문에 분단 이후 지금까지 엄청난 희생을 치러야 했다. 물론 그 가운데 가장 큰 것은 6.25전쟁이지만 그 뒤에도 크고 작은 수천 건의 도발로 수천 명의 한국인이 희생되었다. 1968년에 박정희 대통령을 암살하기 위해 북한 게릴라가 청와대 뒷산까지 왔다가 대부분 사살된 사건은 그 가운데 압권이라 하겠다. 이러한 도발은 너무 많아 더 거론할 필요를 느끼지 못한다. 지구상에 한국인들을 이렇게 싫어하고 죽이고 싶어 안달하는 족속들이 또 있을까 하는 생각이 들 정도다. 종족적으로 같은 민족임에도 불구하고 한국을 제일 증오하는 민족이 북한 사람이 되었다. 정확히 말하면 북한 사람이기보다는 북한 정권이라고 해야 하겠지만 말이다.

이 같은 북한은 종국적으로 핵을 개발함으로써 한국을 실험대에 올려놓았다. 한국은 6.25전쟁 이후 모든 분야에서 결코 북한에 밀리지 않았다. 특히 경제는 북한보다 40배~50배 잘 사는 지경이 되었는데 북한의 핵개발로 남한은 처음으로 열세에 몰리게 되었다. 안보가 이렇게 근본적으로 위협받기는 처음이다. 이 문제는 계속 진행 중이니 더 두고 보아야 하겠지만 확실한 것은 북한은 수십 년 동안 한국에 엄청난 골칫거리를 선사했다는 것이다. 북한 같은 세계 최고의 '깡패국가(rogue country)'를 머리 위에 짊어지고 70년 이상을 지낸 한국이 그동안 얼마나 힘들어 했겠는가는 더 이상 언급이 필요하지 않을 것이다.

한국인이 만든 기적 1 - 경제 기적 지금까지 본 것처럼 한국은 전 세계에서 주변 환경이 가장 좋지 않은 나라 중 하나였다. 어떤 것도 좋은 조건은 없었다. 지정학적으로든, 역사적으로든, 물질적으로든, 모든 면에서 한국은 최악의 상황에 처해 있었다. 그 때문에 이런 한국이 현재처럼 선진국 수준의 국가로 바뀔 것이라고 예측한 사람은 없었다. 과문한 탓인지 모르지만 내가 알기로는 아무도 없었다. 그런데 지금 그런 한국이 어떻게 바뀌었는가? 이에 대해서는 너무나도 잘 알려져 있으니 여기서 부언할 필요 없을 것이다. 가장 중요하고 상징적인 것만 보면 되겠다는 생각이다.

한 국가의 경제력을 알기 위해서는 국내총생산량(GDP)을 비교하는 것이 가장 쉬운 방법일 것이다. 한국은 2019년 현재 GDP가 세계 12위로 되어 있다. 그 전에는 한국이 11위였고 러시아가 12위였는데 유가가 조금 오르는 바람에 지금은 러시아와 순위가 바뀌었다. 그러나 그 차이가 큰 것은 아니다. 언제든지 또 바뀔 수 있다. 어찌 됐든 이것은 대단한 일 아닌가? 냉전 시대에 세계를 쥐락펴락했던 러시아가 한국과 순위를 가지고 앞서거니 뒤서거니 하고 있으니 말이다. 과거에 이것은 상상할 수 있는 일이 아니었다. 그런가 하면 한국보다 앞서 있는 8위 국가와 10위 국가가 각각 이탈리아와 캐나다인데 총량 면에서 한국과 그다지 차이가 나지 않는다. 그에 비해 호주, 스페인, 네덜란드, 스위스 같은 서구의 전통 강국들은 모두 한국보다 뒤에 있다. 동북아시아의 작은 나라인 한국이 서구의 쟁쟁한 국가들을 모두 제친 것이다. 한국의 기적을 말할 때 이것만으로도 충분하지 않을까?

한국은 이전에 제일 가난한 나라로 아무 희망도 보이지 않던 나라였는데 이제는 세계를 주름잡는 국가들과 어깨를 겨루게 되었다. 전 세계에 이런 기적을 이룬 국가는 없었다. 전체 인류사를 뒤져보아도 그 유례를 찾을 수 있을지 모르겠다. 잘 나가다가 망한 나라는 많은 것 같은데 그 반대 경우는 잘 보이지 않는다. 한국도 이렇게 가다가 또 '폭망'할지도 모른다. 그러나 개인적인 생각으로는 그럴 것 같지 않은데 설혹 그렇다 하더라도 한국은 어떻든 이미 기적을 이룬 나라다. 이 정도로 대성공을 한 나라는 일찍이 없었다.

그런데 한국의 기적은 예서 그칠 것 같지 않다. 만일 한국이 평화 통일을 이룩한다면 한국은 그리 멀지 않은 미래에 미국, 중국, 일본, 독일에 이어 세계 5대 강국이 된다는 예측이 있다. 물론 남한 주도의 자유민주주의로 통일되어야 이 일이 가능하다. 통일이 되면 즉시 한국은 인구 규모는 독일을 능가하고 군사력은 프랑스에 버금가게 된다고 한다. 또 몇 년이 지나면 경제 규모가 영국과 비슷해진다고 하니 한국이 얼마나 강대국이 되는지 알 수 있을 것이다. 통일 한국이 이렇게 된다는 것을 학자가 주장했다면 여러 반론이 있었을 텐데 세계적인 상인이 이와 비슷한 것을 주장해 주목을 끈 적이 있다. 워렌 버핏과 조지 소로스와 함께 세계 3대 투자자로 꼽히는 짐 로저스는 2015년 CNN과 가진 면담에서 '만일 한반도가 통일되고 개방되면 자신의 전 재산을 한국에 투자할 것'이라는 희망을 피력한 적이 있다. 또 그렇게 통일된 한국은 20년 동안 세계에서 가장 주목받는 나라가 될 것이라고 주장했다.

이런 세계적인 상인이 어떤 사람들인가? 그들은 생명과 같은 돈을 다루기 때문에 그 기민함과 통찰력이 세계에서 제일 뛰어난 인류라 할 수 있다. 그들은 자기의 피 같은 돈을 투자하기 때문에 어떤 실수도 용납하지 않는다. 따라서 그들은 매우 면밀하게 상황을 판단한 다음에 투자를 결정한다.

그런 까닭에 그들의 '촉'은 일반 범인과는 비교가 안 된다. 그 머리 좋은 사람이 자기의 모든 것을 던져서 투자한다면 그들의 결정은 대체로 타당할 것이다. 이들이 행하는 일은 교수들이 자기의 학설을 제시하는 것과는 차원이 다르다. 교수들은 자기 고유의 학설을 제시했다가 그게 틀려서 '폭망'하는 경우는 없다. 슬그머니 그 학설을 내리거나 수정해서 다시 발표하면 된다. 사정이 그렇기 때문에 교수들은 사생결단으로 학설을 만들고 그 이론에 '올인'하지 않는다. 그러나 투자자들은 다르다. 자신의 모든 것이 걸려 있기 때문에 그 준비의 철저함은 혀를 두를 지경일 것이다. 그런 투자자 가운데에서 최고라 할 수 있는는 로저스가 말한 것이니 남한 주도의 통일 한국이 대박날 수 있다는 것은 믿을 수 있는 사실 아닐까?

통일 한국이 이처럼 앞으로 엄청난 국가가 된다고 예측한 자료는 많이 있다. 그 중에서 하나만 더 언급하고 지나가야겠다. 이것은 요즘은 많이 알려진 것이라 다시 언급하기가 주저되지만 그 내용이 엄청나 한 번 더 보아야겠다는 생각이다. 골드만삭스라는 미국의 투자 회사─또 투자 회사다!--는 한국이 자유민주주의를 기반으로 평화통일이 된다면 2050년에는 전 세계에서 미국에 이어 두 번째로 잘 사는 나라가 된다고 주장했다. 그냥 그렇게 된다는 것은 아니고 몇 가지 전제 조건이 있다. 즉 한국이 이렇게 되기 위해서는 평화 통일을 이루어야 할 뿐 아니라 몇 가지 고쳐야 할 것이 있다. 가령 여성 노동력의 활용 같은 것이 그런 것인데 이런 개혁을 성공적으로 완수한다면 한국은 분명히 위와 같은 나라가 된다고 한다. 내가 이런 금융 회사들에 대해서는 잘 모르지만 이들은 자신들의 돈이 걸려 있기 때문에 어떤 사안을 분석할 때 매우 철저하게 임할 것이다. 돈 앞에서는 피도 눈물도 없는 것을 모토로 하는 투자회사인지라 허투루 이런 예상을 하지 않았을 것이다. 이런 모든 것을 종합해보면 경제적인 면에서 볼 때 한국의 앞날은 진정으로 밝다고 할 수 있다.

한국인이 만든 기적 2 - 민주주의의 정착 서술이 매우 소략했지만 위의 설명으로 한국인들이 이룩한 경제 기적에 대해서는 대강 살핀 것 같다. 한국의 경제가 기적적으로 성장했다는 것을 보여주기 위해 얼마든지 다양한 통계수치를 들이댈 수 있지만 그런 자잘한 것을 제시하지 않아도 위에서 본 큰 그림으로 충분히 이해됐을 것이다. 그런데 한국은 여기서 끝나지 않고 그 어렵다는 사회의 민주화까지 이루어낸다. 다시 한 번 기적을 이룬 것이다.

한국이 식민지에서 탈출한 다음 신흥 후진국으로서 이처럼 빠른 시일 내에 민주화를 이루리라고 예측한 사람은 아마 아무도 없었을 것이다. 이것은 당연한 것이 한국과 같은 처지에 있었던 후진국들 가운데 한국처럼 민주화를 이룬 나라가 없기 때문이다. 특히 서구에서는 1960년대 이후 거듭되는 한국의 독재 정치를 보고 '한국에서 민주주의가 실현되는 것을 기다리는 것보다 쓰레기통에서 장미가 피는 것을 기다리는 것이 더 빠를 것이다'는 식으로 말한 사람이 있었다는 것은 잘 알려진 사실이다. 만일 아시아에서 민주주의 같은 서구의 가치가 실현되는 나라가 있다면 그 유력한 후보는 필리핀 같은 나라가 될 것이라는 주장도 있었다. 이것은 필리핀이 미국 식민지이었던 사실을 감안해서 예측한 것인데 이 예상은 보기 좋게 빗나가고 말았다. 서구인들이 보기에 당시의 한국은 유교라는 형편없는 봉건사상에 물들어 있는 미개 국가에 불과했을 것이다. 그런 까닭에 한국에 민주주의가 실현될 것이라고는 생각조차 하지 않았던 것 같다.

사실 당시 한국의 모습을 보면 그런 말이 나올 법 하겠다는 생각도 든다. 한국은 당시 식민지에서 해방된 다른 신흥 국가처럼 많은 정치적인 파행을 거듭했다. 독재 정치와 군부 쿠데타가 거듭 됐으니 말이다. 이에 대해서는 자세한 설명이 필요 없을 것이다. 이승만 독재와 박정희 쿠데타, 그리고 유신 독재. 그 다음에는 정치 계보에도 없는 전두환(그리고 노태우) 일당의 쿠데타와 독재 등 후진국에서 일어나는 일이 한국에서 그대로 재현되었다. 그래서 이 시기만 보면 한국에서 민주주의가 꽃을 피우리라고 예측하기가 힘들었을 것이다. 나는 박정희의 유신 독재 때 대학을 다녔는데 당시에는 한국이 영영 민주주의 정치를 못할 것이라는 절망감이 팽배했다. 게다가 파렴치한 전두환 일당은 정권을 잡는 과정에서 광주에서 제 나라 국민을 학살하는 만행(蠻行)을 저질러 정치권에 대한 한국인의 불신은 극에 달했다. 그만큼 박정희와 그의 아류에 불과한 전두환은 지독한 독재 정치를 했다. 이것은 그때를 살아본 사람만이 아는데 나와 비슷한 세대의 사람들은 그 시기를 다시는 생각하기 싫을 것이다.[3]

그러던 것이 한국 경제가 독재 정치 덕으로(?) 비약적으로 발전하면서

---

3) 나는 1981년에 미국으로 유학을 갔기 때문에 전두환 독재는 상대적으로 덜 겪었다. 그러나 그가 1979년과 1980년에 정권을 잡는 과정을 이 두 눈으로 똑똑히 보았기 때문에 당시의 한국 사회나 정치가 얼마나 미개했는지 확실히 알고 있다. 특히 언론이나 학계의 곡학아세(曲學阿世)는 매우 심했다.

그에 부응해 한국인들 사이에서는 민주주의에 대한 열망이 피어오르기 시작했다. 이것이 1987년에 있었던 6.10 항쟁을 분기점으로 폭발하는데 그 뒤부터 한국은 민주화 사회로 가는 '트랙'에 들어서게 된다. 그러나 이런 일이 자연스럽게 이루어진 것은 아니다. 여기에는 전 세계에서 유례를 찾아보기 힘든 한국의 이른바 '운동권'(혹은 더 광범위하게 민주화 세력)들의 활동이 지대한 역할을 했다. 한국처럼 반정부적 민주화 세력이 잘 조직되어 있고 지속적으로 반독재 운동을 한 나라는 전 세계적으로 많지 않을 것이다. 한국의 운동권 인사들은 그들의 역사 안에 존재했던 '지사' 혹은 '열사' 전통을 이어받아 목숨을 바쳐가면서 한국 사회의 민주화를 위해 투쟁했다. 그들의 열정은 어떤 것으로도 대치될 수 없는 것이었다. 이런 면에서 한국인들은 이 운동권 내지 민주화 세력에 큰 빚을 졌다고 할 수 있다. 한국인들이 지금처럼 민주주의 문화를 향유하게 된 것은 이들의 공이 크기 때문이다.

한국의 민주화 과정에서 이 운동권의 역할은 아무리 강조해도 지나치지 않지만 그에 앞서 거론해야 할 것이 있다. 이것은 이들이 갖고 있는 엄청난 투쟁 정신이 과연 어디에서 비롯되었는가에 대한 것이다. 물론 일차적으로는 그들이 신봉한 사회주의 철학에서 찾아야 할지 모른다. 그 외에 한국의 전통에서 찾는다면 필자가 보기에 이들이 갖고 있는 강력한 저항 정신은 조선에서 계승된 이른바 성리학적 순혈주의와 그 맥을 같이 하는 것 같다. 주지하다시피 한국이 이어받은 조선은 성리학을 통치 이념으로 삼은 국가였다. 성리학은 '진리는 우리에게만 있다'는 매우 배타적인 세계관을 가진 사상이다(이것은 마르크시즘도 마찬가지다!). 그래서 과거에 성리학자들은 불교를 배척한 것은 말할 것도 없고 같은 신유교의 일파인 양명학에 대해서도 매우 배타적인 태도를 취했다. 그런 까닭에 일단 사람이 이 성리학 이념으로 무장하면 성리학에서 제시하는 것과 다른 것은 모두 배타시 하는 동시에 그와 더불어 엄청난 저항 정신을 갖게 된다. 자기가 속한 파만이 옳다는 생각을 갖게 되고 그것을 지키기 위해서는 목숨 바치는 것도 불사하기 때문이다.

이것을 가능하게 한 것이 바로 성리학적 '순혈주의'라는 것이다. 이 무시무시한 정신으로 무장한 조선의 선비들은 죽음도 두려워하지 않고 왕에게 직언을 했다.[4] 한국인들은 이러한 예를 많이 알고 있어 이것이 한국, 더 정확히 말하면 조선에만 팽배했던 특유의 정치 문화인 줄 모른다. 과거 봉건 왕조 시절에 신하가 왕의 말을 거역하고 직언을 할 수 있는 정치 문화를 가졌던 나라는 전 세계적으로 드물다. 한국의 운동권들은 이 정신을 이어받아 독재 정치가 그르다고 생각되면 투옥되는 것은 고사하고 목숨을 내놓는 것도 불사했다. 과문한 탓일 수 있겠지만 이렇게 극렬한 민주화에 대한 열정은 한국을 제외한 동아시아의 다른 국가들에서는 발견하기 힘들 것 같다.

---

4) 사극을 보면 신하가 왕에게 '전하 그것은 아니 되옵니다'와 같은 말을 하는 장면이 많이 나오는데 한국인들은 이것을 그다지 이상하지 않게 생각한다. 신하는 언제든지 왕에게 직언을 할 수 있다고 생각하기 때문이다. 그러나 이것은 과거의 다른 봉건 왕조 국가에서는 상상하기 힘든 일이었다. 봉건 왕조에서는 왕권이 매우 강하기 때문에 신하들이 왕을 거역하는 언사를 함부로 할 수 없다. 멀리 갈 것도 없이 이웃나라들의 사정을 보면, 중국의 황제나 일본의 쇼군 앞에서 신하들이 직언하는 모습은 상상하기 어렵다.

한국의 민주화는 이 운동권의 활약에 힘입은 바가 크지만 그렇다고 전적으로 이들의 힘에 의해서만 가능했던 것은 아니다. 사회의 운동가들이 아무리 활발한 활동을 해도 대중들이 움직이지 않으면 안 된다. 대중들이 따라와야 사회가 바뀌기 때문이다. 대중들이 따라오려면 그들의 지적인 수준이 어느 정도 받쳐주어야 한다. 그래야 대중들도 사회의 운동 세력이 제시하는 것을 이해하고 그것을 실행에 옮길 수 있다. 대중들의 지적 수준을 높이려면 교육 이외의 다른 방도가 없다. 이 면에서 한국은 전 왕조인 조선으로부터 매우 귀중한 유산을 물려받았다. 이러한 유산은 다양한데 먼저 교육과 관계된 것부터 보자.

잘 알려진 것처럼 조선은 유교 이념에 따라 교육을 많이 강조한 나라다. 이 주제에 대해서는 다른 기회에 많이 언급했으니 여기서는 재론하지 않는 것이 좋겠다. 조선 사회가 보여주었던 교육에 대한 열정은 현대 한국인들이 고스란히 이어받았다. 그 덕에 한국인들은 골고루 교육을 받을 수 있었다. 이러한 현상 역시 한국과 같은 위치에 있었던 다른 후진국에서는 잘 발견되지 않는다. 어떻든 그로 인해 한국은 문맹률이 세계에서 가장 낮은 나라 중의 하나가 되었다. 그리고 그 자연스러운 결과로 한국은 자국의 산업화와 민주화에 적절하게 활용할 수 있는 인력을 다수 확보하게 된다. 한 마디로 말해 교육 덕분에 한국의 문화 수준이 높아졌다는 것이다. 한 나라가 민주화되려면 경제적인 조건도 맞아야 하지만 이 같은 문화적인 조건도 충족되어야 한다.

그런데 그와 같은 문화적인 조건 중에는 교육 말고 과거로부터 이어받은 전통이 또 있다. 그것은 무엇일까? 사람들은 한국이 아무 것도 없는 상태에서 선진국이 되었다는 말을 많이 한다. 이 입장은 일단 필자가 앞에서 취한 입장이기도 하다. 그런 관점에 따르면 한국은 1960년대에 아프리카의 가나나 소말리아와 비슷한 수준에 있었는데 한국만이 이렇게 발전한 것이 기적이라는 것이다. 그런데 이 관점에는 간과된 것이 있다. 당시에는 한국이나 소말리아가 모두 지지리도 가난했지만 한국인들에게는 조선의 뛰어난 정치문화 전통이 있었다는 것이다. 조선은 유교사상을 실현시키기 위해 수많은 노력을 한 왕조인데 유교는 나름대로 뛰어난 정치문화를 가진 가르침이다. 유교의 정치 철학을 따르게 되면 정부 내에서 권력이 한 군데로 집중되지 않고 여러 세력들이 권력을 나누어 가질 수 있다. 뿐만 아니라 행정도 투명하게 이루어지는 등 조선은 당시로서는 매우 뛰어난 정치문화를 가지고 있었다.

그뿐만이 아니다. 조선이 왕조 사회이지만 왕은 자기의 권한을 자기 멋대로 행사할 수 없었다. 왕은 신하들과 끊임없이 의견을 조율해야 했고 신하는 언제든지 왕의 정치를 비판할 수 있는 언로를 갖고 있었다. 과거 왕조 사회에서 조선처럼 신하들의 발언권이 보장된 나라는 찾기 힘들 것이다. 또 효과적인 중앙집권 시스템도 갖추고 있어 전국이 유기적으로 소통될 수 있었다. 그래서 17~18세기 조선은 당시 세계 최고의 선진국이었던 명이나 청보다 더 우수한 통치 시스템을 갖추고 있었다는 평가를 받기도 한다. 조선 왕조가 500년 이상을 지속할 수 있었던 것은 이러한 선진화된 정치 체제 덕이라고 보아야 할 것이다. 이 같은 정치 문화는 사라지지 않고 해방

뒤에도 이어져 단 기간에 한국이 민주주의를 발현하는 데에 많은 공을 세우게 된다.

이러한 과정을 거쳐 오면서 부정적인 요소도 적지 않게 표출되었지만 이 자리는 이 같은 사회 현상을 학술적으로 분석하는 자리가 아니기에 그에 대한 언급은 가능한 한 자제했다. 부정적인 현상을 예로 들어보면, 운동권 인사들은 자신만이 옳고 자신을 반대하는 세력과는 어떠한 절충이나 타협도 할 수 없다고 생각하는데 이러한 독선은 대단히 부정적인 요소라 하겠다. 이러한 태도는 그들이 정부에 대항해 싸울 때에는 긍정적인 힘을 발휘하지만 이들이 후에 정치인이 되어 현실 정치에 참여했을 때에는 부정적으로 나타날 수밖에 없다. 정치에는 타협이 매우 중요한 자리를 차지하는데 이들은 타협을 거부하는 생리를 익혔던 터라 현실 정치를 잘 할 수 없는 것이다. 또 전임 대통령들의 말로가 대부분 처참했던 것 등도 한국 정치의 바람직하지 않은 모습이다.

여기서 중요하고 괄목할 만한 것은 한국인들의 이러한 노력 덕분에 한국의 민주주의는 국제적으로도 인정받았다는 사실이다. 영국의 경제 분석 기관으로 알려진 이코노미스트 인텔리전스 유닛(EIU)이 발표한 '민주주의 지수(Democracy index) 2018'을 보면 한국은 그 순위가 놀랍게도 21위에 올라 있고 반대로 북한은 꼴찌인 167위를 기록했다. 북한이 꼴찌인 것은 충분히 예상할 수 있는 일이지만 한국이 21위라는, 상당히 상위권에 속해 있는 것은 뜻밖의 일로 비춰질 것이다.

그런데 더 놀라운 것은 이 민주주의 지수 순위에서 한국이 아시아에서

1위를 차지했다는 사실이다. 아시아에서 가장 선진국이라 할 수 있는 일본을 한 단계 차로 제쳤다. 이것은 실로 대단한 일이다. 일본은 과거에 한국과는 비교도 안 되게 선진화된 사회였다. 그래서 한국은 모든 면에서 일본보다 열등한 국가였다. 정치적인 면도 마찬가지였다. 일본은 한국보다 훨씬 일찍 서구 민주주의를 받아들였고 매우 민주화된 나라가 되었다. 그런데 민주주의의 실현이라는 정치적인 면에서 그런 일본을 한국이 앞질렀다는 것은 놀라운 일이 아니겠는가? 사정이 이렇게 된 데에는 여러 변수가 있을 수 있는데 가장 유력한 요인은 앞에서 본 것처럼 한국의 성리학적 전통이 아닐까 한다.

그런 놀라운 나라가 지금은..

이렇게 해서 한국은 두 마리 토끼를 잡은 셈이 되었다. 산업을 부흥시켜 선진국이 되었고 민주주의도 정착시켜 명색이 자유민주주의 국가가 되었다. 후진국 가운데 이것을 모두 이룬 나라는 한국이 유일하다고 했다. 한국이 이 단계까지 온 데에는 두 세력의 힘이 컸다. 경제를 이끈 산업화 세력과 민주화를 달성한 민주화 세력이 그것이다. 이들은 방향은 달랐지만 혼신(渾身)의 힘을 다해 한국을 선진국으로 만드는 데에 전력을 기울였다. 따라서 한국인들은 이 두 세력에게 큰 빚을 졌고 그들에게 깊이 감사해야 한다.

한국 정치에는 분열만? 그런데 한국에는 이해할 수 없는 일이 벌어지고 있다. 한국을 여기까지 끌고 온 이 두 세력이 서로 싫어한다는 것이다. 이 것은 전체가 그렇다는 것은 아니고 이 세력의 핵심부가 그렇게 생각한다는 것이다. 이를 테면 현재(2019년) 정권을 잡은 여당 세력과 야당 세력의 관계가 그렇다. 여당의 핵심을 점유하고 있는 좌파들은 야당 우파들을 향해 '독재의 후예' 라든가 '친일 토착왜구'라고 하면서 내려깎는다. 그런가 하면 우파는 좌파를 두고 '종북 주사파' 혹은 '빨갱이'라고 하면서 같이 내려깎는다. 그런데 정권을 가진 좌파들의 태도가 조금 이상하다. 북한과는 대화를 도모하고 북한의 입장을 생각해주면서 우파 보수에 대해서는 대화는 커녕 그저 척결 대상으로만 간주하고 있으니 말이다. 그들은 서로 상대방의 의견은 항상 틀리다고 생각한다. 그래서 그들 사이에는 공유하고 있는 것이 거의 없다.

그런데 이 두 파는 앞에서 말한 대로 한국을 기적의 나라로 만든 훌륭한 세력이다. 두 파 중에 어느 하나만 있었으면 한국은 절름발이 같은 비정형적인 발전밖에 하지 못했을 것이다. 따라서 이 두 세력은 서로를 보완해주는 좋은 동반자라 할 수 있다. 사안이 그런데도 현실에서는 왜 이 두 부류의 세력이 원수처럼 되었을까? 같이 나라를 장하게 세웠음에도 불구하고 서로가 원수지간처럼 되어버린 것이다. 이것은 참으로 안타까운 일인데 흡사 조선조 때 당파가 갈려 원수처럼 싸우던 것을 방불케 한다. 동인이던 서인이던, 또 노론이던 소론이던, 조선의 정치가들은 일단 한 파에 속하면 그 파와 모든 의견을 같이 했다. 그리고 다른 당파의 의견은 무조건, 그리고 철저하게 반대했다. 이것은 철옹성 같은 '우리주의(Weism)'의 반영이다. 우리만이 옳고 다른 것은 다 틀리다는 생각이다. 이들에게는 우리 당파만 있을 뿐 그 위에 있어야 할 임금이나 나라라는 개념은 아예 없거나 아주 약했다. 그들은 아무리 나라가 위급한 상황이 되어도 내가 속한 당파가 주장하는 것만 따를 뿐이었다. 나라가 위급하니 당파를 떠나서 반대하는 당파와 머리를 맞대고 우리 전체를 살려야 하겠다는 그런 대동(大同)의 마음이 없었다.

그 비근한 예가 임진란이 일어나기 직전 도요토미의 의중을 읽어보라고 일본에 보낸 김성일과 황윤길이다. 그들은 일본의 침략이라는 정체절명의 위기에서 당파를 떠나 현실을 공정하게 보려고 노력하지 않고 무조건 상대 당파가 주장한 것을 반대하기만 했다. 그래서 잘 알려진 대로 그들은 도요토미에 대해 정반대의 인상을 선조에게 전해 그로 하여금 정확한 판단을 내리기 어렵게 만들었다. 만일 그들이 자신이 속한 당파의 입장이 아니라 조선이라는 전체의 입장에서 판단하려고 했다면 서로 간에 의견을 중재할 수 있지 않았을까 하는 생각도 드는데 그것은 아마 불가능했을 것이다. 그렇게 중재해서 가장 합리적인 안을 제시했다면 선조가 판단할 때 훨씬 더 수월했을 것이다. 그런데 그들은 상대방의 의견을 완전히 무시하는 정반대의 의견을 제시하는 바람에 선조는 심하게 헷갈렸을 것이다. 그 다음의 일은 다 알고 있는 것이니 생략하기로 한다.

상황이 이렇게 된 데에는 필자가 『한국인에게 문화는 있는가』와 같은 이전의 졸저에서 많이 이야기한 대로 유교의 영향이 크다. 유교는 세계 종교 가운데 내 가족을 가장 중시하는 가르침이라 할 수 있다. 내 아버지만이 세상에서 가장 중요하다고 주장하는 유교적 가부장제가 바로 그것이다. 따라서 이런 신조를 지니는 사람이나 집단은 '내 가족 유일주의'에 빠지게 되어 매우 배타적인 인간 혹은 집단이 된다. 이와 연관된 사회 현상은 여기서 그치지 않는다. 이 같은 혈연중심주의는 내가 속한 단체로 확장 적용되어 '내 집단 유일주의'를 만들어낸다. 여기서 나오는 사회 현상이 '내 고장 유일주의'나 '내 학교 유일주의' 같은 것으로 이것들은 한국인들이 아직도 빠져 나오지 못하고 있는 지역감정을 만들어냈고 자기 학교 출신만 교수로 뽑는 마피아적인 교육 폐해를 산출했다. 그리고 이것이 정치권으로 오면 더 원색적으로 바뀌어 내 당파만 옳고 다른 당파는 섬멸해야 할 적으로 인식하는 풍조를 낳게 된다.

이 같은 과거 이야기를 하는 것은 지금도 이런 꼴이 전혀 변하지 않았기 때문이다. 한국의 정치는 강령의 다름을 가지고 논쟁하고 싸우는 것이 아니라 그저 내 파만이 옳다고 주장하는 독선과 아집의 판이다. 지독한 '우리우선주의'만 있을 뿐이다. 한국 정치에서는 좌파다, 우파다 하는 것이 별 의미가 없다. 한국 정치는 이념의 갈등이 없기 때문이다. 나는 기회가 있을 때마다 한국의 정치는 자파(自派)만이 있을 뿐이라고 힘주어 말했다. 그들에게는 한국이라는 전체 공동체에 대한 생각이 없다. 나라가 어떻게 되든 그저 내 파만 살아남으면 된다고 생각하기 때문이다. 내 파가 살아남아야 한다고 생각하는 이유는 내 파가 주장하는 것이 모두 맞고 정당하기 때문이다.

사실 조금만 객관적으로 생각해 보면 한국의 좌파나 우파는 그 주장에 수많은 오류가 있는 것을 알 수 있다. 그것을 상론하지는 않겠지만 그들의 주장에는 부분적인 진실과 부분적인 오류가 있다. 어떤 당파도 절대적인 진리를 갖고 있지 않다. 그것은 당연한 일이다. 어떤 집단도 절대적인 진리를 가질 수 없기 때문이다. 그런데도 거개의 한국인들은 한 쪽 정당 편을 든다. 내가 만일 좌파를 비판하면 나는 바로 우파 보수 꼴통으로 낙인찍힌다. 반대로 우파의 어리석은 면을 비판하면 나는 곧 좌파처럼 취급된다. 그럴때 나는 어떤 것은 좌파의 주장이 맞고 어떤 것은 우파의 주장이 맞는 것이지 어떻게 한 정파가 모든 옳음을 가질 수 있냐고 항변해보는데 그런 태도는 그들에게 먹히지 않는다. 그들에게는 '우리' 아니면 '남(적)'밖에 없기 때문이다. 그래서 필자처럼 어느 정파에도 기울지 않고 탄력적인 사고를 하려고 노력하는 사람은 설 곳이 없다. 또 그런 태도를 대변하는 정치인도 거의 없다. 나는 이렇게 비이성적인 정당에 휩쓸려 그런 정당을 지지하는 한국인이 매우 낯설다. 어떻게 저런 비이성적인 강령을 말하고 그에 걸맞게 비이성적인 행동을 해대는데 그런 정당을 지지할 수 있는지 이해가 안 된다.

한국의 정치에 대해서는 할 수 있는 말이 '쌔고쌨지만' 위에서 본 것 하나면 충분하다는 생각이다. 한국의 정치는 불통과 독선의 정치로 요약될 수 있겠다. 지금처럼 좌파가 정권을 잡고 있을 때에는 우파들이 '이렇게 독선으로 똘똘 뭉친 정권은 처음이다'라고 하지만 우파가 권력을 잡았을 때에는 좌파들이 '이렇게 불통이고 무능한 정권은 처음 보았다'고 한다. 그러니까 이 말은 한국에서는 어떤 파가 정권을 잡든 그 펼쳐지는 양상은 똑같다는 것이다. 누구를 더 비판할 필요도 없고 덜 비난할 필요도 없다. 정치 수준은 둘이 똑같기 때문이다. 이것은 그럴 수밖에 없는 것이다. 양파가 계승한 정치 문화는 조선조의 그것에서 벗어나지 않았기 때문이다(조선조의 좋은 것은 계승하지 않고 나쁜 것만 계승했지만 말이다). 한국의 조야한 정치 문화를 어떻게 개선하느냐의 문제는 여기서 다룰 주제가 아니다. 여기서는 현상만 짚으면 되는데 이에 대해 다소 상세하게 다룬 것은 같은 모습이 한국 사회의 다른 분야에서도 반복되기 때문이다.

1인 당 GNP가 3만 불이 넘건만 하나도 행복하지 않은 한국인들 정치가 이렇게 '개판'으로 돌아가니 국민들이 행복할 리 없다. 한국인들이 행복한지 그렇지 않은지에 대해 말할 때 우리는 종종 OECD 참여 국가 가운데 한국인의 행복지수가 최하위권에 있다는 이야기를 많이 한다. 그러나 행복을 말할 때 매우 조심해야 하는데 그 이유는 행복을 느끼는 데에는 주관적인 요소가 많이 개입되기 때문이다. 같은 상황에서도 어떤 사람은 행복하다고 할 수 있고 어떤 사람은 불행하다고 할 수 있다. 그래서 한 사회의 행복도나 행복 지수를 말할 때 조심해야 한다. 그래서 여기서는 아주 단순하게 행복을 정의해보고 그에 맞추어 한국 사회가 행복하지 아닌지를 따져보자.

아무리 생각해보아도 한 사람이 행복하기 위한 조건은 매우 단순한 데에 있는 것 같다. 사람이 자신의 (잠재) 능력을 발견하고 그것을 통해 자아실현(self-realization)을 하는 것, 이것이 가장 중요한 행복의 여건이라 할 수 있다. 그렇게 하려면 일단 일상의 기본, 즉 먹고 자고 하는 등의 생존과 관계된 일차적인 조건이 해결되어야 한다. 다시 말해 일단 의식주가 받쳐 주어야 한다는 것이다. 그 다음에는 자신의 능력을 발견하고 실현할 수 있는 최소한의 사회적 조건이 갖추어져야 한다. 그러려면 기초적인 교육을 받을 수 있어야 하고 그 교육 후에 자아를 실현할 수 있는 일터가 있어야 한다. 이것은 물론 개인이 진행해야 하겠지만 사회는 개인이 이 일을 원활히 진행할 수 있게 기본적인 환경을 만들어 주어야 한다. 이 환경에 대해서는 많은 논의가 필요하겠지만 가장 중요한 것은 한 개인이 자신의 능력이나 소양, 다시 말해 이번 생에 (하늘로부터) 부여받은 소명(calling)을 발견하고 그것을 실현할 수 있는 환경이 조성되어야 한다는 것이다.

이것은 이상적인 이야기가 아니다. 개인과 사회는 반드시 이 목표를 향해 가야 한다. 아브라함 매슬로가 그 유명한 욕구 이론에서 마지막 단계를 자아실현 단계로 잡았다는 것을 굳이 인용하지 않더라도 개인은 이 목표를 달성하기 위해 노력해야 하고 사회는 개인이 그렇게 할 수 있도록 사회적인 여건을 만들어야 한다. 한 사람이 아무리 돈이 많고 명예가 높아도 본인의 적성에 맞지 않는 일을 하면 불행한 법이다. 또 아무리 하찮게(?) 보이는 것 같아도 본인이 즐겁게 하는 일이 있다면 그는 행복한 것이다.

예를 들어 어떤 사람은 관광버스 운전하는 것을 아주 즐거워 할 수 있다. 다른 어떤 일을 하는 것보다 관광버스를 운전하면서 전국을 누비고 사람들을 만나는 일이 즐거울 수 있다는 것이다. 관광버스 기사라는 직업은 사회적으로 그리 존경 받는 직업은 아니지만 그것에서 소명을 느낀 사람은 그런 것에 구애받지 않는다. 그는 아마도 관광버스 운전을 하면서 그 나름대로의 입장에서 인생의 깊은 진리를 깨달을 것이다. 이것을 조금 다르게 설명하면 그는 만일 그가 다른 일을 했다면 얻을 수 없는 삶에 대한 통찰력과 남다른 지혜를 관광버스 운전을 함으로써 깨달을 수 있다는 것이다. 자아실현이라는 목표를 지향할 때 우리가 어떤 길을 가든, 어떤 수단을 택하든 그것은 전혀 관계없다. 중요한 것은 자신에게 이번 생에 부여된 길, 혹은 수단을 찾는 것이다. 우리는 이 일을 완수해야 진정으로 행복해질 수 있다.

자아실현과는 거리가 먼 한국의 현실 - 특히 교육의 경우 이렇게 해서 우리는 자아실현을 달성해야 궁극적으로 행복해질 수 있다는 평범한 진리를 알게 되었다. 우리는 한국인으로 한국 사회에 살고 있다. 이 사회에서 행복하게 살려면 이 사회가 자아실현을 할 수 있는 구조로 짜여 있어야 한다. 사회가 이렇게 짜여 있지 않으면 한 개인이 홀로 자아실현을 도모하는 일은 매우 힘들다. 이 일이 전혀 불가능한 것은 아니지만 우리 같은 평범한 개인들은 그런 사회에서는 자아실현을 이루지 못한다.

자아실현을 하는 데에는 많은 요소가 필요할 터인데 그 가운데 가장 중요한 것은 교육일 것이다. 인간은 교육을 통해서 하나의 인간으로 주조되기 때문이다. 그런 면에서 교육의 중요성은 아무리 강조해도 지나치지 않을 것이다. 이런 시각을 갖고 우리가 꼼꼼하게 살펴보아야 할 것은 과연 한국 사회가 혹은 한국의 교육이 한국인으로 하여금 자아실현을 할 수 있는 분위기나 여건을 만들어 놓았는지의 여부이다. 한국의 교육 현실을 보면 이런 질문을 하는 것 자체가 무색하다. 그러니 결론은 뻔하지 않겠는가. 한국의 교육은 자아실현과 거리가 멀다. 멀어도 아주 멀다. 아니 외려 반대 방향으로 가고 있다고 해야 할 것이다.

한국 교육의 문제에 대해서는 별 다른 설명이 필요 없을 게다. 어릴 때부터 아무 목적 없는 철저한 경쟁만 있기 때문이다. 한국의 교육은 그저 좋은 학교에 들어가고 좋은 직장을 얻기 위한 수단으로만 존재하지 자아실현과는 아무 관계없다. 한국 교육에서의 경쟁은 유치원 때부터 시작한다. 아이들은 끊임없이 선행학습을 하면서 다른 아이들을 이기는 것만 생각하는 교육을 받는다. 아이나 부모들은 교육의 내용에 대해서는 별 관심이 없다. 좋은 점수 받아 좋은 학교 가는 것만이 목표이기 때문이다. 학교에서 배우는 것은 아무짝에도 쓸모없는 것들이다. 그런데도 한국인들은 그런 것들을 외우고 시험 보느라고 학교생활을 다 보낸다.

예를 들어보자. 수학을 공부할 때 우리는 미적분과 같은 대단히 훌륭한 수학적 개념을 배운다. 미적분은 인류 수학사에서 매우 중요한 발견이었다. 그런데 한국 학교에서는 미적분이 수학사에서 어떤 의미가 있는지에 대해서 전혀 교육하지 않는다(적어도 나는 학교에서 교육받은 바가 없다). 대신 그저 공식만 외워서 계산하는 것으로 끝난다. 더 이상의 무엇이 없다. 이것은 대학도 마찬가지다. 대학이 존재하는 목표는 학생들이 자신의 삶을 전체적으로 조망할 수 있게 하고 그들이 무엇을 하면서 살아야 하는지를 찾게끔 도와주는 곳이다. 그래서 큰 배움터라고 하는 것이다. 그런데 대학에서는 인생을 성찰하고 참다운 삶이 무엇인지에 대해 가르치지 않는다.

학생들(그리고 학부모들)이 이런 것을 원하지 않기 때문이다. 학생들에게 대학이란 좋은 직장을 얻기 위한 수단에 불과할 뿐이다. 그렇다고 학생들이 잘못되었다고 탓하는 것은 아니다. 한국 사회가 학생들을 그렇게 몰고 가니 학생들은 그 시류에 편승할 뿐이다. 그들로서도 어쩔 수 없는 일이다. 일개인이 사회의 시류를 거역하는 것은 쉬운 일이 아니다.

어떻든 그렇게 해서 학생들이 대학을 졸업하고 좋은 회사에 들어간들 회사 생활 역시 자아실현과는 거리가 멀다. 한국의 회사에는 한국 사회에 횡행하고 있는, 상하를 심하게 가르는 권위주의 문화나 살벌한 경쟁 문화, 집단이기주의 문화, 그리고 상대를 믿지 못하는 불신 문화 등이 그대로 재현되고 있기 때문이다. 아니 이런 문화가 가장 강한 곳 중의 하나가 한국의 기업이라 하겠다. 회사원들은 회사에서 일벌레 정도의 취급을 받지 인간으로서 질 높은 삶을 향유할 수 있는 주체로 여겨지지 않는다. 그들은 그렇게 힘들게 회사를 다니기 때문에 항상 회사를 떠날 생각을 하지만 가정을 유지해야 하고 먹고 살아야 하기 때문에 모든 것을 감수하고 회사를 계속해서 다닌다. 그렇게 회사를 다니다 나이가 차 은퇴하면 또 막막한 삶이 기다리고 있다. 그때부터는 자아실현은커녕 먹고 사는 것을 걱정해야 한다. 또 장성한 자식들 뒷바라지하다 보면 자기는 또 뒤로 처지게 된다.

그렇게 살다 보면 어느새 노년이 되고 그때부터는 병과 싸우면서 살아야 한다. 나이가 더 들어 병이 깊어지면 어느 때부터인가 연명하기도 힘든 상태가 된다. 그 다음도 뻔하다. 인생의 막바지에 다다르면 대부분의 우리들은 깊은 불치의 병에 걸려 병원과 집을 왔다갔다 하다가 종국에는 의식마저 불명 상태가 되어 중환자실에 들어간다. 중환자실은 그다지 오래 있는 곳이 아니다. 한국인들은 그 방에 잠시 있다 속절없이 차디찬 침상에서 최후를 맞이한다.

아주 간단하게 한국인들의 일생에 대해 보았는데 사람마다 조금씩 다를 수 있겠지만 지금 본 것이 가장 흔한 경우가 아닌가 싶다. 이처럼 한국인들은 평생을 살벌한 경쟁 속에서 자신과 가족의 생존을 위해 분투하면서 살다가 어느 날 병마가 찾아오면 처절한 고통을 겪다가 속절없이 숨을 거두게 된다. 나는 이러한 모습을 내 부모에게서도 보았고 나 역시 비슷하게 살다 병에 찌든 최후를 맞이하지 않을까 하는 예상을 해본다. 사정이 이러하니 한국인의 일생에서 자아실현이나 진정한 행복에 대해 말하는 것 자체가 사치스러운 것 같다. 사실 지금까지 본 것에 대해서는 내가 졸저 『한국문화의 몰락』에서 이미 다 거론한 것이라 여기서는 상세하게 논하지 않았다. 또 사람들이 많이 알고 있는 사실이라 더 언급할 필요를 느끼지 못한다.

사안이 그렇다 하더라도 중언한다는 비난을 감내하면서 언급하고 싶은 것은 한국 여성들의 문제다. 한국 여성들의 처지가 하도 한심해서 그렇다. 무엇이 한심하다는 것일까? 한국 여성들은 대학 때까지는 남성들과 동등하게 교육을 받는다. 일단 거기까지는 문제가 없다고 하자. 문제는 결혼한 다음부터다. 한국 여성들은 결혼하면서 그의 지위가 한쪽으로 기울어지기 시작한다. 제약이 많아지기 때문이다. 그러다 아이를 낳으면 그의 개인적인 인생은 접어야 한다. 그 아이 키우면서 일생을 다 보내기 때문이다. 유치원 보낼 때부터 좋은 곳에 보내기 위해 엄마들은 온갖 노력을 한다. 이것은 잘 알려진 사실이라 그다지 많은 설명이 필요 없다. 이러한 양상은 초중고교 내내 계속되는데 특히 대학입시를 놓고서 벌이는 엄마들의 경쟁은 상상을 불허한다.

이때 한국에서 벌어지는 교육 현실은 전 세계 어디서도 발견할 수 없는 대단한 것이다. 이 참상을 한 마디로 요약하면, '내새끼 유일주의' 때문에 벌어지는 살인적인 경쟁이라 할 수 있겠다. 엄마들은 자신의 아이가 남의 아이보다 조금이라도 우위를 점유할 수 있게 사설 학원에 보내고 과외를 시킨다. 서울의 대치동과 개포동에 즐비한 학원의 모습은 다른 나라에서는 찾아볼 수 없는 극히 진귀한 것이다. 여기에 들어가는 돈은 천문학적인 숫자다. 무한 경쟁이 시작되는 것이다. 한국 엄마들이 생각하는 것은 단순하지만 매우 현실적이다. 즉, 허접한 공교육 가지고는 내 새끼가 입시 전쟁에서 우위를 점할 수 없다. 내 새끼가 조금이라도 앞서려면 더 좋은 학원, 더 용한 과외 강사를 찾아 거금을 들여 교육시켜야 한다는 것이 그것이다.

이 목적을 달성하고자 엄마들은 자신이 대학 때까지 공부한 것을 다 팽개치고 자식들 교육하는 데에 '올인'한다. 자신이 그때까지 배운 것을 바탕으로 자아실현을 한다는 것은 그저 망상일 뿐이다. 그들의 인생에는 오로지 내 새끼를 좋은 학교에 보내는 것 외에는 다른 목표가 없다. 현실이 이러하니 자신들이 대학 교육까지 받기 위해 쓴 돈은 아무 의미가 없다. 이것은 자신에게 손실이 되는 것은 말할 것도 없고 국가적으로도 얼마나 큰 손실인지 모른다. 그 좋은 노동력이 사회를 위해 쓰이지 않고 오로지 새끼들 교육시키는 데에만 이용되니 말이다.

그들의 헌신은 그 뒤에도 계속된다. 자식들이 결혼하고 정착하는 데에 들어가는 엄청난 돈 역시 부모들이 대주어야 한다. 그러다 손주들이 생기면 이번에는 그들을 돌보아주어야 한다. 이것 역시 여성들의 몫이다. 그렇게 살다 손주들이 장성해 돌봄이 필요 없을 때가 되면 그제야 그들의 의무가 다 끝난다. 그런데 그때는 그들의 나이가 이미 70대의 고령으로 접어들게 된다. 인생 다 간 것이다. 이게 바로 한국의 여성들이 처한 현실이다.[5] 매우 간단하게 한국 여성(그리고 남성)들의 일생에 대해 보았는데 잘 알려진 것이라 이 정도만 보아도 충분하리라.

'휑' 하니 뚫린 한국인들의 정신세계　　한국인들의 일상에서 보이는 비참한 참상에 대해서는 얼마든지 계속해서 말할 수 있지만 독자들도 잘 알고 있을 터이니 굳이 장황하게 더 설명할 필요 없을 것이다. 사정이 그렇기는 하지만 한국인들이 얼마나 허망하게 살고 있는지 보기 위해 한 가지 사안만 더 보고 그 다음으로 가고 싶다. 이것은 그들의 정신세계에 대한 것이다. 특히 한국인들의 정신세계가 얼마나 공동화 되어 있는가를 보았으면 한다.

이에 대해 알기 위해 우리는 다른 어떤 것보다도 한국 사회에 팽배해 있는 종교 만연 현상을 살펴볼 필요가 있다. 종교는 한 사회 구성원들의 가치

---

5) 사실 여기서는 번거로워 언급하지 않았지만 한국 여성들의 말년에 그들을 힘들게 하는 복병이 또 있다. 남편의 병수발이 그것이다. 한국 여성들은 평균적으로 남성들보다 7년을 더 살기 때문에 그들이 남편으로부터 병수발을 받기보다는 남편을 '케어'할 확률이 높다. 그렇게 돌본 남편이 세상을 떠나면 그 뒤부터는 홀로 자신을 돌봐야 한다. 이처럼 한국 여성들은 삶을 마칠 때까지 자신과 가족의 안녕과 생존을 위해 고군분투해야 하니 힘든 삶이 아닐 수 없다.

관이나 의식 구조를 결정하기 때문에 종교를 조망하면 그 사회에 속한 사람들의 정신 상태를 알 수 있다. 한국 사회의 종교를 보면 도무지 이해할 수 없는 현상이 너무나 많다. 그 중에서도 제일 이해하기 힘든 것은 개신교의 성황 현상이다. 한국은 개신교에 관한 한 많은 세계 기록을 갖고 있다. 그것을 간단하게 보면, 한국에는 세계에서 제일 큰 교회가 있는가 하면 세계 10대 교회 중에 반 정도가 한국 교회다. 한국 교회는 그 세를 계속 밀고 나가 세계 50대 교회 가운데 반 정도를 그들의 교회로 채우고 있다. 도대체 이 엄청난 사실을 어떻게 이해하면 좋을까?

그뿐만이 아니다. 한국은 아시아에서 유일하게 그리스도교(개신교와 천주교를 통칭한 용어)가 성공한 나라이며 사회의 주류가 된 나라다. 인류 사회에서 외국서 들어온 종교가 그 사회의 주류 세력을 이루는 것은 좀처럼 일어나지 않는 현상인데 한국은 예외적인 나라가 되었다. 그 때문으로 생각되는데 한국의 대통령 중에는 그리스도교 교인이 많다. 한국인들은 이명박 대통령이 자신은 개신교 장로라고 하고 또 김대중이나 문재인 대통령 같은 사람이 자신은 가톨릭교도라고 해도 전혀 이상한 점을 느끼지 못할 것이다. 외려 당연하다고 생각하지 않을까? 그러나 동아시아 국가 가운데 대통령이 그 나라 고유의 신앙이 아니라 서양 종교를 믿는 국가는 거의 없다(필리핀만이 예외일 것이다). 인도, 일본, 중국, 베트남, 태국 등과 같은 동아시아 국가 가운데 어떤 국가도 기독교를 믿는 사람을 대통령으로 뽑은 나라는 없지 않은가? 따라서 한국의 이 현상은 사실은 아주 특이한 현상이라고 해야 한다.

한국인들은 이처럼 교회를 많이 다니는데 특히 대형 교회를 많이 나간다. 그런데 이 대형 교회라는 곳이 어떤 곳인가? 이곳에서는 개인적인 구복과 치유에 대한 간구만 있을 뿐 기독교의 핵심인 이웃사랑이나 사회 정의의 실현 같은 것은 찾아볼 수 없다. 교회는 크지만 내실은 공허하기 짝이 없다. 그래서 나는 한국인들이 왜 저렇게 공허한 대형 교회를 다니는지 이해할 수 없다(그렇다고 중소형 교회가 공허하지 않다는 것은 아니다). 그런 교회에서 이루어지는 목사들의 설교를 들어보면 너무도 한심하다. 아무 내용이 없다. 그 소리가 그 소리다. 그뿐만이 아니다. 그 목사들의 외모도 별로다. 얼굴에서 수양을 많이 한 종교인의 모습이 보이지 않는다. 시장 바닥에서 그냥 만날 수 있는 장삼이사의 얼굴이다. 수도를 많이 한 사람은 얼굴이 다르다. 얼굴이 정돈되어 있고 품격이 있다. 이런 모습이 대형 교회의 목사 얼굴에서는 발견되지 않는다. 게다가 그런 큰 교회에서는 당회장 (담임 목사) 직이 세습되는 경우가 있다. 그래서 반발이 있기는 하지만 교인들 태반은 그런 현실을 받아들인다. 당회장 직이 세습되는 것은 전 세계 개신교회 사 상 일찍이 없는 일인데 신자들은 그런 비기독교적인 일을 수용하니 이상한 일이 아닐 수 없다. 그뿐만이 아니다. 목사가 어떤 전횡을 저질러도, 돈을 빼돌려도, 학력을 속여도, 또 성폭력을 자행해도 다 용서한다. 그저 '우리 목사님, 우리 목사님' 하면서 예수님 대하듯이 목사들을 모신다. 이런 일은 부지기수라 더 언급할 필요가 없겠다.

한국에는 또 이단으로 간주되는 교회들이 많은데 그 가운데에는 대형 교회도 꽤 있다(한국에는 왜 이런 이상한 대형 교회가 많은지 모르겠다). 내 신상의 안전을 위해 이 교회들의 실제 이름은 공개하지 않겠지만 이 교회의 참상은 말로 다 하기 힘들다. 이런 교회들의 목사들 가운데에는 사람들의 병을 잘 고치는 것으로 소문이 나있는 사람들이 꽤 있다. 그런데 그 기적의 치유라는 것은 대부분 가짜다. 눈속임에 불과한 것이 많다. 외부에서 보면 그 사기성을 쉽게 알 수 있는데 정작 그 교회에 다니는 교인들은 잘 모른다. 또 그런 목사들은 신도들에게 성폭력을 자행하는 경우가 있다. 신도들은 그렇게 당하고도 그 교회에 남는 사람이 적지 않다. 방송국에서 특별 다큐멘터리를 방영해 그 목사를 공개적으로 비판해도 신자들은 꿈쩍도 하지 않는다. 이 목사의 비리에 대해 수많은 증거를 가져다 들이밀어도 신도들은 수긍하지 않는다. 그러다 급기야는 사법 당국이 그 목사를 구속시키는 일도 발생하는데 그래도 그 교회는 없어지지 않는다.

물론 이런 괴이한 교회가 한국에만 있는 것은 아니다. 예를 들어 미국에도 이상한 기독교 집단이 있다. 그런데 미국에 있는 이상한 기독교 집단은 극소수에 불과하지 한국처럼 대단위로 있지는 않다. 반면에 한국에는 이런 교회들이 지천에 깔려 있다. 우리는 이 시점에서 이렇게 묻지 않을 수 없다. 한국인들은 왜 이렇게 허접한 교회에 기를 쓰고 다니는 것일까? 이런 교회를 다니면서 도대체 무엇을 바라고 헌금을 하고 봉사를 하는 것일까? 괜찮은 교회가 없는 게 아닌데 한국인들은 왜 이런 말도 안 되는 교회를 다니는 것일까? 내가 봉직하고 있는 이화여대 학생 가운데에도 이런 교회에 들어간 학생들이 꽤 있었다고 한다. 똑똑한 이대 학생들도 어쩔 수 없는 모양이다. 도대체 왜 이런 일이 발생할까?

그런데 기독교의 본향이라 할 수 있는 서양에서는 다른 일이 벌어지고 있다. 주지하다시피 서양에서는 많은 젊은이들이 교회를 떠났다. 왜일까? 그들은 교회에서 가르치는 것이 이성적인 현대 사회와 맞지 않는다는 것을 알았기 때문이다. 이전에 사람들의 지성적 수준이 높지 않을 때에는 그렇게 가르치는 교회라도 다녔지만 지금 이 개명된 세상에는 그런 교회의 필요성을 느끼지 못한다. 교회를 다니지 않아도 얼마든지 자기 나름대로 영성을 개발할 수 있다. 그러니 굳이 교회에 가서 그런 전근대적인 교리와 제도에 속박 받을 필요가 없는 것이다.

한국인의 입장에서 볼 때 그래도 서양 교회들은 상당히 이성적이고 합리적으로 돌아간다. 한국 교회처럼 기독교 교리가 유교의 가부장 제도와 섞여 이상한 모습으로 바뀌지 않는다. 예를 들어 유교의 가부장제의 영향으로 생각되는 교회 담임목사 직의 세습 같은 비이성적인 모습은 서양 교회에서는 언감생심이다. 그런데도 서양 젊은이들은 교회를 떠났다. 서양에서 이 천 년이나 지탱했던 교회가 무너지기 시작한 것이다. 절대로 무너지지 않을 것 같던 교회의 세력이 약화되기 시작한 것이다. 그에 비해 한국 교회들은 그 비합리적인 행태가 도를 넘었는데도 한국의 젊은이들은 아직도 교회를 찾아간다. 왜 이런 일이 벌어질까? 다른 많은 이유가 있겠지만 나는 한국인들의 정신세계가 비어있기 때문이라고 생각한다. 정신이 공허하니 물불 안 가리고 유행 따라, 사람 따라 그런 허접한 교회에 나가는 것이다. 이유가 따로 없다. 남들이 가니 그냥 저도 가는 것이다.

종교의 일차적인 목표는 자아실현에 있다. 인간을 전체적으로 완성시

커 주는 것은 종교밖에 없다. 사실 종교는 여기서 끝나지 않고 사람들로 하여금 자아실현을 넘어서 자아초월로 갈 수 있게 안내해준다. 그래야 진정한 자아실현의 이상이 실현되기 때문이다. 그런데 지금까지 간단하게 본 한국 종교의 모습은 어떠한가? 자아초월은 언감생심이고 자아실현 단계에도 다가가지 못한다. 아니 자아실현은커녕 신도들의 자아를 이상한 괴물로 만들어버리고 있다. 그래서 교회에 나가면 사람들이 외려 자아실현과 거리가 멀어지는 현상이 일어난다. 이상한 교리를 믿으면서 독선적으로 변하고 배타적이 되는 것이다. 그런데도 한국인들은 매 일요일마다 교회로 몰려간다. 안 가면 속이 공허해 참을 수 없는 모양이다.

이런 현상은 기독교에만 그치는 것이 아니라 불교에도 만연해 있다. 한국인의 정신이 공허한 것은 종교와 관계없는 일이니 불교도라고 해서 예외가 될 수는 없다. 불교에도 기독교와 똑같은 현상이 일어나고 있다. 따라서 굳이 불교의 예를 들지 않아도 되는데 형평성에 맞지 않을 수 있으니 불교계에 대해서도 보는데 아주 간략하게만 보자. 불교는 원래 대단히 포용적이고 이성적인 교리를 가진 종교지만 한국 불교에서는 그런 모습을 찾아보기 힘들다. 대신 한국 불교에서 발견할 수 있는 것은 개인적인 구복밖에 없다. 그저 불상에 대고 빌 뿐이다. 이것은 전형적인 우상숭배의 모습이다. 신도들은 불교의 교리에 대해 아무 관심이 없다. 오로지 내 새끼, 내 남편 등 내 가족이 잘 되는 것만 간구할 뿐이다.

그렇게 아무 생각 없이 절에 다니니까 승려들이 어떤 짓을 하던 신도들은 무관심하다. 승려들이 윤리적으로 매우 어긋난 일을 해도 신도들은 그

잘못을 지적하지 않는다. 사실 이것은 기독교도 그리 다르지 않다. 한국인들은 왜 이렇게 종교 사제들에게 약한 것일까? 여기서 우리는 다시 유교적 가부장제의 흔적을 발견한다. 한국인들, 특히 여성들은 종교 사제를 아버지처럼 생각하는 경향이 있다. 그들은 '우리 목사님, 우리 신부님, 우리 스님'이라고 되뇌면서 사제들을 과분하게 떠받든다. 이러한 태도는 유교적 가부장제에서 비롯된 것이다. 유교적 가부장제에서는 아버지가 최고의 존재라 그들이 하는 어떤 일도 용인된다. 아버지가 폭행을 해도, 또 술이 취해 주사를 부려도 다른 가족들은 이러한 만행을 감내해야 한다. 한국의 종교 교도들은 바로 이런 태도를 자신들이 믿는 종교의 사제들에게 투사했다. 비구, 목사, 신부가 그들의 아버지가 된 것이다. 그래야 한국인들의 이 이해할 수 없는 태도가 이해된다.

한국 승려들의 경우를 보자. 한국 불교에서는 비구가 몰래 가정을 갖고 있든, 성폭행을 자행하든, 돈을 몰래 갈취하든, 밤새 술을 먹고 도박을 하든, 혹은 전문적으로 도박을 하든, 신도들은 그런 것에 그다지 신경을 쓰지 않는다. 이유는 간단하다. 승려는 모든 것에서 면책되는 가부장이기 때문이다. 따라서 그의 실책에 대해서는 눈을 감아야 한다. 지금 말한 승려들의 괴행(怪行)은 이미 지상파 TV의 뉴스나 다큐멘터리 프로그램에서 보도된 것이기 때문에 신빙성이 상당히 높은 것이다. 공연한 추측으로 하는 것이 아니라는 것이다. 그런데 불교 신도들에게 아무리 이렇게 이야기해도 신도들은 또 절에다 돈을 갖다 바친다. 그들은 승려들이 그 돈을 가지고 도박을 하던, 뒤로 빼 돌리던 상관하지 않는다. 그들이 절에 다니는 것은 승려들에게서 좋은 가르침을 받는다거나 수행을 해서 마음을 닦기 위해서가 아니다. 그들이 원하는 것은 앞에서 말한 것처럼 내 가족이 잘 되는 것뿐이다. 그렇게 하기 위해서는 승려들이 필요하다. 그들이 대신해서 빌어주기 때문이다. 신도들에게 승려란 내가 구복할 수 있게 해주는 수단일 뿐이다. 승려들이 복을 빌어주는 한 불교도들은 승려들이 무슨 짓을 하든 상관하지 않는다.

따라서 이 (여성)불교도들은 좀 더 나은 한국 불교의 건설을 위해 종단 개혁 같은 것에는 관심이 없다. 만일 자신들이 종교를 통해서 자아실현과 자아초월이라는 막중한 목표를 구현하려고 했다면 그들은 당연히 더 나은 한국 불교를 만들기 위해 종단 개혁과 같은 현안에 관심을 가져야 한다. 그러나 그들은 이런 주제에 관심이 없다. 그 이유에 대해서는 이미 언급했다. 그런 일은 내 가족과 아무 상관이 없기 때문이다. 그런데 재미있는 것은 한국의 여성 불교도들이 갖는 이러한 태도는 한국의 모친들이 한국 교육의 현실에 대해 취하는 태도와 매우 흡사하다는 것이다. 앞에서 본 것처럼 한국의 모친들은 극소수를 제외하고 한국 교육을 개혁하는 데에 별 관심이 없다. 그들은 자신들의 자식이 좋은 대학에 들어가는 것에만 관심이 있지 그 외의 현실에 대해서는 아무 관심도 기울이지 않는다. 그들의 관심사는 여성 불교도들처럼 자신의 가정에만 제한되어 있다.

사정이 이러하니 한국 불교 안에서는 높은 영성을 발견하기 힘들다. 이런 예는 수없이 들 수 있지만 더 이상 그럴 필요를 느끼지 못한다. 내가 여기서 말하고 싶은 것은 한국 불교의 참상을 고발하자는 것이 아니라 영성이나 정신을 가장 강조하는 종교의 현실이 어떠한가를 알리려는 것이다. 지금 이야기한 것만 가지고도 한국 불교가 얼마나 종교의 본령에서 벗어나 있는지를 알 수 있으니 이 정도면 충분할 것이다. 이것만으로도 한국 불교의 대체적인 모습이 드러났다고 생각한다.

위의 설명으로 독자들은 한국의 영적인 현실이 어떤지 알 수 있었을 것으로 기대해본다. 인류 역사에 유례가 없는 기적을 행한 나라라고 하는데 그런 나라의 국민들의 머리가, 혹은 영혼이 이처럼 '텅 비어(totally empty)' 있는 것이다. 제삼자가 보기에 한국의 이러한 모습이 이해가 잘 안 될지도 모른다. 한국이 유례가 없는 기적을 행한 나라라고 해서 한국 사회에 생동감 있고 건전하며, 높은 문화가 있을 것이라 기대했는데 실제의 모습은 반대로 나타났기 때문이다. 조금 과한 표현인지 모르지만 내 눈에 한국은 흡사 전 사회가 정신병동인 것 같다. 한국에는 분노조절 장애, 성격 파탄처럼 보이는 경계성 장애, 모든 잘못을 남에게만 돌리는 환각 장애, 자기만 옳다는 지적 장애 등의 환자들이 들끓고 있기 때문이다. 주위를 돌아보면 이런 정신적 장애인들이 넘치고 있지 않은가?

이 때문에 우리는 정신분열 현상을 느낀다. 한국이 한편으로는 경제의 비약적인 발전과 민주주의의 정착이라는 엄청난 기적을 이룬 나라인데 지금 보이는 모습은 영혼과 정신이 공동화되어 있는 모습으로 나타났으니 말이다. 한국은 분명 최빈국에서 위대한 나라로 다시 태어났는데 현상적인 문화는 정신적인 장애 판정을 내릴 수밖에 없는 나라가 되었다는 것이다. 이 양극의 현상과 평가를 우리는 어떻게 통섭해서 하나로 이해할 수 있을까? 그 차이가 너무 커 하나로 통합해서 해석하기가 정녕 어렵겠다. 그런데 해석의 어려움은 예서 끝나지 않는다. 뒤에서 본론에서 자세하게 보겠지만 국내는 물론이고 전 세계의 많은 영능력자들은 한국의 미래에 대해 이해하기 힘든 해석을 내리고 있기 때문이다. 이들은 한국이 평화통일 되고 앞으로 세계를 영적으로 이끌 나라가 될 것이라고 예측하고 있다. 한국이 정신적인 지도국이 된다는 것이다. 이런 예언을 믿을 수 있겠는가?

물론 모든 영능력자들이 이렇게 예측한 것은 아니지만 그런 예측을 하는 영능력자들이 꽤 있다. 방금 전에 본 것처럼 정신적으로나 영적으로나 텅 비어 있는 것 같은 한국인들이 앞으로 이 세계를 정신적으로 인도한다는 것이 믿기지 않는다. 한국처럼 나라는 동쪽 끝에 치우쳐 있고 적대적인 세계 최고 대국에 둘러싸여 있으며 전 세계에 유례가 없는 공산국가인 북한과 대치하고 있는 나라가 이 모든 난관을 뚫고 세계를 정신적으로 인도하는 나라가 된다는 것을 어떻게 믿을 수 있을까?

이렇게 계속해서 말하느니 그들이 예언한 것을 실제로 보기로 하는데 그 전에 언급하고 싶은 게 있다. 이것은 영능력자들의 말대로 앞으로 한국이 정신적인 지도국이 되려 할 때 가장 큰 장애가 되는 것이다. 이 장애가 무엇일까? 지금까지 70여 년 동안 한국을 끊임없이 괴롭힌 북한이 바로 그것이다. 북한은 인류사상 유례가 없는 최고의 악성국가로 보이는데 이러한 거대한 악이 남한과 국경을 마주하고 있어 한국의 미래를 어둡게 만들고 있다. 더구나 이 국가가 이제는 극악한 원자폭탄까지 지니고 있어 현실을 더 암울하게 만든다. 따라서 바로 본론으로 가기 전에 이 북한이라는 나라를 한 번 진단할 필요가 있겠다는 생각이다.

북한이라는 최악의 국가가 우리 위에 있다니.... 한국이 새로운 나라로 우뚝
서려고 할 때 가장 큰 장애는 북한일 것이다. 한국이 자신의 소명을 실현시
키려면 반드시 북한 문제를 해결해야 한다. 한국 주도로 통일하고 북한에
산재한 악 덩어리를 용해해야 한다. 과장일 수도 있겠지만 북한은 인류 역
사가 있은 이래 가장 악독한 국가가 아닌가 한다. 그동안 인류는 국가와 왕
조를 지탱하면서 수많은 지독한 악을 자행했지만 북한의 그것은 상상을 불
허하기 때문이다.

이 악을 말할 때 나는 북한에서 정적(政敵)을 고사포로 죽이고 그 목을
효시하는 정도의 악행을 말하는 것이 아니다. 그것은 사람이 정치를 하다
보면 능히 저지를 수 있는 악이다. 또 북한의 수많은 수용소에서 저질러지
고 있는 극악한 악도 아주 이해 못할 바는 아니다. 그러나 북한의 정치범
수용소 등에서 벌어지고 있는 악을 접해보면 다른 나라의 그것과는 상대
가 안 되는 것 같기는 하다. 그 만행에 대해서는 많은 사람들이 알고 있기
때문에 여기서는 더 이상 언급하지 않겠다. 여기서는 인간으로서는 도저히
용납할 수 없는 악 하나만 상징적으로 예시해보자. 그 사건 하나만 보아도
북한 사회의 악성(惡性)이 얼마나 대단한지 알 수 있기 때문이다.

이 이야기는 내가 직접 탈북민 남자 아이에게 들은 것이다. 김정일 정
권 때 이야기다. 북한에서는 소를 훔치면 사형이란다. 소 훔쳤다고 사형시
키는 것은 말도 안 되지만 천인공노할 일은 그 다음에 벌어진다. 어떤 아버

지가 소를 훔쳤다. 당연히 사형인데 조용하게 사형시키는 게 아니다. 동네 사람들을 다 모아놓고 공개 처형한다. '소 훔치면 너희들도 이렇게 된다'는 것을 보여주는 극악한 정치다. 이렇게 소 훔친 것 같은 비교적 경미한 범죄를 저질렀다고 사람들 보는 앞에서 총살시키는 나라가 세상에 어디 있을까? 그런데 진짜로 잔인한 것은 그 다음부터다. 사형장 맨 앞줄에 그 남자의 가족을 앉힌단다. 그래서 그 남자의 부인과 아들이 앉았던 모양이다. 그런데 총살하는 순간 손으로 눈을 가리거나 머리를 돌리거나 눈물을 흘리면 안 된단다. 아내와 아들은 두 눈을 부릅뜨고 아버지의 머리가 깨져 나가는 것을 보아야 한다.[6] 그러면 머리가 깨지면서 뒤편에 있는 담에 아버지의 하얀 골이 달라붙는단다.

이 얼마나 처참한 모습인가? 우리는 죽은 사람을 보아도 공포에 떤다. 시신은 언제나 섬뜩하기 때문이다. 그런데 북한에서는 그에 한 술 더 떠 사람 죽이는 모습을 강제로 보게 하니 할 말이 없다. 그런데 그 대상이 세상에서 제일 중요한 아버지라고 하니 더더욱 말을 잃는다. 아버지가 머리가 으깨지면서 죽는 모습을 본 아이는 마음에 얼마나 큰 상처가 남을까? 과연 그런 경험을 하고도 여생을 제대로 살 수 있을까? 그런데 그런 슬픔도 잠깐이고 더 놀라운 일은 아버지가 죽은 다음 제사를 지내는 현장에서 벌어졌다. 이 아들은 아버지를 여의어 슬프기는 했지만 그 슬픔보다 더 긴박한

---

6) 나는 이와 관련해 다른 이야기를 들었다. 남한에 와서 전쟁 영화를 본 북한 아이들은 그 영화에서 사람들이 머리에 총 맞고 죽는 모습을 보고 그것이 틀렸다고 증언했단다. 영화에서는 사람이 머리에 총을 맞으면 머리에 그저 구멍 하나 뚫리는 것처럼 나오는데 자기들이 본 바에 따르면 해골이 깨지면서 골이 다 밖으로 튀어 나온다고 한다. 다는 아니겠지만 북한 아이들은 이 같은 처참한 모습을 보고 자란다.

일이 있었다. 이 아들은 제사를 지내는 동안 제사상에 올려 있는 쌀밥만 쳐다봤다고 한다. 빨리 그 밥이 먹고 싶었던 것이다. 너무나 배가 고프기 때문에 아버지 제사고 뭐고 관심이 없고 언제 먹었는지 모르는 쌀밥 먹을 생각만 한 것이다.

이것은 정말로 슬픈 일이다. 아버지의 총살 장면을 보게 한 것도 그렇지만 배고픔 앞에서 그런 엽기적인 장면도 잊고 오로지 배 채울 생각만 한다는 것이 얼마나 슬프고 어이없는 일인가? 얼마나 배고팠으면 아버지의 죽음도 '뒷전'으로 밀렸을까? 이런 게 바로 북한 정권이다. 인간의 천륜도 배반하게 하고 인간의 심성을 산산이 부셔버리는 게 북한 정권이라는 것이다. 인류 역사 이래로 이런 짓을 한 왕조나 나라가 또 있었을까? 천하의 악독한 이슬람 국가(IS)도 이런 짓은 안 했을 것이다.

나는 이 같은 북한의 모습을 볼 때마다 이런 현상이 도대체 어디서 유래한 것인지 궁금하기 짝이 없었다. 이 일은 한반도 안에서 자행된 것이니 그 연원을 한국 문화 안에서 찾아야 한다. 그런데 한민족이 그렇게 잔인했던가? 내 기억에 한국인은 다른 민족만큼 잔인했지 북한의 예처럼 저 정도로 극악하지는 않았던 것 같다. 그래서 도대체 답이 안 나온다. 그러나 여기서 중요한 것은 그 유래를 밝히는 것이 아니라 우리가 통일을 이룩한다면 이 북한에 쌓여 있는 원한을 풀어야 한다는 것이다. 강증산 식으로 말하면 해원해야 한다는 것이다. 그래야 정신이 바로 선다. 저런 원한이 남아 있으면 좋은 기운이 나오지 않는 법이다. 남한도 문제가 많지만 북한의 이 같은 악행의 두터운 업보를 어찌 풀어야할지 머리를 맞대고 생각해야겠다.

소결   이제 한국의 어제와 오늘에 대해서 어느 정도 보았다. 특히 한국이 처한 기막힌 현실에 대해 초점을 맞추어 살펴보았다. 지금까지 어느 민족도 하지 못한 기적을 이루었지만 한국이 국면하고 있는 현실은 살얼음판을 걷는 형세라 일촉즉발의 위기 상황이 계속되고 있다. 다 망한 나라가 다시 일어서 선진국이 되었는데 주위는 수많은 지뢰로 뒤덮여 있는 형국이라 하겠다. 앞으로 이 나라가 어디로 갈지 여간 궁금한 게 아니다. 이럴 때 우리는 앞에서 본 것처럼 현자의 도움을 필요로 한다. 한국의 상황이 워낙 위중해 학술적인 분석으로는 그 전모를 파악하기 힘들다. 그래서 현자나 영능력자처럼 시대를 넘어서 전체를 한꺼번에 볼 수 있는 사람들이 필요하다. 그들이라면 우리 범인과는 다른 예언을 하지 않을까 하는 생각이다. 이제 이 기막힌 나라를 두고 이러한 분들은 어떤 예언을 하고 있는지 알아보자.

예언

Ⅱ

종교사상가들이 예언한 한국의 미래와 사명

영능력자들이 본
한국의 미래

동해

동해

이제 동서양의 영능력자나 그에 버금가는 존재들이 설파한 한국의 미래에 대해 보려고 하는데 독자들의 이해를 돕기 위해 다음과 같은 방법을 써볼까 한다. 즉 이 예언들을 신뢰도에 따라 등급으로 나누어 보면 어떨까 하는 생각이다. 우리가 영화를 평할 때 별 5개를 가지고 하듯이 이 예언들도 그런 식으로 신뢰도를 정해보겠다는 것이다. 그렇게 하면 가장 신뢰할 수 있는 예언은 별 5개(5점)가 될 것이고 반대로 신뢰하기 힘든 예언은 별 1개(1점)가 되겠다. 그런데 점수를 매겨 보니 신뢰도가 별 1개가 되는 것은 없었다. 신뢰도가 그 정도 되면 그것은 믿을 수 없는 것이니 여기에 포함시키는 것 자체가 무리였다. 그러나 그 가운데에는 재미있는 것들이 있어서 가외(加外)로 포함시켰다.

이렇게 등급을 표시하는 이유는 독자들이 이 예언을 수용할 때 참고해 보라는 것이다. 나는 내가 등급 매긴 것이 반드시 옳다고 주장하지는 않는다. 내가 하고자 하는 일은 각 예언을 소개하고 그에 대해 해설하면서 그 신뢰도에 대해서 세세하게 설명하는 것이다. 어떤 것은 왜 믿을 만하고 어떤 것은 왜 믿을 만하지 않는가에 대해 설명하겠다는 것이다. 독자들이 그 설명에 공감되면 그 등급을 받아들이면 되고 그렇지 않으면 받아들이지 않으면 된다.

이제 여러 예언들을 하나하나 살펴보도록 하는데 우선 원불교를 세운 소태산 박중빈 선생의 예언으로 시작하려고 한다. 참고로 먼저 말하고 싶은 것은 나는 원불교인이 아니라는 것이다. 이것은 내가 개인의 신앙에 편중되어 소태산을 선정한 것이 아니라는 것을 밝히는 것이다. 그런데 왜 소태산의 예언부터 보려고 하는 것일까? 이유는 간단하다. 그의 말이 가장 신뢰도가 높기 때문이다. 독자들이 내 설명을 읽어 보면 알겠지만 소태산은 깨달음의 반열에 오른 분이라 허언을 하거나 교언영색(巧言令色)을 하지 않는다. 그리고 그의 예언은 매우 구체적이라 더 믿음이 간다. 게다가 그의 예언은 원불교에서 가장 중요한 문헌이라 할 수 있는 『원불교 교전』에 적혀 있어 무게가 더 실린다.

1. 소태산 박중빈(1891~1943)의 예언
신뢰도: 4.75점

소태산은 누구? 소태산 박중빈은 잘 알려진 대로 원불교를 창시한 분이다. 소태산을 한 마디로 표현한다면 근세에 한민족이 낳은 최고의 스승 중의 한 사람이라고 해야 할 것이다. 그의 가르침은 광대무변하다. 특히 그가 표방한 원융무애 정신은 한국불교사에서 최고의 승려로 꼽히는 원효의 그것을 능가한다. 원효는 원융무애 정신을 학술적으로만 풀었

소태산 박중빈

지만 소태산은 그것을 현실에서 직접 실현했다. 그는 26세 때 깨달음을 얻고 전통 불교를 일신하여 새로운 불교를 만들어 한국인에게 선사했다.

원불교, 한국적인 개혁 불교 그가 우리에게 제시한 불교는 세계적이며 동시에 한국적이다. 과거에도 불교도들이 전통 불교를 쇄신하는 일을 많이 했지만 소태산처럼 극적인 개혁에 성공한 경우는 드물다고 할 수 있다. 그는 기존 불교에 있는 것 가운데 비합리적이거나 현대에 맞지 않는 것들을

과감하게 쇄신했다. 그가 행한 개혁 가운데 가장 큰 것은 우상숭배의 대상처럼 보일 수 있는 불상을 법당에서 퇴출시킨 것이다. 소태산은 과거에 인류가 개명하지 못해 불상을 숭배했지만 지금은 사람들에게 혜안이 생겨 불상 같은 무정물을 숭배할 필요가 없다고 주장했다. 그런 끝에 나온 것이 진리를 상징한다고 할 수 있는 원, 원불교의 용어로는 일원상(一圓相)이다. 일원상이란 단지 원을 의미한다. 소태산은 이것으로 불상을 대체했다. 구체적인 불상을 추상적인 원으로 바꾼 것이다. 그래서 원불교라고 하는 것이다. 그 이후로 원불교 교당에는 불상 대신 일원상이 단에 모셔지게 된다. 이것은 매우 합리적인 신행(信行)으로 지금까지 어느 불교도 하지 못한 엄청난 개혁이라 할 수 있다.

또 소태산은 과거 불교의 경전이 어려운 한자어로 되어 있는 것을 비판하면서 앞으로는 경전도 쉬운 한글로 쓰여야 한다고 힘주어 말했다. 전통 불교의 경전은 대개가 한문으로 되어 있어 그것을 전문적으로 공부한 승려들만 이해할 수 있었다. 따라서 지식이 널리 공유되지 못해 일반 신도들은 소외된 상태로 있었다. 소태산은 이런 현실을 타개하고자 원불교 교전을 쉬운 한글로 편찬했고 어려운 이론이 아니라 일상생활 속에서 만나는 일을 가지고 불교를 알기 쉽게 설명했다.

또 하나의 혁신은 불교의 성직자들도 결혼할 수 있게 한 것이다. 소태산은 수행하기 위해 집을 떠나 산속에 있는 절로 가는 것을 바람직하지 않게 여겼다. 일상생활을 하면서 수행도 같이 할 수 있어야지 이 세간을 떠나 수행하는 것은 치우친 행로로 보였던 것이다. 그리고 그는 사람이 독신으로 사는 것은 무리라고 보았다. 정상적인 가정생활을 하면서도 그 안에서 수행을 해야 제대로 된 종교인이지 결혼도 마다하고 산 속 깊은 곳으로 들어가 수행하는 것은 비정상적이라는 것이다. 이 점에 대해서는 만해 한용운도 같은 의견을 갖고 있는데 그는 저서인『조선불교유신론』에서 승려들도 결혼해야 한다고 주장했다. 그러나 만해의 주장은 전통 불교 교단에서 전혀 받아들여지지 않았다. 그런데 승려의 독신주의 때문에 요즘에 벌어지는 비구승들의 일탈을 보면 만해의 주장이 설득력 있게 들린다. 그러나 원불교는 달랐다. 그들은 소태산의 가르침을 행동에 옮겨 원불교의 성직자들은 결혼할 수 있게 되었다(여성 성직자의 경우는 조금 다른데 그 점은 생략했다).

　생활불교를 주장하는 소태산의 눈에는 전통 불교의 절들이 산에 있는 것도 거슬렸다. 절이 그렇게 먼 곳에 있으니 수행을 하기 위해서는 큰 마음을 먹고 시간을 따로 내서 가야 하니 번거롭기 짝이 없다는 것이다. 이에 소태산은 사찰은 사람들이 많이 사는 곳에 있어야 한다고 주장해 원불교의 교당은 대부분 시내에 위치하게 된다. 이것은 거의 모든 교회가 도시에 있는 것과 같다고 하겠다. 사실 종교 시설이 도시에 있는 것은 당연한 일이다. 종교는 사람을 위해 서비스를 해야 하니 그 시설이 사람이 많은 곳에 있어야 하지 인적이 드문 산에 있는 것은 말이 되지 않는다. 따라서 사찰은 도시에 있어야 하는데 한국 불교처럼 절이 산 속에 있는 것은 외려 이상한 것이라 할 수 있다. 소태산은 이를 혁신했고 그 결과 원불교도들은 기도나 선 수행을 위해 멀리 갈 필요 없이 시간 나는 대로 시내에 있는 교당에 가서 종교생활을 할 수 있게 되었다.

그가 주장한 슬로건 가운데 '물질이 개벽하니 정신을 개벽하자'는 것보다 더 유명한 것은 없을 것이다. 이것은 서양의 과학기술 문명이 지닌 문제를 해결하자는 것이다. 소태산에 따르면 서양의 과학 문명이 발달한 것은 좋지만 그 안에는 기본적으로 부도덕성이나 몰도덕성이 깔려 있어 이것을 극복하지 않으면 인류가 위험에 빠지게 된다고 한다. 인류가 이런 문제를 극복하려면 스스로 정신을 개벽해야 한다. 그가 말하는 정신개벽 운동은 무엇을 말하는 것일까? 인간의 도덕성을 극도로 살려 새로운 도덕 문명을 만드는 것이다. 이 교설을 조금 더 부연해 설명하면 이것은 생태계의 위기를 경고한 것 아닌가 한다. 지금 지구는 환경 공해로 극심한 폐해를 보고 있다. 온난화 현상이 그 중 하나인데 이것은 모두 인간이 무책임하고 부도덕해서 생긴 것이다. 인간이 자신의 욕망을 자제하지 못해 아무 짝에도 쓸데 없는 물건을 계속해서 만들어냈고 그것을 마구 소비하다가 지구가 이 모양이 된 것이다. 지금 인류가 이 생태 위기를 극복하는 방법은 소비를 대폭 줄이는 수밖에 없다. 그러려면 인간의 영성을 높여야 하는데 이것을 실현하기 위해서는 도덕문명을 발전시켜야 한다는 것이 소태산의 주장이다.

원불교는 토종 교단 가운데 가장 큰 종단 그런데 이렇게 짧게 소태산의 가르침을 보아서는 그 위대성을 파악하기 어렵다. 그의 가르침이 얼마나 광대무변한가를 알 수 있는 방법은 여럿 있는데 그 중의 하나는 현재의 원불교의 모습을 보는 것이다. 원불교의 규모를 보자는 것이다. 원불교를 한 마디로 표현한다면 한국에서 자생한 종단 가운데 가장 광대한 교단이라고 할 수 있다. 쉽게 말해 토종 가운데 제일 크다는 것이다.

원불교단은 자신을 잘 드러내지 않기 때문에 한국인들은 원불교의 실력을 잘 모른다. 원불교는 국내에 약 640개의 교당이 있는데 이것만으로도 작은 교단이 아니라고 할 수 있다. 그런가 하면 미국에 25개나 되는 교당이 있는 것을 비롯해 해외 26개국에 70여개의 교당과 관계 기관이 있다. 이것으로 보면 원불교는 한국에 있는 종교 교단 가운데 가장 많은 해외 포교당을 갖고 있는 종단 중 하나라고 할 수 있다. 한국의 수많은 종교, 즉 불교나 개신교, 천주교 등을 다 포함해서 이런 기성 교단들과 견주어 볼 때 원불교는 가장 해외로 많이 뻗어간 종교라 할 수 있다.

그뿐만이 아니다. 주지하다시피 원불교는 대학(원광대학)을 갖고 있고 그와 더불어 대학병원(치대와 한의대 포함)도 갖고 있다. 또 라디오 방송국과 TV 방송국도 운영하고 있다. 그런가 하면 원불교는 불교, 개신교, 천주교에 이어 군종 장교의 지위를 따냈다. 이것은 원불교의 위상이나 세력이 그만큼 커졌다는 것을 보여주는 매우 상징적인 사건이라 할 수 있다. 이것으로 원불교는 한국을 대표하는 4대 종교 중 하나가 되었다고 할 수 있다. 그 외에 또 특기할 만한 것은 원불교는 한국에 있는 종단 가운데 유일하게 미국 주정부에서 학위를 인정하는 대학을 만들었다는 것이다. 이 같은 일은 미국에서 수입된 한국의 개신교도 하지 못한 것인데 원불교가 해낸 것이다. 이 학교는 미국 필라델피아에 있는 '미주선학대학원(Won Institute of Graduate Studies)'을 말하는데 펜실베이니아 주정부로부터 정식으로 인정받은 학교다(주정부로부터 인정받는 대학을 만드는 일은 매우 힘든 일이라고 한다). 또 뉴욕 주에 있는 원달마센터도 주목할 만하다. 이것은 원불교 미주총부 같은 것으로 면적이 52만평이나 된다고 하니 엄청난 규모인 것을 알 수 있다.

이 정도면 원불교가 현재 어떤 세와 규모를 갖고 있는지 알 수 있지 않을까 싶다. 그런데 원불교가 이렇게 성장할 수 있었던 그 근본적인 동력은 전적으로 소태산의 법력에 있다고 할 수 있다. 그의 가르침이 광대무변하기 때문에 후학들이 이렇게 교단을 크게 키울 수 있었던 것이다. 소태산은 한 번 이런 이야기를 했다. 자신은 전생에서도 이 같은 종교 운동을 했는데 이번 생에 하는 활동이 가장 크다고 말이다. 그래서 그런지 원불교는 한국 사회에서 자못 큰 교단으로 성장 발전했다. 지금까지 본 것처럼 그는 이러한 위력을 가진 분이라 그의 가르침에는 허언이 있을 수 없다. 깨달은 사람은 절대로 빈 소리를 하지 않기 때문이다. 그래서 그의 가르침의 신뢰도를 높게 책정한 것이다. 그럼 이제 소태산이 한국의 미래에 대해 행한 법문을 보자.

예문 1:
"대종사 말씀하시기를 '조선은 개명이 되면서부터 생활 제도가 많이 개량되었고, 완고하던 저견도 많이 열리었으나, 아직도 미비한 점은 앞으로 더욱 발전을 보게 되려니와, 정신적 방면으로는 장차 세계 여러 나라 가운데 제일 가는 지도국이 될 것이니, 지금 이 나라는 점진적으로 어변성룡(魚變成龍)이 되어가고 있나니라."(『원불교 교전』 전망품 23장)

"또 여쭙기를 '천지에 진강급(進降級)이 있다 하오니 조선이 지금 어느 기(期)에 있나이까' 대종사 말씀하기를 '진급기에 있나니라'"(『원불교 교전』 변의품 6장)

해설:

이 가르침은 소태산이 한국의 미래에 대해 행한 예언 가운데 가장 대표적인 것이다. 우선 두 번째 말씀을 주목해보자. 소태산은 여기서 아주 간단하지만 단호한 예언을 하고 있다. 그에 따르면 한국은 진급기, 즉 상승하는 단계에 있다. 여기서 그는 암묵적으로 한 나라에는 기운이 상승하고 떨어지는 시기가 있다는 것을 인정했다. 그런 관점에서 볼 때 한국은 그 기운이 상승한다는 것이다. 우리는 그가 한국의 기운을 어떤 방식으로 파악했는지 모른다. 이 책의 앞부분에서 비록 가정이지만 한 나라에는 일정한 기운이 흐르고 있다는 것을 수용하자고 했다. 그리고 영능력자들은 그것을 읽어낼 수 있는 능력을 갖고 있다고 했다. 소태산도 마찬가지였을 것이다. 그는 한국이라는 공동체에서 어떤 일정한 기운의 흐름을 느꼈을 것이고 그 기운이 상서로운 것을 알아차렸을 것이다.

한국에 대한 그의 이 예언이 놀라운 것은 당시에 한국이 처한 상황과 정반대의 예측을 했기 때문이다. 현대에 사는 우리들은 당시에 한국이 어떤 처지에 있었는지 절감하지 못한다. 지식으로는 당시 한국이 일본의 식민지였다는 것을 알고 있지만 그런 현실이 무엇을 뜻하는지 체감하지 못한다는 것이다. 지금은 나라가 아무리 어지러워도 한국이라는 나라가 없어진 것은 아니다. 자기 나라가 없어졌다는 것은 그 상태가 되어봐야 심각성을 알 수 있다. 나라가 없으면 국제 사회에서 인간으로 대접받기가 힘들다. 모든 것이 제약받고 불편해진다. 나라라는 것은 있을 때에는 그 존재가 얼마나 중한지 모르지만 없어지면 의욕이 꺼지고 아주 힘들어진다.

그런데 당시 한국은 역사 이래 최초로 나라가 없어졌다. 이것을 실감하려면 1920~1930년대의 세계지도를 보면 된다. 이 지도에는 한반도 위에 나라 이름인 'Korea'는 없고 'Japan (Empire)'으로 되어 있다. 이런 지도는 한국에서는 잘 볼 수 없지만 미국에서 나온 세계사 책을 보면 당시의 지도가 이렇게 되어 있다. 나는 이 지도를 대학에서 역사학을 전공할 때 처음으로 보았는데 그때 그 기분의 미묘함은 아직도 잊을 수 없다. 내 나라가 사라져버렸기 때문이다.

위에 나오는 소태산과 제자의 대화가 바로 이즈음에 행해진 것 같은데 당시 한국인, 특히 지식인들은 나라를 되찾지 못할 수도 있다는 절망감에 싸여 있었던 것 같다. 또 되찾을 수 있다 해도 그것이 언제가 될지 전혀 예측할 수 없었다. 국제적인 상황을 보아도 한국이 일본에서 해방될 기미는 보이지 않았던 반면 일본은 더욱더 승승장구하고 있었다. 그래서 당시의 한국 지식인들은 일제의 지배가 100년, 아니 잘못하면 200년도 갈 수 있 겠다는 절망감에 괴로워했다. 그들이 점차적으로 친일로 돌아선 데에는 이 절망감이 한몫 했을 것이다.

그렇게 한국인들이 일제의 지배에 길들여지고 절망하고 있을 때 소태 산은 정반대의 예언을 한 것이다. 당시에 나라는 없어져 언제 해방될지 전 혀 알 수 없는 상황이었고 승승장구하는 일제의 지배는 더 공고해져 한국 인들은 옴짝달싹도 하지 못했다. 그래서 그때 한국은 어떻게 보아도 미래 가 긍정적이거나 밝게 보이지 않았다. 아마 당시에 한국의 앞날이 창창하 다고 말한 지식인은 없었을 것이다. 그러나 소태산은 달랐다. 그는 각자(覺 者)답게 한국과 한국인에게서 뿜어져 나오는 기운을 읽고 한국은 앞으로 엄청난 발전을 할 것이라고 예언했다.

그런데 그는 거기서 그치지 않고 한국은 그저 발전하는 정도가 아니라 용과 같은 최상위의 국가가 된다고 예언했다. 이름하여 '어변성룡'이라는 것인데 한국이 지금은 비록 작은 물고기에 불과하지만 나중에는 용이 된 다는 것이다. 용이 상상 속의 동물이기는 하지만 동물 가운데에는 용을 으 뜸으로 치니 그의 예언을 따른다면 한국은 앞으로 으뜸 국가가 된다고 보 아도 될 것이다. 이 같은 말은 지금 해도 사람들이 믿지 않을 터인데 당시 에 도대체 누가 이 말을 믿을 수 있었을까? 이 말을 들은 사람들은 소태산 의 제자들인데 아무리 스승의 말씀이지만 그들 역시 이 말을 쉽게 믿지 못 했을 것 같다. 그런데 그 한국이 지금 어찌됐는가? 한국은 진즉에 아시아의 네 마리 작은 용 가운데 하나가 되지 않았던가? 그러니 소태산의 예언이 객관적으로 실현된 것이다. 어떻든 용이 되었으니 말이다. 그런데 소태산은 한국이 이처럼 작은 용 중의 한 마리가 되는 것에 그치지 않고 더 진급할 것이라고 예측했다. 왜냐하면 한국은 정신적인 면에서 범상치 않은 국가가 되기 때문이다.

소태산이 '한국은 앞으로 용과 같은 국가가 될 것'이라고 했을 때 그가 생각한 것은 한국이 정치나 경제, 군사 등의 분야에서 가장 앞서는 나라가 된다고 한 것이 아닐 것이다. 그가 생각한 한국의 미래는 정신적인 면에서 한국이 세계를 이끈다는 것이다. 한국이 세계를 영적으로 인도한다는 것인데 현금의 한국의 종교계를 보면 이 예언은 실로 받아들이기 힘들다. 앞에서 우리는 한국의 종교계가 얼마나 수준이 낮은지에 대해 살펴보았다. 규모만 클 뿐이지 한국의 종교계는 속이 다 비었다. 종교 내에 비리가 하도 많아 종교가 세상을 걱정하는 것이 아니라 세상이 종교를 걱정해야 하는 판국이 되지 않았는가. 한국의 종교계에는 어떤 교단에서도 혁신적인 청정한 기운이 흐르는 것을 발견할 수 없다. 그런데 이런 구태의연한 종교만이 판치는 나라가 어떻게 세계를 정신적으로 인도할 수 있다는 말인가?

그런데 한국이 정신적으로 세계를 이끈다는 예언은 여기서만 발견되는 것이 아니다. 앞으로 보게 될 동서양의 영능력자들이 이와 비슷한 예언을 하고 있기 때문이다. 그러나 이 예언은 여전히 받아들이기 힘들다. 어떻게 동북아시아에서 강대국으로 둘러싸여 있는 '작은' 나라가 전 세계인들을 영적으로 이끌 수 있다는 말인가? 그런데 생각해보면 적어도 한 가지 면에서는 한국이 정신의 지도국이 될 수 있는 자격을 갖고 있는 것 같다. 그것은 이제 선진국이 된 한국은 과거에 한 번도 다른 나라를 괴롭히지 않았다는 것이다. 이것에 대해 『한국인만 모르는 다른 대한민국』이라는 책을 펴낸 페스트라이쉬 교수는 한국은 제국주의 경험을 하지 않고 선진국이 된 유일한 나라라고 주장하고 있다. 이 사실에 대해 한국인들은 거의 무지한 상태로 있었는데 그의 지적에 따라 상기할 수 있었다.

이것은 무엇을 뜻하는가? 잘 알려진 것처럼 구미의 많은 선진국, 그리고 일본은 지금처럼 선진국이 되는 과정에서 다른 나라들을 식민지로 삼아 온갖 수탈을 자행하면서 그 나라 사람들을 괴롭혔다. 멀리 갈 것도 없이 일본이 우리에게 한 일을 생각해보면 알 수 있지 않은가? 이 가해 국가들은 너무나도 나쁜 일을 많이 해 도덕적으로 다른 나라보다 우위에 설 수 없다. 그렇지 않은가? 북미 대륙의 원주민인 인디언과 흑인들에게 천인공노할 악행을 저지른 미국이 전 세계인의 도덕의 귀감이 된다는 것은 있을 수 없는 일이다. 일본도 한국과 중국, 그리고 동남아 제국에서 행한 나쁜 짓을 생각하면 다른 나라를 도덕적으로 이끈다는 것은 있을 수 없는 일이다. 이에 비해 한국은 지난 역사 동안 계속해서 당하기만 했지 다른 나라를 침략해 식민지로 만들고 악랄한 정책을 펴서 그 나라 사람들을 괴롭힌 적이 없다. 그런 면에서 한국은 상대적으로 깨끗하다고 할 수 있다. 적어도 이 면에서는 한국이 다른 선진국보다 낫다는 것이다.

이 같은 점은 뒤에서 보게 될 루돌프 슈타이너의 설명에서도 발견된다. 그때 다시 보겠지만 슈타이너에 따르면 '극동'에는 영성이 뛰어나지만 내외로 큰 혼란과 고통을 겪은 민족이 있다고 한다. 그가 한국을 콕 집어서

한 말은 아니지만 그의 설명은 흡사 한국을 지칭한 것 같다. 어떻든 소태산의 예언을 받아들인다면 한국인들은 앞으로 자국을 정신적으로 훌륭한 국가로 만들기 위해 노력해야 할 것이다.

예문 2:

"대종사 금강산을 유람하고 돌아오시어 '금강이 현세계(金剛現世界)하니 조선이 갱조선(朝鮮更朝鮮)이라'는 글귀를 대중에게 일려 주시며 말씀하시기를 '금강산은 천하 명산이라 멀지 않은 장래에 세계의 공원으로 지정되어 각국이 서로 찬란하게 장식할 날이 있을 것이며, 그런 뒤에는 세계 사람들이 서로 다투어 그 산의 주인을 찾을 것이니, 주인될 사람이 미리 준비해 놓은 것이 없으면 무엇으로 오는 손님을 대접하리요'(『원불교 교전』 전망품 5장)

대종사 개교기념일을 당하여 대중에게 말씀하시기를 '우리에게 큰 보물 하나가 있으니 그것은 곧 금강산이라 이 나라는 반드시 금강산으로 인하여 세계에 드러날 것이요, 금강산은 반드시 그 주인으로 인하여 더욱 빛나서, 이 나라와 금강산과 그 주인은 서로 떠날 수 없는 인연으로 다 같이 세계의 빛이 되리라. 그런즉, 그대들은 우리의 현상을 비관하지 말고 세계가 금강산의 참 주인을 찾을 때에 우리 여기 있다 할 자격을 갖추기에 공을 쌓으라....'(『원불교 교전』 전망품 6장)

설명:

이 법문에서 소태산은 금강산을 한국과 연계시켜 그 운명에 대해 설명하고 있다. 금강산을 가보지 못한 필자로서는 그 절경을 알지 못하지만 소태산은 금강산을 여행하고 매우 감탄했던 모양이다. 그래서 이 같은 산이 현재는 세계적으로 잘 알려져 있지 않지만 세계가 금강산의 진가를 알게 될 때 한국 역시 새롭게 태어날 것이라고 예언했다. 그런데 소태산은 한국이 남과 북으로 분단되어 그 상태가 수십 년 가리라는 것을 예측하지 못한 것 같다. 금강산이 곧 세계적인 공원으로 각광 받을 날이 올 것이라고 예측했으니 말이다. 이렇듯 한 국가의 미래를 점치는 것은 쉬운 일이 아니다. 각자들도 미처 고려하지 못한 요소들이 있을 수 있기 때문이다. 한 국가의 미래는 수많은 요소에 의해 정해지기 때문에 그 요소들을 모두 고려하여 정확하게 예측하는 것은 매우 힘든 일이다.

그러나 만일 통일이 된다면 금강산은 분명히 소태산이 말한 것처럼 세계의 명소가 될 것이다. 금강산의 빼어남은 이 세상 어떤 산과도 비교할 수 없다고 하니 나는 멀지 않은 장래에 금강산이 이렇게 되리라 믿는다. 나는 내 부모 세대로부터 금강산의 절경에 대해 이런 이야기를 들은 적이 있다.

이 분은 일제기에 북한에서 태어난지라 금강산을 구경할 수 있었다. 물론 금강산의 절경을 보고 깊은 감명을 받았다. 6.25 직후에 월남한 그는 여러 가지 일로 세계를 돌아다니면서 스위스의 알프스 산 등 유럽이나 세계의 명산을 많이 돌아보았다. 그런 끝에 그는 자기가 보건대 금강산에 비하면 알프스 산은 상대가 안 된다고 힘주어 말했다. 우리는 알프스산을 굉장히 아름다운 산으로 여기는데 금강산은 그런 산과 아예 격을 달리한다는 것이다. 금강산에 대한 찬사는 너무도 많이 들어 통일 뒤에 이 산은 분명 세계의 명물로 자리 잡아 세계인들의 성지가 될 수 있을 것이라는 확신이 든다.

그렇게 된다면 한국이 금강산으로 인해 세계적으로 빛날 것이라는 소태산의 예언은 틀리지 않을 것이다. 그런데 소태산은 여기서 한 걸음 더 나아가 금강산 역시 그 주인인 한국인들로 인해 빛이 날 것이라고 주장했다. 이것을 종합해보면, 한국인은 금강산처럼 빛나는 민족이 되고 그 당연한 결과로 그들은 금강산과 함께 세계의 빛이 될 것이라는 것이다. 이것은 앞에서 한국이 용과 같은 국가가 될 것이라는 예언과 맥을 같이 한다고 하겠다. 그런데 빛이 된다고 할 때 이것은 한국인이 정신적으로 세계에 빛을 줄 수 있는 민족이 될 것이라고 해석하는 것이 합당할 것이다.

물론 한국인이 이미 그런 빛나는 민족이 된 것은 아니다. 소태산에 따르면 한국인이 그런 민족이 되려면 많은 공을 쌓아야 한다. 아마 당시 그의 제자들이 한국의 미래에 대해 비관을 한 모양이다. 당시 한국은 일본의 식민지였으니 한국의 미래에 대해 비관하는 것은 당연한 일 아니겠는가? 소태산은 그런 현실을 강력히 부인하고 미래에 전 세계인들이 금강산의 주인인 한국인들을 찾을 때 금강산과 같이 세계에 빛을 선사할 수 있는 민족이 될 수 있게끔 준비하라고 요구하고 있다. 그러니까 한국이 정신적인 지도국이 되는 것이 그냥 앉아서 되는 게 아니라 한국인들의 쉼 없는 노력이 필요하다는 것이다. 이러한 설명을 받아들인다면 우리 한국인들이 과연 그 방향으로 가고 있는지 엄밀하게 살펴보아야 할 것이다.

예문 3:

한 제자 한문 지식만을 중히 여기는지라, 대종사 말씀하시기를 '...앞으로는 모든 경전을 일반 대중이 두루 알 수 있는 쉬운 말로 편찬하여야 할 것이며, 우리말로 편찬된 경전을 세계 사람들이 서로 번역하고 배우는 날이 멀지 아니할 것이니, 그대는 어려운 한문만 숭상하지 말라.'((『원불교 교전』 전망품 3장)

설명:

이 작은 예문에는 두 가지의 정보가 있는데 우리의 관심을 끄는 것은 두 번째 예언이다. 그것을 보기 전에 첫 번째 것부터 보면, 이것은 당시까지 경전들이 너무나 어려운 한문으로 되어 있는 것에 대한 비판이다. 불교를 위시해서 유교 등과 같은 동양 종교의 경전을 보면 모두 어려운 한자어로 되어 있어 소수의 지식분자들만 그 경전에 접근할 수 있었다. 그들은 그 경전에 대한 지식을 가지고 경전을 해독하지 못하는 대다수의 사람들 위에 군림했다. 소태산이 보기에 이러한 권위적인 문화는 개명 시대에 어울리지 않는다. 경전은 모름지기 쉽게 쓰여 모든 사람들이 용이하게 가까이 갈 수 있어야 한다는 것이 소태산의 주장이다. 그 결과 원불교의 경전은 일상적인 이야기를 중심으로 매우 쉽게 편찬되었다. 이 주제는 앞에서 이미 보았고 한국의 미래와 직접 관계되는 것이 아니니 이 정도만 하고 넘어가기로 하자.

우리의 주목을 끄는 것은 두 번째 예언으로 한글로 된 한국 종교의 경전을 세계인들이 번역해 학습하는 날이 온다는 것이 그것이다. 이것은 아마 원불교 경전을 지칭한 것 같은데 원불교 교전은 이미 영어를 위시한 주요한 세계 언어로 번역되었다. 그런데 이 번역은 원불교 교단에서 행한 일이지 외국에서 이루어진 것은 아니다. 이 관점에 보면 이 예언은 조금 '핀트'가 맞지 않은 것이 된다. 그러나 앞으로 한국에서 태동한 종교의 경전이 실제로 외국에서 번역되고 연구될지는 아무도 모른다.

그런데 만일 세계인들이 한국의 종교까지 관심을 갖는 때가 온다면 그것은 한국이 만천하에 널리 알려진 때가 되었다는 것을 의미한다. 종교는 정신의 핵을 이루기 때문에 우리가 어떤 문화를 접할 때 가장 늦게 알게 되는 분야다. 우리가 다른 나라의 문화를 접할 때 물질문화나 예술문화 같은 것은 가시적인 것이라 제일 먼저 알게 된다. 손에 잡히기 때문이다. 그에 비해 종교는 보이지 않는 것이라 가장 늦게 알게 되는 분야가 될 수밖에 없다. 예를 들어 우리가 미국 문화를 알려고 할 때 미국의 사회제도나 정치

문화, 예술 등 눈에 보이는 것은 쉽게 접할 수 있고 그래서 먼저 학습하게 된다. 그에 비해 종교처럼 보이지 않으면서 문화의 핵을 이루는 것은 접하는 데에도 시간이 많이 걸린다. 종교는 문화마다 큰 차이가 나기 때문에 시간을 두고 천천히 접하는 것이 좋다. 그런데 만일 소태산이 말한 것처럼 세계인들이 한국의 종교 경전을 번역하고 배우는 일이 발생한다면 그것은 한국이 모든 면에서 세계를 리드하고 있을 때나 가능한 일일 것이다. 소태산은 여기서도 한국이 앞으로 매우 중요한 국가가 될 것이라는 것을 암시하고 있는 것이다.

1.1 정산 송규(1900~1961)의 예언
신뢰도: 4.25점

정산 송규

정산 송규는 누구? 정산은 소태산을 이은 직통 제자로서 원불교의 2대 교주(종법사)다. 그는 일반적으로 소태산보다 덜 알려져 있지만 원불교 교단 안에서는 매우 중요한 인물이다. 원불교가 지금처럼 견실한 교단으로서 뿌리를 내릴 수 있었던 데에는 정산의 공이 지대하다. 세계 종교사를 보면 어떤 종교가 정착하는 데에는 하나의 공식 같은 것이 있다.

한 종교가 성공하려면 우선 그 종교를 시작한 초조가 강한 카리스마를 가진 인물이어야 한다. 이것은 당연한 것이다. 종교를 창시한 교주들은 인류 가운데 카리스마가 가장 강한 사람들일 것이다. 하지만 그런 초조만 있고 그것을 받쳐주는 후계자가 없으면 그런 종교는 성공하지 못한다. 이 후계자는 카리스마적이기보다는 초조가 펼친 것을 정리하고 정착하는 데에 힘쓰는 조용하고 부드러운 인물이어야 한다. 이 후계자는 교주의 가르침을 일상화시키면서 교단을 제도화 한다. 여기까지 도달하면 그 종교는 계속 갈 수 있다. 이러한 여건이 충족되지 않는 교단은 대부분 초조가 죽은 뒤 분열되기 십상이다. 이것은 거의 예외 없이 일어나는 일이다.

원불교가 성공한 것을 설명하기 위해서는 이 공식이 필요하다. 그 어떤 이론보다 이 공식이 딱 맞아떨어진다. 소태산과 정산의 조합 덕분에 원불교는 지금과 같은 세를 누리게 되었다. 이 자리는 정산에 대해 설명하는 자리이니 그가 원불교를 정착시키기 위해 어떤 일을 했는지에 대해 집중적으로 보자. 2대 교주들이 가장 먼저 하는 일은 대부분 초조의 말씀을 정리해 경선으로 만드는 것이다. 이것은 당연한 일이다. 초조로부터 직접 가르침을 받은 사람들이 살아 있을 때 그들이 들은 것을 정리해 문서화 하는 것은 매우 중요한 일이다. 그래야 기본이 확립되기 때문이다. 비근한 예가 불교다. 불교의 경우를 보면 붓다가 열반하자 그의 고제인 가섭은 아난 등과 함께 경전 만드는 일에 몰두하게 된다. 정산도 예외가 아니었다. 그는 2대 교주답게 초조의 언행을 모아 원불교 교전의 편수 작업을 시작해 경전 편찬을 완성한다.

또 2대 교주는 교단의 조직형성에도 힘을 쓰는데 자세한 것을 다 소개할 필요는 없고 '원불교'라는 교단의 이름이 정산의 재세 시절에 만들어졌다는 사실만 보아도 그 사정을 알 수 있다. 소태산이 세운 교단이 지금 원불교라는 이름으로 알려진 것은 전적으로 정산의 공이라 할 수 있다. 그러니 그가 원불교 교단 안에서 얼마나 중요한 존재인지 알 수 있지 않을까? 그 외에도 그의 공적은 부지기수다. 예를 들어 원광대학을 세운 것도 그의 결단에 힘입은 것이다. 그는 지리적으로 궁벽하다는 주위의 반대에도 불구하고 익산(당시에는 이리)에 방 두 칸으로 '유일학림'이라는 학교를 시작하는데 이것이 후에 원광대학교가 되었다. 원광대학교는 현재 지역 명문 사학으로 이름이 높은데 정산이 방 두 칸 가지고 이 학교를 시작했을 때 이 학교가 이렇게 발전하리라고 상상한 사람은 정산을 제외하고 없었을 것이다. 이런 것을 통해 우리는 그가 얼마나 깊은 통찰력을 가진 사람인지 알 수 있다.

정산의 이력 가운데 우리의 주목을 끄는 것은 그가 어린 나이(9세나 11세 경)에 자신을 이끌어 줄 스승을 만나게 해달라고 기도했다는 것이다. 그 나이는 초등학생 연령인데 어떻게 그 어린 나이에 스승을 간구했는지 믿기지 않는다. 그는 그 뒤에도 스승을 찾는 시도를 계속 한 모양이다. 그런 끝에 그는 16세 경 당시 '증산교'의 일파 가운데 수 백 만(?)의 신도를 자랑하던 보천교의 교주인 차경석을 만나기도 한다. 그래서 그 교단에서 수행한 적도 있는데 그 인연은 나중에 소태산을 만나면서 모두 정리된다.

정산의 수도와 관련해서 재미있는 것은, 그가 항상 어떤 분의 얼굴을 심상(心象, mental image)으로 떠올렸다는 것이다. 그러다가 인연으로 소태산을 만나게 되었는데 그때 그는 이 심상의 주인공이 소태산이었다는 것을 단번에 알았다고 한다. 만나야 할 사람을 만난 것이다. 그런데 더 재미있는 것은 소태산 역시 이번 생에 자신의 고제(高弟)로서 정산이 올 것을 예견하고 항시 기다렸다고 한다. 그래서 이 두 사람은 두 번째 만남에서 스승과 제자의 연을 맺게 된다. 소태산은 당시 핵심 제자로서 8인을 두고 있었는데 정산을 위해 중앙의 자리는 비워 놓고 있었다. 정산이 나타나리라는 것을 확신하고 있었기 때문이다. 그러다 정산이 합류하자 드디어 소태산은 정산이 핵심축이 된 이 9인의 제자들과 함께 법륜을 굴리게 된다.

52년밖에 살지 않았던 소태산처럼 정산도 61세로 생을 마감하니 꽤 이른 나이에 열반에 든 것이 된다. 그가 최후법문으로 남긴 것을 보면 성품이 아주 부드러운 분이지만 대단한 결기가 느껴져 소개해본다. "우주를 다 싸는 큰 경륜과 고금을 일관하는 큰 신의로 영천영지 무궁겁에 마음공부 잘하여 세 세상의 주인공이 되자"는 것인데 기개가 더 이상 높을 수 없겠다는 생각이다. 우주와 세상의 주인이 되자고 하는 것이니 그 포부를 알 만 하지 않겠는가?

그러나 그런 말보다 정산의 인품을 잘 알 수 있는 예화가 있어 그것으로 정산에 대한 소개를 마쳐야겠다. 지금은 타계했지만 숭실대학교 철학과 교수로 도산 안창호 사상의 권위자이면서 당대의 최고 지성인 중의 한 분이었던 안병욱 교수는 정산을 친견하고 이런 말을 남겼다. '내가 지금까지 본 한국인의 얼굴 가운데 가장 아름다운 얼굴'이라고 한 것이 그것인데 이것 하나면 정산이 어떤 인물인지 알 수 있을 것이다. 다음은 정산이 한국의 미래에 대해 남긴 법문이다.

예문:

"우리나라는 정신의 지도국이요 종교의 부모국이라, 우리나라를 침해하는 나라는 복을 받지 못할 것이다." (정산종사 법문과 일화 『한 울안 한 이치에』 제1편 제6장 23절)

"지금까지 로마에서 세계를 지도하여 왔으나, 그 운이 이제는 한국으로 왔다. 옛날에는 음(陰)시대를 상징하는 지중해에 운이 있었으나 오는 세상에는 양(陽)시대를 상징하는 한반도에 그 운이 있다"(같은 책, 24절)

"한국 사람이 된 것을 불행하게 생각하는 사람이 있을지 모르나 후일에는 한국 사람이 된 것을 다행으로 생각하게 될 것이다. 힘없는 한국으로서 세계에 드러낼 것이 별로 없으나 오직 도덕으로써 세계 제일이 될 것이다..."(같은 책, 25절)

설명:

정산의 이 예언은 소태산의 그것을 이어받아 한 단계 업그레이드시킨 것이라 할 수 있다. 앞에서 본 것처럼 소태산은 한국이 정신적인 면에서 세계를 인도할 것이라고 했는데 정산은 한 걸음 더 나아가 한국이 종교의 부모국이 될 것이라고 주장했다. 이 같은 정산의 주장은 소태산의 그것보다 더 구체화되기는 했지만 자칫하면 자민족중심주의(ethnocentrism) 혹은 자민족우월주의로 빠질까 두렵다. 잘못 해석하면 전 세계의 종교가 한국 종교 밑으로 들어온다는 식으로 해석될 수 있기 때문이다. 그러한 해석을 경계하면서 정산의 의중을 헤아려보는데 정산은 이 말씀을 통해 한국인이 영적으로 뛰어난 민족이라는 것을 주장하고 싶었던 것 같다.

그러나 한국이 저절로 세계를 정신적으로나 종교적으로 이끄는 나라가 된다는 것은 아닐 것이다. 그렇게 되기 위해서 한국인들은 자신들이 지닌 도덕 정신을 한껏 끌어올려야 한다. 본인들의 도덕 정신이 높지 않은데 어떻게 남들을 인도할 수 있겠는가? 한국인들의 도덕 정신을 최고로 끌어올리는 것은 쉬운 일이 아닐 것이다. 그런데 소태산과 정산은 이 쉽지 않은 일이 왜, 어떻게 가능하다고 하는 것일까? 그들은 무엇을 근거로 이렇게 예측한 것일까?

내 개인적인 생각에, 소태산이나 정산이 갖는 이 같은 자신감은 그들이 펼친 원불교의 가르침에 대한 자신감의 표현인 것 같다. 원불교의 교리라면 능히 단 시간 내에 사람들을 영적으로나, 도덕적으로 고양시킬 수 있다고 믿었던 것이다. 사실 객관적으로 보면 원불교에는 세계의 모든 종교를 아우를 수 있는 원융무애 정신이 녹아 있다. 다른 종교들과 교리적으로 마찰을 일으키지 않는 매우 탄력적인 교리 체계를 갖고 있다. 그래서 서두에서 필자가 소태산의 원융무애 정신은 원효의 그것을 능가한다고 한 것이다. 그 때문으로 생각되는데 이들은 자신들이 펼친 가르침에 강한 자신감을 갖고 이것을 전 세계에 적용하면 한국이 정신적으로 부모와 같은 역할을 할 수 있을 것이라고 예상한 것 같다.

정산은 한국을 이렇게 생각하고 있었기 때문에 이런 나라를 침해하는 나라는 복을 받지 못할 것이라는 재미있는 주장도 했다. 한국은 정신과 종교 면에서 세계를 이끌 나라인데 이런 '상등국'을 침탈하는 나라가 있다면 그 나라는 결코 좋은 과보를 받을 수 없다는 것이다. 참으로 장쾌한 이야기가 아닐 수 없다. 정산의 이 말에는 긍정적인 자신감이 넘친다. 이것은 한국이 제일 잘 났다는 폐쇄적인 자만감이 아니라 한국은 훌륭한 나라라는 높은 자아존중감(self-esteem)의 표현이라고 해석하고 싶다.

그런데 가만히 생각해보면 정산의 이 말에는 합당한 면이 꽤 많은 것처럼 보인다. 비근한 예를 들어보면, 6,25 전쟁 때 한국을 침탈한 세 나라, 즉 소련과 중국과 북한의 꼴이 그렇지 않은가? 소련은 망해서 없어졌고 중국도 앞날이 매우 비관적으로 보인다. 그런가 하면 북한은 나라가 망하는 것은 기정사실로 되어 있고 언제 망하는가가 관건이 된 나라가 아닌가. 정산식으로 표현하면 이 세 나라 국민들은 복을 받지 못한 것이다. 그런데 이 세 나라의 공통점은 공산 전제(專制)주의를 고수했거나 지금도 고수하고 있다는 것이다(러시아는 어느 정도 예외임). 인류 역사에서 공산주의를 채택해서 성공한 나라는 단 한 나라도 없었다. 이런 나라들은 국민들을 아주 힘들게 만든다. 공산주의 국가처럼 국민 개개인의 자유를 속박하는 나라는 반드시 망했다.

이 세 나라가 망했거나 망해가는 여정에 있다면 일본의 경우는 조금 예외에 속한다고 하겠다. 한국을 침탈하고도 망하지 않았으니 말이다. 일본은 망하지 않은 정도가 아니라 외려 엄청난 발전을 했다. 그러나 일본도 제2차 세계대전 때 국토가 초토화됐고 특히 인류역사상 초유로 원자탄을 피폭하는 엄청난 비극을 겪었다. 그런데도 일본이 망하지 않은 이유는 무엇일까? 미국과의 관계 등 여러 가지 이유가 있겠지만 일본이 망하지 않고 계속 발전할 수 있었던 것은 그들이 자유민주주의를 신봉했기 때문이 아닌가 싶다. 민주주의 국가가 됐기 때문에 같은 정치 이념을 신봉하는 구미의 선진국들과 좋은 관계를 유지하고 많은 도움을 받은 결과, 일본이 발전한 것 아니냐는 것이다.

그 다음 예문도 다른 주장들처럼 한국이 앞으로의 세상에서 중심 국가가 된다는 점을 강조하고 있는데 재미있는 점이 있어 인용해보았다. 무엇이 재미있다는 것일까? 이전 시대에는 로마 문명이 지배하는 지중해에 운이 있다고 한 것이 그것이다. 이때 로마 문명이라는 것은 서양 문명을 말하는 것이다. 서양 문명은 그들이 쓰는 문자를 '로만 알파벳'이라고 부르는 데에서도 알 수 있듯이 로마 문명이 근간이 되어 있다. 문자만이 그런 것이 아니라 여러 가지 면에서 유럽 문화의 근원을 찾다보면 그 뿌리가 로마로 귀결되는 경우가 많다. 그런가 하면 지역적으로는 지중해 연안에 이 문명이 펼쳐져 있어 지중해 문명권이라고 말할 수 있으리라.

정산의 이 주장이 재미있는 것은 뒤에서 볼 독일의 저명한 신비가였던 루돌프 슈타이너도 같은 주장을 하고 있기 때문이다. 이것은 김지하 시인이 전한 것이다. 슈타이너도 로마의 지중해 문명 시대가 지나고 극동의 한 나라가 인도하는 새로운 시대가 도래할 것이라고 예언했단다. 물론 슈타이너는 이 극동의 나라가 한국이라고 명시하지는 않았지만 이 두 주장은 큰 틀에서는 비슷한 것을 알 수 있다. 여기서 또 드는 의문은 정산은 어떤 근거로, 무엇을 보았기에, 한국에 세계를 인도할 운이 들어온다고 했느냐는 것이다. 이 문제는 당사자에게 직접 물어보지 않는 한 그 답을 알기 힘들 것 같다.

그 다음 예문에서 정산은 한국은 힘없는 나라라 세계에 내세울 것이 없지만 단 한 가지 도덕으로서는 세계 제일이 될 것이라고 주장하고 있다. 그래서 지금은 이 초라한 한국에 태어난 것이 불행하다고 생각하는 사람이 있을 수 있지만 나중에는 분명히 한국에 태어난 것을 다행으로 여기게 된다고 한다. 한국이 앞으로 세계 제일의 나라가 된다면 당연히 한국을 자랑스럽게 생각할 것이다. 그런데 정산이 한국은 힘이 없는 나라라 세계에 내세울 것이 없다고 한 것에는 다소 이의를 달 수 있겠다. 왜냐하면 스승인 소태산은 한국이 용과 같은 나라가 된다고 했는데 정산은 왜 힘이 없는 나라라고 했는지 이해가 안 되는 것이다. 물론 정산이 저 말을 했을 때 한국은 세계에서 가장 가난한 나라 중의 하나였다. 그래서 정산의 말이 맞다. 그러나 그가 스승의 예언을 따랐다면 한국은 내세울 것이 없다는 단정적인 언사는 하지 않았을 것 같다. 소태산은 일제기라는 혹독한 시기에도 한국에 대해 항상 긍정적인 표현을 했지 부정적인 표현은 삼갔다.

그런가 하면 정산이 한국에 태어난 것을 불행하게 여기는 사람이 있다고 한 것은 요즘에도 적용되는 것 같아 씁쓸하다. 젊은이들 사이에 한국을 '헬조선'이라고 부르는 것이 그것이다. 그들이 그런 언사를 쓰는 것이 이해하지 못할 바는 아니지만 다른 시각을 가진 사람들도 있어 소개해보아야겠다. 바로 탈북민들의 이야기다. 그들은 남한 사람들은 자신들이 얼마나 좋은 나라에 태어났는지 모른다고 안타까워했다. 그러면서 자신들이 처음으로 한국 여권을 손에 잡았을 때 그 기쁨은 말로 다 할 수 없었다고 전했다. 이 여권만 있으면 자신이 원하는 곳을 어디든지 갈 수 있기 때문이다. 그제야 자신이 대한민국 국민이 된 것이 얼마나 자랑스러운 일인지 알게 되었다고 한다.

여권에 대한 언급이 나와서 말인데 한국 여권은 그 '파워'가 세계 최강이라고 한다. 한국 여권만 가지면 188개국을 무비자로 갈 수 있으니 말이다(2019년 현재). 한국은 여권 강국 2위를 자랑한다. 미국은 우리보다 못해 6위에 그치고 있다. 중국은 67위에 그치니 비교 자체가 되지 못한다. 한국 여권이 이렇게 높게 대접받고 있는 것은 한국의 국제적 위치가 격상되었기 때문이다. 이 단순한 사실 하나만 갖고도 우리는 한국인으로 태어난 것을 자랑스러워해야 하지 않을까 싶다. 그런데 한국인은 스스로의 힘으로 이처럼 자랑스러운 나라를 만들어 놓고도 자신은 아직도 불행한 나라에 살고 있다고 생각하니 어디서부터 잘못된 것인지 따져보아야겠다.

이로써 우리는 원불교를 세운 두 분이 예상하는 한국의 미래에 대해 보았다. 이 분들이 공통으로 주장하는 것은 익히 예상할 수 있는 것처럼 높은 정신과 도덕의 함양이 한국의 목표라는 것이다. 통칭해서 영성의 고양이라고 할 수 있겠다. 그런데 한국인들은 아직 이런 수준에 도달하지 못한 것으로 보이는데 그렇게 갈 수 있는 기본은 되어 있는 듯하다. 한국인은 영성을 갈구하는 마음이 강하기 때문이다. 같은 진단은 다른 예언가들의 주장에서도 발견된다. 만일 이러한 주장에 동의한다면 앞으로 한국인들이 어떤 쪽을 더 힘써서 국가를 발전시켜야 하는지는 다 나온 셈이라 하겠다.

2. 해월 최시형(1827~1898)의 예언
신뢰도: 4.25점

해월 최시형은 누구? 한국 신종교의 첫 번째 주자인 동학(천도교)을 세운 최수운은 남긴 가르침이 그리 많지 않다. 그도 많은 이야기를 했겠지만 제자들이 기록으로 남긴 자료가 적기 때문이다. 특히 그의 일상적인 모습에 대한 기록이 적어 안타깝다. 이렇게 기록이 적은 것도 문제지만 더 큰 문제는 그 가운데 한국의 미래에 대한 예언을 찾아보기 힘들다는

해월 최시형

것이다. 천도교 경전을 보면 한국의 미래에 대해 수운이 직접적으로 언급한 것이 거의 없지만 간접적으로는 추단해볼 수 있다. 우선 상제(한울님)는 수운에게 후천개벽시대를 다른 나라가 아닌 한국에서 시작하라고 명했다. 새로운 유토피아 시대가 한국에서 열리는 것이다. 그렇게 되면 이 새로운 시대에 한국이 중심 국가가 되는 것은 당연한 일일 것이다.

그런데 이런 사실을 명시한 문구는 천도교 경전에서 찾기 힘들었다. 그나마 우리의 주제와 연관이 될 수 있는 문구를 찾아보니 수운의 제자인 해

월의 가르침에서 그 편린을 발견할 수 있었다. 한 번은 해월의 제자가 그에게 '앞으로 동학은 언제 그 가르침을 크게 드러내는가'하고 물었는데 이에 대한 답에서 한국의 미래에 대한 해월의 생각을 엿볼 수 있다. 사실 이 질문은 '천지가 개벽하는 때'가 언제인지를 물어본 것이라 할 수 있다. 천지가 개벽하면 동학이 핵심 세력이 되어 큰 세를 떨칠 수 있기 때문이다. 이 가르침에 대해 보기 전에 우리는 주인공인 해월에 대해 잠시 살펴보아야 할 것이다. 해월은 아직도 일반에게는 잘 알려져 있지 않아 소개가 필요하다.

원불교의 경우 소태산에게 정산이 있었다면 동학의 경우에는 수운에게 해월이라는 후계자가 있었다. 역할 분담 상 정산과 해월은 똑같은 일을 했다. 해월도 정산처럼 초조의 가르침을 정비하고 조직해 동학이 이 세상에 정착될 수 있게끔 충실히 일을 해냈다. 그 결과 해월의 노력에 힘입어 동학은 제도화된 교단으로 거듭나게 된다. 개인적인 성격도 해월은 정산과 빼다 닮았다. 해월은 사진만 보면 그저 평범한 촌부(村夫)에 불과하다. 그냥 자애로운 할아버지처럼 보인다. 그런데 그의 가르침에는 놀라운 것이 많다. 어떻게 저렇게 수더분한 외모와 부드러운 인품을 가진 분이 이다지도 혁신적인 가르침을 만들어냈는지 놀랐던 때가 한두 번이 아니다.

해월은 조선 정부가 동학을 탄압하는 바람에 오랜 기간 도피 생활을 하는데 그런 악조건에서도 동학 경전의 편집을 성공리에 마친다. 그런가 하면 동학의 기본 조직인 포접제(抱接制)도 해월에 의해 완성된다. 한 교단이 정착되려면 경전이 편집되어야 하고 조직이 완성되어야 한다. 이것이 가장 중요한 요소라 할 수 있다. 물론 종교 의례 절차 같은 것도 확정되어야 하지만 일단 조직과 경전이 정해지면 이런 것은 천천히 만들어도 된다. 이렇게 볼 때 해월은 이 두 가지 요소를 다 이루었으니 교단으로서 기반을 다진 것이다. 그런 점에서 해월은 동학에서 매우 중요한 인물이라 할 수 있다.

앞에서 필자는 해월의 가르침이 대단히 혁신적이라고 했다. 그의 가르침이 갖고 있는 창조성과 혁신성은 초조인 수운에 버금가니 대단하다고 할 수 있다. 도대체 어떤 면에서 개혁적이라고 하는 것일까? 여기에서 그 모습을 다 볼 수는 없고 간단하게만 보았으면 한다.

그는 수운의 가르침을 이어받아 '우리 인간은 모두 한울님을 모시고 있다'고 가르쳤다. 바로 이 가르침에서 우리는 세계 최초의 '어린이 운동'의 시작과 선진화된 여성해방운동의 단초를 읽어낼 수 있다. 당시 인권이 형편없이 유린되고 있었던 어린이와 여성도 성인 남성과 같은 한울님을 모시고 있다고 주장함으로써 그들의 권리를 되찾게 하는 사회 운동이 동학(당시는 천도교로 개명한 후이다)에서 시작될 수 있었던 것이다. 특히 소파 방정환과 소춘 김기전에 의해 시작된 세계 최초의 어린이 (인권 되찾기) 운동이 전적으로 해월의 사상에서 비롯되었다는 것을 잊어서는 안 된다.

그런가 하면 문제 많은 조선의 제사 관습을 청수 봉양과 향아설위(向我設位) 사상으로 대변혁을 가한 것은 그 혁신성을 아무리 강조해도 지나치지 않을 것이다. 잘 알려진 것처럼 제사라는 사회적 행위는 현대 한국 사회에 많은 문제를 야기하고 있다. 특히 제수 차리고 치우느라 부부간에 갈등이 유발되고 있는 것은 가장 큰 문제라 하겠다. 제수 진설을 위해 여성(시어머니와 며느리)들은 장 보고 요리하고, 그리고 상에 차리기까지 며칠을 허비하는데 남자들은 그 음식을 먹는 일밖에 하지 않으니 매우 불평등한 것이다. 이에 대한 해월의 개혁은 엄청난 것이었다. 그는 모든 제수를 없애버리고 깨끗한 물로 대체할 것을 주문했다. 이것이 이른바 청수봉양(淸水奉養)이다. 제사상에 아무 것도 놓지 않고 깨끗한 물 한 사발만 올려놓으라는 것이다. 이 얼마나 혁명적인 제언인가? 주장이 너무 급격해 정신을 못 차릴 지경이다. 만일 사람들이 이 가르침을 따른다면 제수를 준비한다고 여성(특히 며느리)들이 수고할 필요 없고 그 결과로 남편들과 다툴 이유도 없어질 것이다.

제사에 관한 해월의 혁신적인 제안은 계속된다. 해월은 아예 제사의 근본 신조를 바꾸었다. 그는 우리들에게 앞으로 제사를 지낼 때 위패를 조상들을 향해 놓지 말고 나를 향해 놓으라고 주문했다. 이것이 그 유명한 향아설위(向我設位)사상이다. 이유는 간단하다. 조상들과 우리는 한울님을 공유하기 때문에 굳이 조상들을 향해 정성을 다할 필요가 없다는 것이다. 지금 내게 있는 한울님을 잘 모시면 조상을 비롯해 전 우주에 있는 한울님을 모시는 것이 되니 내 쪽으로 위패를 향하게 하라는 것이 그의 주장이었다. 독자들은 이 광경이 잘 상상이 안 될지도 모르겠다. 독자들의 이해를 돕기 위해 잠깐 설명하면, 이것은 이전처럼 제사상에 음식을 잔뜩 진열하는 것이 아니라 청수 한 사발만을 놓는 것이다. 그런데 이 청수 사발도 조상들을 향해서 벽 쪽으로 놓는 것이 아니라 제사 지내는 우리 쪽에 놓아야 한다. 이렇게 되면 얼마나 단출한 제상이 되겠는가? 이것은 인류가 있은 이래로 가장 파격적인 제사법일 것이다. 제사를 지낼 때 저 너머 과거에 있는 조상들을 생각할 것이 아니라 지금 여기에 있는 나를 모시면 된다고 하는 것이니 이는 실로 놀라운 가르침이다. 나는 동학의 이 같은 가르침이 현대 한국인들에게 제대로 전해지지 않아 내심 무척이나 안타깝다.

어떻든 이런 선지식을 갖고 해월이 제시한 다음의 내용을 보자. 해월은 과연 개벽의 시기를 언제로 잡았을까?

예문:

"묻기를 '어느 때에 현도가 되겠습니까.' 신사(해월) 대답하시기를 '산이 다 검게 변하고 길에 다 비단을 펼 때요. 만국과 교역할 때이니라.' 묻기를 '어느 때에 이같이 되겠습니까.' 신사 대답하시기를 '때는 그 때가 있으니 마음을 급히 하지 말라. 기다리지 아니하여도 자연히 오리니, 만국 명마가 우리나라 땅에 왔다가 후퇴하는 때이니라.'" (『천도교경전』, 해월신사법설, 15장 개벽운수)

설명:

이 법설은 다분히 비결(祕訣)에 나오는 어투로 되어 있어 그 뜻을 헤아리기가 힘들다. 우선 현도, 즉 도가 드러난다는 것은 앞에서 말한 것처럼 동학에서 말하는 후천 선경 시대가 열리는 것과 같은 의미일 것이다. 이처럼 제자의 질문은 이해가 되는데 해월의 답은 대단히 상징적이라 그 의미를 추측할 수밖에 없다. 산이 검게 변한다거나 길에 비단을 편다는 것이 과연 무엇을 의미하는 것일까?

우선 산이 검다는 것은 수풀이 우거진 모습을 말하는 것 아닐까 하는 추정을 해본다. 그러니까 녹화 사업이 제대로 이루어진 것을 말하는 것 아니냐는 것이다. 잘 알려진 것처럼 한국은 1960년대만 해도 산이 대부분 민둥산이었다. 이것은 집을 따뜻하게 데우고 음식을 만들기 위해 나무를 남벌한 결과다. 그러던 것이 박정희 대통령의 용의주도한 녹화 사업에 힘입어 후진국에서는 보기 드문 성공을 거두었다. 이 사업이 시작되기 전에 한국의 산은 나무가 없어 '붉은 산'으로 불렸지만 지금은 그런 산을 보기 힘들 정도로 녹화 사업에 성공했다. 한국의 녹화 성공 사례는 전 세계적으로도 유명하다. 과거가 어떻든 현재 한국의 산은 검게(푸르게) 변했다. 이렇게 됐으니 해월의 예언이 맞는 것일까?

이 문구는 그렇다 치고 그 다음 문구도 해석이 쉽지 않다. 길에 비단을 편다는 것이 상식으로는 이해되지 않기 때문이다. 따라서 다시 추정해보는 수밖에 없는데 이것은 교역과 연관해 생각해볼 수 있겠다. 당시는 도로가 발달되지 않아 상업이 발달할 수 없었다. 길이라는 것은 다 울퉁불퉁하고 험한 흙길만 있었을 것이다. 또 길도 좁았다. 조선은 상업을 천시해 수레가 다닐 수 있게 도로를 닦지 않았다는 것이 연암 박지원의 비판이었다. 그래서 실학파들은 조선도 중국처럼 수레가 다닐 수 있는 길을 만들어야 한다고 주장했다.

해월이 말하는 '길에 비단을 편다'는 것은 길이 수레가 다닐 수 있게 평평해지고 부드러워진다는 것을 의미하는 것은 아닐까? 현대에 사는 우리들은 모두 아스팔트를 깐 도로를 이용하고 있는데 이전의 도로와 비교해볼 때 이 도로가 얼마나 좋은 도로인 줄 모르고 있다. 워낙 아스팔트 도로에 익숙하기 때문에 아스팔트의 유용성에 무지한 것이리라. 우리는 아스팔트 도로가 있기 때문에 차를 타고 편하게 움직일 수 있고 물건도 빠르게 운송할 수 있다. 그런데 이전 흙길의 입장에서 보면 지금의 아스팔트는 비단처럼 부드럽다고 표현할 수 있지 않을까? 흙길은 패인 곳이 많아 울퉁불퉁한데 아스팔트길은 아주 매끄러우니 그것을 부드럽다고 말할 수 있지 않겠냐는 것이다. 이런 길을 깔아놓은 덕에 한국은 여러 나라들과 무역을 해 수출로 많은 돈을 벌었고 그 덕에 선진국이 되었다고 할 수 있다.

해월이 살았을 때와 비교해보면 지금의 한국은 개벽 세상이 되었다고 할 수 있다. 단군 이래 한국이 이렇게 번영한 적이 없기 때문이다. 그런데 그 다음에 해월은 이 개벽의 때에 대해 또 다른 의견을 제시했다. 개벽의 시기를 재차 묻는 제자에게 해월은 이 시간은 자연스럽게 도래할 터이지만 굳이 구체적으로 말하면 여러 나라 군대가 한국에서 물러나는 때가 그때라고 답하고 있다. 이것은 매우 재미있는 견해인데 해월은 청일 전쟁 때 청나라 군대와 일본 군대가 한반도에서 싸우는 것을 보고 조선이 얼마나 허약한 나라인지 깨달았을 것이다(그런데 이 법문이 청일 전쟁 후에 이루어진 것인지는 확실하지 않다). 그런 약한 국가에서는 세상이 뒤바뀌는 개벽은 일어날 수 없다.

개벽이 일어나는 나라는 다른 나라 군대가 들어올 수 없게끔 정치 · 경제력과 군사력이 강해야 한다. 한(韓) 말에 만일 조선이 충분히 강한 나라였다면 청이나 일본의 군대가 조선에 들어올 수 없었을 것이다. 그래서 해월은 이런 나라들의 군대가 다 제 나라로 돌아가고 조선이 강해지면 진정한 개벽이 올 수 있다고 믿은 것 같다.

한 걸음 더 나아가 해월의 이 같은 생각을 현대에도 적용할 수 있지 않을까 싶다. 지금 한국에는 중국 군대나 일본 군대는 없지만 미국 군대는 있다. 이것은 한반도 북방과 서방에 있는 공산주의 국가, 그 중에서도 특히 중국을 막기 위해 미국이 행한 일이다. 여기에 해월의 생각을 투영한다면, 한국이 진정한 개벽 선경의 국가가 되는 것은 이 미군이 본국으로 돌아갈 때라고 할 수 있을 것이다. 어떻게 하면 이런 일이 가능할까? 이론적으로만 보면 한국이 독자적인 힘으로 중국을 막아낼 정도로 강해지면 미군이 더 이상 이 땅에 있을 필요가 없을 것이다. 그런데 과연 이런 일이 실제로 벌어질지 어떨지는 잘 모르겠지만 한 가지 가능성은 중국이 미국과 패권 경쟁을 하다가 패해서 나라가 분열될 경우라 하겠다. 만일 그런 일이 벌어지면 한국은 북핵 문제를 해결하고 통일을 이룰 수 있을 것이다. 통일 후에 한국이 독자적인 힘으로 중국을 견제할 수 있다면 미군은 더 이상 한국에 주둔할 필요가 없을 것이다. 이 상태가 해월이 바라는 개벽의 때일까? 그리고 과연 그런 날이 올까? 여러 질문이 끊이지 않는다.

해월의 이 짧은 글은 많은 것을 생각하게 하는데 이렇게 정리하면서 끝냈으면 좋겠다. 이 글의 앞부분에서는 여러 나라들과의 교역에 대해 말하고 있으니 이것은 경제적인 조건에 대해 언급한 것이라 할 수 있다. 많은 나라들과 무역을 해서 경제적으로 부강해야 개벽의 시기가 오는 것이다. 그런데 그것만 가지고는 안 된다. 정치적으로도 독립성을 유지해야 한다. 정치적으로 자주를 지키려면 먼저 경제적으로 부강해야 한다. 만일 그 일이 성공한다면 그렇게 부강해진 경제력으로 군대를 잘 육성하면 다른 나라의 간섭을 받지 않는 강한 나라가 될 수 있다. 다른 나라의 군대에 의존하지 않고 정치적인 독립을 꾀할 수 있는 것이다. 해월은 이 두 가지 조건이 충족되는 때가 오면 한국 땅에서 진정한 개벽이 이루질 것이라고 생각한 듯싶다.

3. 증산 강일순(1871~1909)의 예언
신뢰도: 4점

증산 강일순

강증산은 누구? 수운에 이어 한 말에 나타난 증산은 매우 특이한 종교가다. 그가 이 세상에 나타나는 모습부터 심상치 않다. 그의 주장에 따르면 그는 이 세상을 주관하는 상제(上帝)로서 제일 높은 하늘이라고 하는 구천(九天), 즉 아홉 번째 하늘에 있었다고 한다. 그런데 이 세상이 원한 때문에 폭발해 망할 지경이 되자 온갖 불보살과 신명들이 세상을 구해 달라고 그에게 읍소했단다. 그 요청을 수락한 증산은 지구를 돌면서 어느 나라에 태어날까를 살폈다. 그러다가 동양의 조선이라는 나라가 신명을 잘 모셨다고 생각해 조선 사람으로 태어나기로 결정했단다.

그러나 처음에는 자신이 직접 법을 펴지 않고 일단 금산사의 미륵불로 내려왔다고 한다. 그리고는 세상 구제하는 일을 최수운에게 맡겼다. 그런데 수운이 하는 일이 마뜩치 않았던 모양이다. 증산의 눈에는 수운이 너무 유교에 치우친 가르침을 편 것으로 보인 것이다. 그래서 증산은 7년 만에 수운에게서 법을 거두고 자신이 직접 지상에 태어나기로 한다. 이것이 증산의 탄강 스토리인데 이 이야기는 이처럼 믿기 힘든 것으로 가득 차 있다. 이 이야기는 표준 경전인 『대순전경』에 나온 것을 토대로 축약한 것이다.

증산에 따르면 이 세상은 지금까지 쌓여온 원한 때문에 폭발할 지경이다. 따라서 수많은 혼들이 갖고 있는 이 원한을 풀어주어야 세상이 존속될 수 있는데 이것이 바로 증산의 '해원 사상'이다. 이 혼들을 해원(解冤)하기 위해 증산은 매우 독특한 방식을 택했다. '천지공사'가 그것으로 이에 대한 영어 번역인 'Ritual of Cosmic Renewal'이 천지공사의 의미를 잘 설명해 주고 있다. 이 번역에 따르면 천지공사는 우주를 갱신하는 의례를 뜻한다. '천지도수'의 새 판을 짜는 것이다. 우주를 새롭게 만드는 일이니 이 일은 스케일이 보통 큰 것이 아니다. 따라서 이 일을 할 수 있는 사람은 구천상제, 즉 천사(天師)인 자신밖에 없다고 증산은 강하게 주장했다. 증산의 길지 않은 삶은 다양한 천지공사로 점철되어 있다. 증산은 자신이 이 의례를 통해 선천의 원한을 다 풀어주고 천지도수를 다시 짜면 후천개벽시대가 도래한다고 주장했다. 이 같은 증산의 주장은 일반적인 상식으로는 알 수 없는 오묘한 면이 있는 것처럼 보인다.

증산에 대해 적은 문헌은 꽤 남아 있는데 가장 믿을 만한 것은 『대순전경』이다. 이 경전에는 증산이 한국의 미래에 대해 직접적으로 예언한 것이 그리 많지 않다. 밑에 소개한 예문 정도가 있을 뿐이다. 그는 한국의 미래보다 앞으로 도래하는 후천시대에 대해서 많은 설명을 했다. 다가올 개벽시대에는 유토피아적인 세계가 펼쳐지는데 그 묘사가 매우 구체적이다.

예를 들어 개벽 세상이 되면 사회는 신분 차별이나 남녀 차별이 없어지는 평등 사회가 된단다. 또 물질적으로 매우 풍요롭다. 운거(雲車, 구름차, 비행기?)를 타고 하늘을 날아 만 리를 단박에 가고 손에 흙을 묻히지 않고 농사를 지으며 불을 때지 않아도 밥을 지을 수 있단다(전기밥솥의 발명?). 그런데 이렇게 기막힌 개벽 세계는 한국에서 비롯된다. 그것은 당연한 것 아니겠는가? 한국은 구천상제인 증산이 모국으로 태어난 나라니 세계의 중심국가가 되는 것은 당연한 일일 것이다. 다음은 한국의 미래에 대해 증산이 행한 법설이다.

예문:

"상제 매양 뱃소리를 하시거늘, 종도들이 그 뜻을 묻자 '조선을 장차 세계 상등국으로 만들려면 서양신명을 불러와야할지라. 이제 배에 실어오는 화물표를 따라서 넘어오게 되므로 그러하노라.' 하시니라." (『대순전경』 4장 168절)

"장차 일청전쟁이 두 번 나리니 첫번에는 청국이 패하고 말 것이오. 두 번째 일어나는 싸움이 십년을 가리니 그 끝에 일본은 쫓겨 들어가고 호병 (胡兵)이 들어오리라. 그러나 한강 이남은 범치 못하리니 그때에 질병이 맹습하는 까닭이오. 미국은 한 손가락을 퉁기지 아니 하여도 쉬이 들어가리

라. 이 말씀을 마치신 뒤에 '동래 울산이 흐느적 흐느적 사국강산이 콩튀듯 한다'라고 노래 부르시니라." (앞의 책, 5장 26절)

설명:

첫 번째 법설은 증산의 고유한 표현으로 되어 있다. 증산은 특이하게 이 세계와 조선이 처한 누란(累卵)의 위기를 극복할 수 있는 방법은 신명의 힘을 빌리는 것밖에 없다고 생각했다. 이유는 간단하다. 그의 주장에 따르면 이 땅에서 이루어지는 일은 신명계에 의해 좌지우지되기 때문이다. 이 지상에서 일어나는 일은 우선 신명들이 기획해야 그 실현이 가능하다. 따라서 이 땅에서 일을 이루려면 신명의 힘을 빌리지 않으면 안 된다. 독자들의 이해를 위해 예를 들어보면, 이 인용문에서 증산은 서양이 동양보다 앞서게 된 것은 신명계의 문명이 서양에 먼저 펼쳐졌기 때문이라고 주장했다. 신명들이 먼저 기획하고 그것을 지상 세계(서양)에 적용한 것이다. 그러니 이 지상에서 어떤 변화를 도모하려면 신명들의 기획이 있지 않으면 안 되는 것이다.

그런데 이와 같은 세계관, 즉 신명계(혹은 신령계)가 인간계보다 우선시된다고 여기는 세계관은 소태산에게서도 발견된다. 이것은 앞에서 소태산을 설명할 때 다루지 않은 것이다. 원불교에는 다음과 같은 매우 유명한 사건이 전해진다. 소태산은 제자 9명과 함께 자신의 일의 성공 여부를 알아내기 위해 약 백 일 동안 기도를 했다. 그 다음 제자들로 하여금 백지에 지장을 찍게 했는데 이게 놀랍게도 혈인의 형태로 찍혔다. 이른바 '백지 혈인' 사건이다. 아무것도 없는 종이에 손가락을 갖다 댔는데 핏자국이 생긴 것이다. 한 마디로 말해 이적이 생긴 것이다.

원불교는 이적을 중시하지 않아 원불교 경전에는 이적에 대한 언급이 없다. 소태산이 불치의 병을 고쳤다느니 비를 오게 했다느니 하는 그렇고 그런 이적들은 원불교 경전에 보이지 않는다. 그러나 이 백지 혈인의 이적은 소상하게 적혀 있다. 이 사건은 원불교 경전에서 발견되는 유일한 이적의 기술일 것이다. 어떻든 이처럼 백지에 혈인이 나타나는 것을 보고 소태산은 천지신명이 감응했고 음부(陰府), 그러니까 신명들의 세계로부터 인가를 받은 것이라고 해석했다. 대관절 이 사건은 무엇을 말하는 것일까? 추정컨대 소태산은 자신들의 일이 성공하려면 신명들의 재가가 필요하다고 생각한 모양이다. 이런 면에서 증산과 소태산은 통하는 바가 있는데 합리적인 현대 교육을 받은 우리로서는 참으로 믿기 어려운 주장이라 하겠다. 이유는 뻔하다. 이 세상에서 일을 이루려면 우리가 열심히 하면 되지 신명의 허가 같은 것은 필요 없다고 생각하기 때문이다. 그러나 이 사건은 부정도 긍정도 할 수 없는 사안이기 때문에 예서 토론을 그쳐야 하겠다.

그 방법이 어떻든 증산은 조선을 상등국으로 만드는 작업을 시작했다. 이때 상등국이란 세계의 중심 국가를 의미할 터인데 증산은 그 국가의 구체적인 미래나 사명에 대해서는 언급하지 않았다. 소태산이나 정산은 미래의 한국은 세계의 정신과 도덕을 이끌 나라가 될 것이라 했는데 증산은 구체적으로 한국이 어떤 나라가 될지에 대해서는 언급하지 않았다.

　그 다음에 나오는 증산의 법설은 그가 청일 전쟁과 6.25 전쟁을 예언한 것이라 해서 유명해진 것이다. 그러나 꼼꼼히 따져보면 역사적 사실과 일치하지 않는 점도 발견된다. 첫 번째에 나오는 것처럼 청일 전쟁 때 청나라가 패배하는 것은 예언이고 말고 할 게 없다. 이 전쟁은 증산이 살아 있을 때 그가 직접 목격했을 터이니 예언이라 할 수 없다. 문제는 그 다음이다. 여기서 증산은 그 다음 전쟁이 십년 동안 지속된다고 주장하는데 이게 무슨 전쟁을 말하는지 알 수 없다. 증산의 예언은 계속된다. 그때에 일본은 물러가고 중국군이 한반도로 들어온단다. 그런데 중국군이 한반도에 들어오기는 하지만 한강 이남은 침범하지 못한다고 하는데 이것도 헷갈린다. 앞에서 말한 것처럼 일본과 중국이 행한 십년 전쟁이 무엇을 말하는지 알 수 없기 때문이다. 이것을 1931년에 시작된 만주사변으로 잡아야하는지, 아니면 1937년에 시작된 중일전쟁으로 잡아야 하는지 도무지 헷갈린다. 그런데 어떤 전쟁으로 간주하던 전쟁의 수행 기간은 10년이 아니다.

　만일 이 전쟁의 끝을 1945년으로 잡는다 해도 증산의 예언은 조금 문제가 있어 보인다. 왜냐하면 1945년에 일본이 패망하여 한반도를 빠져 나간 것은 맞지만 그 뒤에 바로 중국군이 들어온 것은 아니기 때문이다. 1945년에 한반도(의 북부)에 들어온 것은 중국군이 아니라 소련군이다. 중공군이 왔다가 한강 이남까지 오지 못한 것이 6.25전쟁 때의 일이라는 것은 누구나 다 알고 있다. 그런데 6.25 전쟁은 일본과는 아무 관계없는 전쟁이다. 여기서 증산의 말을 곧이곧대로 해석하면 6.25 전쟁 때 일본과 중국이 싸우는데 그때 중국군이 한반도로 들어오고 한강 밑으로는 침범하지 못한 것이라 할 수 있다. 그러나 이것이 사실이 아니라는 것은 누구나 다 안다.

그런데 사람들은 이 예언을 두고 증산이 6.25때 중국군, 정확히 말하면 중공군이 왔다가 남한은 침범하지 못한 것을 예언했다고 믿는다. 그러나 이것은 그릇된 해석이라고 했다. 문제는 더 있다. 증산에 따르면 중국군이 한강 이남을 침범하지 못한 이유가 질병이 발생했기 때문이라는데 이것은 당연히 사실과 부합되지 않는다. 이 질병에 대한 이야기는 증산의 가르침 가운데 종종 언급된다. 증산은 앞으로 후천 개벽의 새 세상이 열리기 전에 괴질이 발생할 것이라고 예언한 적이 있다. 그래서 이 질병 때문에 사람들이 자다가도 죽고 길을 가다가도 죽는다고 한다. 이 같은 질병이 이때 중국군 사이에 전염된다는 것인데 이에 관해서는 들은 바가 없다. 6.25때 중공군이 전염병 때문에 대량 죽었다는 이야기는 들어본 적이 없지 않은가? 이처럼 증산의 예언에는 사실과 부합되지 않는 것이 가끔 있는데 사람들은 이것들에 대해서는 말하지 않는다. 대신 자신들이 택하고 싶은 부분만 골라 그것을 다시 짜깁기해서 흡사 이 예언자의 예언이 정확한 것처럼 말하곤 한다.

미국에 관한 예언도 무엇을 말하는 것인지 확실하지 않다. 증산에 따르면 미국이 한반도에 쉽게 온다는데 이게 정확히 무엇을 말하는 것인지 판단이 서지 않는다. 잘 알려진 대로 미국은 8.15 해방 이후에는 쉽게 한국에 들어왔지만 6.25전쟁 때에는 소련이나 중국으로부터 한반도를 지키기 위해 아주 힘든 전쟁을 했기 때문이다.[7] 그런데 더 문제가 되는 것은 미국이 쉽게 들어와서 어떻게 된다는 것인지에 대한 설명이 없다는 것이다. 미국의 진입이 한국의 앞날에 도움이 되는지 아닌지에 대해 밝히고 있지 않아 한국의 미래를 알 수 없다. 그 다음은 더 이해하기 힘들다. 왜 난데없이 동래 울산이 흐느적거린다고 했는지 도무지 요해가 되지 않는다. 또 증산은 사국강산이 콩튀듯한다고 했는데 이것은 추측으로 어느 정도 해석할 수 있을 것 같다. 이 문장은 한반도를 둘러싸고 강대국들이 으르렁대는 모습을 묘사하고 있다고 볼 수 있지 않을까? 그런데 그게 동래 울산과 무슨 관계가 있는지 알 수 없는 일이다.

이렇듯 증산의 예언에는 이해하기 힘든 점이 많다. 게다가 경전의 내용은 후대에 편집되는 과정에서 얼마든지 편집자의 소견에 따라 변화될 수 있다. 그래서 초조가 말하지 않은 것이 나중에 편집 과정에서 그가 말한 것처럼 탈바꿈되기도 하고 실제로 말한 내용이 신도들의 이해(理解 혹은 利害)에 따라 다르게 기록될 수도 있다. 이에 대해서는 기독교 신학자들이 문헌비평학(textual 혹은 literary criticism)을 통해 바이블을 낱낱이 분석한 것에서 그 선례를 찾아 볼 수 있다. 신학자들의 연구에 따르면 네 복음서에 나오는 예수의 말은 정말로 예수가 한 말이기보다는 당시 신자들이 믿고 있는 바를 예수의 입을 통해 전한 것이라고 한다. 그러니까 복음서에 나오는 예수의 말은 한 글자도 틀림이 없는 진리가 아니라 신자들의 의도와 생각

---

7) 그런데 증산교 일파에서는 이것을 '미군이 아주 쉽게 철수할 것'이라고 해석하고 있는 것 같은데 그 근거는 잘 모르겠다.

들이 투영되어 재구성됐다는 것이다. 따라서 경전을 해석할 때에는 매우 조심해야 하는데 특히 이 같은 예언이나 상징적인 이야기를 해석할 때에 훨씬 더 조심해야 할 것이다. 그것을 문자 그대로 해석해서는 안 되기 때문이다.

우리의 주제와 관련해서 위의 예문에서 다루지 않은 것이 있다. 두 번째 예문의 바로 앞 절(5장 25절)에서 증산은 당시에 한국이 처한 꼴을 바둑 두는 것에 비견해 묘사하고 있는데 크게 주목할 내용이 없어 여기에 포함시키지 않았다. 그러나 그 내용을 간단하게 보면, 다섯 신선이 바둑을 두는데 둘은 직접 두고 나머지 둘은 훈수를 두고 있단다. 그런데 주인 신선은 어느 편도 들 수 없어서 밥이나 주면서 기다리고 있다. 그러다 게임이 끝나면 네 신선은 모두 떠나고 남은 판과 바둑은 주인이 갖게 된다고 한다. 이것을 두고 호사가들은 이 네 신선은 한국을 둘러싼 네 강대국인 미국, 일본, 중국, 러시아인데 자기들끼리 그렇게 놀다가 판이 끝나면 한국에게 모든 것을 물려주고 떠나간다고 해석한다. 그렇게 되면 마지막에 한국인들은 앉아서 천하를 얻을 것이라는 것이다.

이 구절도 이해하기 쉬운 것은 아니다. 조금 전의 해석에 따르면 네 강국이 떠나면 주인은 그저 한국이라는 판을 회수하는 것인데 왜 천하를 얻었다고 해석하는지 모르겠다. 또 그렇게 돌려받은 한국이라는 판의 미래에 대해서도 구체적인 설명이 없어 적극적인 예언이라고 보기 힘들겠다는 생각이다.

이처럼 증산의 예언에는 구체적인 내용이 나오고 있지 않다. 그러나 앞으로 새로운 개벽선경시대가 한국에서 시작될 것이라는 것은 그의 예언의 핵심을 이룬다. 그런 한국에서는 온갖 사회적인 문제나 물질적인 문제가 해결된 유토피아가 실현된다. 그렇게 되면 한국은 그 유토피아적인 이상을 전 세계에 퍼트려 이 세계를 지상 선경 세계로 만들어야 할 의무를 가진 중심 국가가 된다. 한국이 다시 중심에 서는 것이다. 이것이 증산에게서 추출할 수 있는 한국의 미래상이다.

4. 루돌프 슈타이너(1861~1925)의 예언
신뢰도: 3.75점

루돌프 슈타이너

루돌프 슈타이너는 누구? 독일 태생의 슈타이너는 펼친 사상이 매우 난해하고 다양해서 이해하기 힘든 사상가다. 나는 여기서 그를 신비가로 접근하려 하는데 그는 세간에 발도르프학교 같은 대안학교의 창시자, 즉 교육자로서 더 많이 알려져 있다. 나는 그의 교육 철학보다는 신비 철학에 더 관심이 있어 이 주제에 대해 쓴 그의 책을 읽어보았다. 그런데 그 책은 독일인 특유의 난해한 문장으로 되어 있어 요해하는 것조차 쉽지 않았다.

그는 합리주의나 보이는 세계에 대해서만 다루는 유럽의 지성계에서 발견하기 힘든 인물이다. 신비가답게 그는 보이지 않는 정신세계 혹은 영혼의 세계를 인정했다. 그가 발도르프학교 같은 새로운 학교를 세운 것도 세간의 학교가 갖고 있는 교육 이념에 동의할 수 없기 때문이었다. 그가 보기에 세간의 학교들은 보이고 잴 수 있는 것에만 집중하고 있어 문제다. 이러한 교육은 편파적으로 될 수밖에 없는데 그가 생각하는 좋은 교육은 보이는 세계와 보이지 않은 영적 세계를 다 아우르는 교육이었다. 그러나 이 주제는 우리의 주제와 관계없어 건너뛰기로 한다.

그는 인지학(Anthroposophy)의 창시자로 유명한데 원래는 신지학회로 시작한 사람이다. 신지학회에 대해서는 필자가 유지 크리슈나무르티를 다룬 졸저 『길은 없지만 가야할 길』에서 상세히 논했기 때문에[8] 재론할 필요 없다. 이 학회는 19세기 말에 동서양의 신비주의에 관심이 있는 서구인들이 만든 단체로 기독교와 불교 그리고 힌두교의 교리를 섞어 자기들 나름대로의 보편적인 종교철학을 만들어 제시했다. 이 학회는 서구인이 만든 단체로서는 아마 처음으로 인도 종교의 카르마의 법칙이나 윤회설을 받아들여 기독교적인 요소와 융합시켰다. 그들의 목표는 서구인과 인도인이 주축이 된 전 세계적인 영적 공동체를 만드는 것이었다. 이 단체가 당시 서구나 인도에서는 상당히 인기가 있었던 모양이나 너무 신비적인 데로 흐르고 조직 내부에 균열이 생겨 나중에는 흐지부지되고 만다.

슈타이너도 처음에는 이 단체의 강령이나 가르침에 동조해 윤회나, 영혼의 존재, 또 카르마 법칙 등을 수용한다. 그러나 앞에서 말한 것처럼 이 학회가 너무 신비적인 데로 흐르자 절연하고 자기 나름의 새로운 철학인 인지학을 세우게 된다. 인지학이라는 용어는 '인간'과 '지혜'를 합성한 것으로 인간이 자신의 능력으로 이 물질계뿐만 아니라 영적 세계에서 어떻

8) pp.32~35.

게 발전할 수 있는가를 제시한 사상이라고 이해하면 되겠다. 그런 맥락에서 앞에서 말한 것처럼 슈타이너는 환생이나 카르마 법칙을 인정하고 인간의 생을 물질계에만 국한시키지 않고 더 높은 관점에서 여러 생을 관통하는 사상을 제시했다.

여기서 내가 강조하고 싶은 것은 그는 단순한 사상가가 아니라 '눈뜬이'라는 것이다. 이것을 영어로는 'seer'로 표현하는데 이것은 인간과 사물의 본질을 꿰뚫어보고 미래도 예언할 수 있는 능력을 가진 사람을 말한다. 그는 아마도 자기 나름의 심오한 영적 체험을 했을 것이다. 그렇지 않고서는 이런 심오한 교설을 발표할 수 없다. 따라서 우리는 이런 분들이 우리가 잘 알지 못하는 세계를 파악하는 능력을 갖고 있을 것이라고 추정할 수 있다. 추정컨대 그는 아마도 소태산 등의 예에서 본 것처럼 인류 사회에 흐르는 어떤 기운의 흐름을 읽을 수 있는 능력을 갖고 있었을 것이다.

극동의 작은 나라가 새로운 세계를 연다? 그런 그가 한국을 암시하는 듯한 나라에 대한 예언을 해서 독자들과 같이 보았으면 한다. 이것은 그가 직접 글로 남긴 것이 아니라 두 사람을 건너온 이야기다. 그런 까닭에 신뢰도가 다소 떨어질 수밖에 없는데 이 이야기를 전한 이가 믿을 만한 분이라 한 번 소개해보려는 것이다. 이 이야기를 전한 분은 김지하 시인으로 나는 이 글을 그의 저서에서 읽었는데 독자들은 검색하기 편하게 신문에 나온 것을

참고하면 되겠다.[9]

  이 이야기는 일본 인지학회의 회장인 다카하시 이와오[高橋 巖, 1928~]라는 사람이 김지하 씨에게 전한 것이라고 한다. 다카하시는 젊은 시절 독일에 가서 이 학회에서 수학했는데 그때 슈타이너가 죽기 전에 제자들에게 다음과 같은 유언을 남겼다는 이야기를 들었다고 한다.[10]

"인류문명의 대전환기에는 새 문명, 새 삶의 원형을 제시하는 성배의 민족이 반드시 나타나는 법이다. 그 민족은 개인적으로나 집단적으로 탁월한 영성을 지녔으나 외세의 침략과 내부의 폭정으로 끊임없이 억압당해온 과정에서 삶과 세계에 대한 생득적인 꿈과 이상을 내상처럼 안으로만 간직하고 있는 민족이다.

  로마제국이 지배하던 지중해 문명 시대의 전환기에는 그 성배가 이스라엘 민족에게 있었으나 그때보다 더 근본적 전환기인 현대에는 그 민족이 극동[11]에 와 있다. 그 이상은 나도 모른다. 이제 그 민족을 찾아 경배하고 힘을 다하여 그들을 도우라"

9) "김지하 칼럼", 프레시안, 2008년 10월 29일 자.
10) 과연 이런 이야기를 정말로 슈타이너가 했는지 확실하지 않아 '한국 루돌프 슈타이너 인지학 연구센터'에 문의해보니 이 이야기는 전거는 없다고 한다. 어디에도 이런 기록이 없다는 것이다.
그런데 다카하시의 저서 『ヨーロッパの闇と光(유럽의 어둠과 빛)』(1970년 刊)을 보면 그가 1957년(29세)에 독일에서 슈타이너의 제자를 만났다는 이야기가 나온다고 한다.
11) 이 '극동'이라는 단어는 유럽중심주의에서 비롯된 것이라 쓰지 않는 것이 좋으나 원문에 나와 있으므로 그대로 따랐다.

이 말을 접한 다카하시는 슈타이너가 말한 극동의 나라가 일본이 아닌가 하는 생각을 했던 모양인데 그는 곧 일본은 이 후보가 될 수 없다는 것을 알았을 것이다. 슈타이너에 따르면 극동에 있다는 이 나라는 밖으로부터 침략을 받아야 하고 안으로는 폭정을 겪으면서 많은 억압이 있어야 하는데 일본은 내부에는 폭정이 있었는지 모르지만 밖으로부터 침략을 받은 적이 없기 때문이다. 게다가 일본은 외려 한국과 중국을 비롯해 이웃나라들을 얼마나 많이 괴롭혔는가. 특히 한국이 일본에게서 받은 상처는 아물 줄을 모른다. 이렇게 이웃나라에 못된 짓을 많이 한 나라가 어떻게 성배의 민족이 될 수 있겠는가.

그런가 하면 중국도 그 후보 나라가 되기는 힘들다. 중국은 대대로 이웃나라들을 무시하고 허세를 부리지 않았는가? 자기들이 세계의 중심—그래서 中國--이고 주위의 나라는 모두 오랑캐라고 폄하한 것이 그것이다. 그리고 근자에는 공산주의를 전적으로 받아들이면서 인간의 영성을 부정하는 쪽으로 갔다. 그 결과 중국에서는 영적인 인간을 발견하기 힘들어졌고 세계인들이 좇아야 할 큰 이념을 만들어내지 못했다. 이런 나라의 국민이 성배의 민족이 되기는 힘들 것이다.

그 작은 나라가 한국?　　그러다가 다카하시는 우연한 기회에 한국사와 동학을 접하게 되었고 그때 큰 전율과 함께 이 성배의 민족이 한국인이라는 것을 깨달았다고 한다. 김지하 시인은 바로 이 이야기를 그에게서 들은 것이다. 김 시인은 더 나아가서 만일 이스라엘인을 한국인으로 대체할 수 있다면 로마는 미국으로 대체될 수 있다고 주장했다. '이스라엘 vs 로마'의 공식은 '한국 vs 미국'의 공식과 그 기본 패턴이 맞는 것처럼 보인다. 그리고 김 시인은 다카하시에게 수운이 제시한 후천개벽사상이 바로 슈타이너가 말하는 이상이라고 말해주었다고 한다.

만일 슈타이너가 이 이야기를 정말로 했다면 그가 말하는 극동의 성배의 민족은 한국인 외에 다른 대안이 없을 것 같다. 그의 이야기를 읽어보면 흡사 한국인을 염두에 두고 한 말 같다. 우선 영성에 관한 것인데 이 성배의 민족은 탁월한 영성을 지녀야 한다. 그런데 한국인의 영성이 탁월한지 어떤지는 확실히 모르지만 영성이 강한 것은 사실로 보인다. 왜냐하면 아시아에서 종교, 특히 기독교가 이렇게 창궐하는 나라가 한국 이외에는 없기 때문이다. 앞에서도 보았지만 한국인은 한 번 교회를 만들라 치면 세계적인 교회를 순식간에 만들어버린다. 한국 개신교가 100여 년 만에 세계 10대 교회 중 반을 한국 교회로 채운 것을 보면 그 사실을 알 수 있지 않은가? 나는 앞에서 이런 현상을 부정적인 시각에서 보았지만 이 일은 어떻든 영성이 있기에 가능한 것이다. 만일 한국인의 영성이 빈약하다면 이런 일은 일어나지 않았을 것이다.

그 다음 조건으로 나오는 외세의 잦은 침략 역시 한국에 꼭 맞는(?) 조건이 아닐 수 없다. 한 말에 시작해 6.25전쟁까지 한국에 대한 외세의 침탈은 가히 역대급이라 할 수 있다. 한 말에는 세계 강대국들이 모두 한반도로 몰려와 각축을 벌였고 그러다 한국은 결국 일본의 식민지로 전락했다. 그런데 그것도 모자라 식민지에서 해방된 뒤에는 이 작은 한반도에 전 세계

20개국의 군인들이 몰려와 무자비한 전쟁을 3년간이나 계속했다. 그 뒤에도 한국이 소련이나 중국, 북한 같은 북쪽의 공산주의 국가로부터 받은 위협은 엄청난 것이었다. 한국이 이 같은 외세에서 자유롭게 될 시기는 부지하세월처럼 보일 정도로 한국은 그동안 외세로부터 많은 고생을 겪었다.

그런가 하면 내부의 폭정 면에서도 한국은 다른 나라에 뒤지지 않는다. 지난 조선 왕조 말에 있었던 폭정이 어떠했는지는 우리 모두가 잘 안다. 조선은 대체로 1800년에 순조가 즉위하면서 내리막길을 걷기 시작해 정확하게 110년 후에 나라를 일본에 빼앗기게 된다. 이것은 조선이 정치를 잘못해서 생긴 결과인데 정치를 잘못하면 가장 힘든 것은 백성들이다. 특히 양반들로 구성된 관리들의 수탈은 도를 넘은 것이었다. 물론 이런 현상은 조선에만 있는 것이 아니고 대부분의 봉건 왕조에서 일어나는 일이기는 하다. 조선도 전근대 사회였던지라 지배 계층인 양반과 피지배 계층인 평민과 노예 사이에 엄청난 갈등이 있었다. 앞에서 본 정산은 바로 이 갈등 때문에 6.25 전쟁이 발발했다 주장했다. 그의 말을 빌면 '과거 반상 시대에 맺혔던 원진이 터진 것'[12]이 6.25 전쟁이라는 것이다. 과거에 쌓인 원한이 전쟁의 형태로 터져 나왔다는 정산의 주장은 매우 강증산적인 발상으로 보인다. 어떻든 조선조 말에 한반도에 살던 사람들이 겪었던 고통은 대단했을 터인데 한국인들의 이런 모습을 보면 그들이 더욱 더 성배의 민족이 될 조건을 구비한 것처럼 보인다.

12) 『한 울안 한 이치에』 제1편 제6장 34절.

그런데 안팎으로 이렇게 침탈을 당해 고통을 겪었던 민족은 한국인뿐만이 아니다. 동남아에도 이런 국가가 많다. 예를 들어 베트남은 한국보다 안팎의 침탈로 고통을 더 많이 겪으면 겪었지 덜 겪지는 않았다. 그런데 한국인은 이렇게 어려운 세월을 지내오면서도 이상하게 슈타이너가 말하는 이상을 버리지 않았다. 이에 대해서는 앞에서 소태산이나 증산 같은 한국 태생의 종교가들의 법설을 통해 살펴보았다. 쥐뿔도 없고 아무 힘도 없는 나라라 결국 식민지 백성으로 떨어졌던 민족이 인류에게 새로운 개벽 시대를 선언한 것이 바로 그것이다. 거기서 끝나지 않고 한국인들은 이 개벽 시대가 자신의 나라에서 펼쳐질 것이고 자신들이 갖고 있는 높은 정신과 도덕심이 앞으로 세계를 이끌고 나아갈 것이라고 주장했다. 이 민족은 바깥 세상의 조건이 아무리 나빠도 자신들만의 '꿈과 이상'을 내면에 고이 간직하고 그것을 실현하려고 노력했던 것이다.

이렇게 보면 슈타이너가 말하는 성배의 민족이 흡사 한민족을 지칭하는 것이라는 느낌이 강하게 든다. 원래 과거에는 이 성배의 민족이 이스라엘 민족이었다고 하는데 이것은 일리 있는 주장이라 생각된다. 당시 유럽의 정치, 경제 등은 로마가 지배하고 있었지만 정신은 이스라엘의 예수가 선포한 기독교로 통일되었기 때문이다. 그래서 서양은 기원전과 기원후가 예수의 탄생으로 갈리는 것이다. 전 서양사에서 예수의 탄생은 가장 중요한 전환기라 할 수 있다. 그런데 예수는 이스라엘에서 나고 거기서 종교를 선포했으니 이스라엘 민족이 성배의 민족이 되는 것이리라.

그런데 슈타이너에 따르면 현대에는 이전보다 더 근본적인 전환이 온다고 하는데 이것에 대해서는 그가 밝히지 않았으니 알 길이 없다. 이 변환을 가져올 민족이 극동에 도래해 있으니 그들을 찾아 도우라는 것이 슈타이너의 제언이다. 그 이상은 자신도 모른다고 했는데 이때 가장 크게 드는 의문은 슈타이너는 어떤 근거로 이 민족이 극동에 있다고 했는지에 대한 것이다. 그가 밝히지 않았으니 그 근거를 알 수 없지만 만일 그가 이 말을 실제로 했다면 우리는 막연하게나마 추측은 할 수 있을 것이다.

이것은 한참 앞에서 한 이야기다. 슈타이너 같은 신비가들은 범인들이 느낄 수 없는 기운의 흐름을 읽을 수 있다고 했다. 그런 것은 이성으로 느끼는 게 아니라 이런 사람들만이 갖고 있는 직관으로 파악할 수 있는 것이다. 그런데 재미있는 것은 슈타이너가 제자들에게 이 극동의 민족을 도우라고 했다는 것이다. 이것은 앞에서 본 정산이 말한 것과 맥락이 흡사해 재미있다는 것이다. 정산은 한국을 해치는 나라는 복을 받지 못한다고 하지 않았는가. 그런데 슈타이너는 한 걸음 더 나아가 그 극동의 나라를 도우라고 했다. 그렇게 되면 인류 전체가 같이 진전할 수 있을 것이다.

그러나 드는 의문들　여기까지는 슈타이너의 이야기를 사실이라고 여겼을 때 할 수 있는 논의다. 그러나 비판적인 눈을 가지고 보면 이 이야기에는 적지 않은 문제점이 있는 것을 알 수 있다. 우선 가장 큰 문제는 앞에서 언급한 것처럼 슈타이너가 정말로 이런 말을 했는지 확인할 수 없다는 것이다. 이 기록이 남아 있으면 좋으련만 우리는 아직 그것을 발견하지 못했다. 게다가 이 이야기가 우리에게 전해지는 과정에도 문제가 있을 수 있다.

앞에서 말한 것처럼 이 이야기는 일본인인 다카하시가 독일에서 슈타이너의 제자로부터 들은 것을 김지하 시인에게 전한 것이다. 따라서 두 사람을 거친 것인데 이때 마지막에 김 시인이 들은 이야기가 다카하시가 독일에서 들은 이야기와 일치하리라는 보장이 없다.

이럴 경우 대체로 한 번 전달될 때마다 왜곡이 일어난다고 보는 것이 정상일 것이다. 그렇게 보면 다카하시가 독일에서 슈타이너의 제자에게서 이 이야기를 들었을 때 어떤 식이든 왜곡이 일어났을 것이고 그것이 김 시인에게 전달될 때 또 한 번 왜곡이 생겼을 것으로 추정할 수 있다. 그런가 하면 김 시인이 우리에게 전할 때 다시 한 번 왜곡이 일어날 가능성이 있다. 가능성이 있다는 것이지 꼭 왜곡이 일어난다는 것은 아니다. 그러나 왜곡까지는 아닐지라도 어느 정도 변형이 일어날 가능성은 충분히 있다. 따라서 냉정하게 말하면 지금 우리가 접하고 있는 슈타이너의 예언은 독일에서 말해지던 것과 다른 것으로 간주해야 할 것이다.

그 다음으로 우리는 슈타이너의 인류사에 대한 시각을 비판의 시각으로 볼 필요가 있다. 그는 새로운 성배의 민족이 나타나기 전까지는 지중해 문명이 세계사의 주류를 이루고 있다고 했다. 그런데 이것은 너무 서양 중심적인 사고 아닌가? 지난 2~3천 년 동안의 인류 역사가 어떻게 지중해 문명만을 중심으로 펼쳐졌다고 할 수 있는가? 세계에는 중국 문명도 있었고 인도 문명, 아랍 문명도 있었는데 말이다. 또 이스라엘을 성배의 민족으로 지칭한 것은 기독교가 이스라엘에서 산출되었기 때문일 것이다. 그러나 세계에는 기독교 외에 불교나 힌두교, 이슬람교, 유교 같은 대종교들이 공존

했다. 그런데 어떻게 기독교만이 세계 문명의 중심에 있다고 할 수 있는가? 따라서 그가 말한 것은 유럽이나 북미 대륙에만 한정되는 것이지 전 세계에 통용될 수 있는 것이 아니다.

의문은 더 있다. 앞에서도 잠깐 언급했지만 슈타이너가 말한 것이 사실이라고 치자. 그럴 경우 설명이 더 필요한 부분이 있다. 즉 변혁의 중심이 이스라엘에서 극동으로 옮겨갔다고 했는데 전 세계의 그 많은 지역 가운데 왜 극동으로 옮겨 갔는지에 대해 설명이 있어야 한다. 아무 근거를 대지 않고 세계의 중심이 그냥 극동으로 옮겨 갔다고 하면 설득력이 없다. 이 이야기를 듣는 극동 사람들은 기분이 좋을지 모르지만 극동 이외의 지역에 사는 사람들은 이 주장을 선뜻 받아들이기가 힘들 것이다.

그럼에도 불구하고 이 이야기를 포함시킨 것은 내용이 극적이기 때문이다. 유럽의 저명한 신비가가 극동의 한 나라를 장래의 중심국가로 설정한 것이 극적이기 때문이다. 그리고 그 이야기를 전한 일본인이 그 나라가 한국일 것이라고 주장한 것도 우리의 주목을 끌었다. 이 주장을 한국인 자신이 했다면 신뢰도가 떨어졌을 텐데 외국인이 그런 주장을 했다고 하니 한국인의 입장에서 믿음이 간 것이다. 내 개인적으로는 슈타이너의 주장에 십분 동의한다. 그래서 이 사례를 여기에 소개한 것인데 그렇다고 이 이야기에서 보이는 문제점들에 대해 눈을 감아서는 안 될 것이다.

5. 이른바 '상승 마스터'들의 예언
신뢰도: 3.75점

상승 마스터란? 이번에는 매우 특이한, 그리고 생소한 예언에 대해 보려고 한다. 이것은 킴 마이클즈(Kim Michaels, 1957~)라는 덴마크 사람이 이른바 상승 마스터들에게 받은 가르침 가운데 한국에 대한 예언을 추린 것이다.[13] 킴에

킴 마이클즈

따르면 이 우주에는 물질계를 넘어 영적인 영역이 있는데 그곳에는 인류의 의식을 올려주고 지구를 위해 봉사하는 영적인 존재가 있다고 한다. 그는 이 존재들로부터 메시지를 받아 사람들에게 전하는 메신저 같은 사람이라고 할 수 있다.

이쪽 분야를 모르는 독자들은 이런 이야기가 매우 생소하게 들릴 것이다. 이것을 조금 더 익숙한 용어로 표현하면 채널링이라고 해도 무방하다. 그리고 이 일을 하는 사람은 보통 채널러라 불린다. 이들의 세계관에 따르면 영계에는 지상에서 만나기 힘든 매우 영적인 존재들이 있는데 채널러들은 이 존재들과 교통할 수 있는 특수한 능력을 지닌 사람들이다. 지금 시중

---

13) 킴 마이클즈를 더 알고 싶은 사람은 아래의 책을 보라. 이 책은 킴이 자전적으로 쓴 소설이다.
킴 마이클즈(2019), 『예수와 함께했던 나의 생애들』 목현 역, I AM출판사

에는 이와 관련된 책이 많이 번역되어 있다. 그 가운데 가장 대표적인 것이 『기적수업』일 것이다. 이것은 슈크만이라는 사람이 자신의 내면에서 들리는 소리를 그대로 적은 것인데 그 소리는 자신이 예수라고 밝히고 있다.[14]

킴은 이 영적인 존재를 상승 마스터(Ascended Master)라는 이름으로 부르는데 이 존재들은 매우 다양하다. 이 가운데에는 우리에게 친숙한 존재도 있고 한 번도 들어보지 못한 존재들도 있어 헷갈린다. 예를 들어 이 마스터들 가운데에는 예수나 붓다, 성모 마리아와 같은 이름이 나오는데 이들은 우리와 매우 친숙한 존재이고 동시에 실제로 존재했던 인물이다. 그런가 하면 관음도 마스터 가운데 한 사람으로 나오는데 이 존재는 우리와 매우 친숙하지만 실존하는 존재는 아니다. 그런가 하면 우리가 아예 모르는 마스터도 있다. 폴셔나 파르바티 같은 존재가 그런 예인데 나는 이런 존재의 이름을 들어본 적이 없다. 그래서 그 정체를 알 수 없는데 킴에 따르면 이 마스터들은 영적인 영역에서 일정한 자리를 차지하고 있다고 한다.

그래서 나는 킴이 말하는 것이 헷갈린다. 왜냐하면 관음과 같은 존재는 사람들이 상상으로 만들어낸 허구의 존재인데 그런 인물과 소통한다고 하니 이상한 것이다. 또 예수와 붓다도 그렇다. 킴에 따르면 이 두 성인은 영계에 있으면서 계속해서 지구에 사는 인류들의 영성을 높이는 일을 하고 있다고 한다. 그렇다면 이들은 영계 어딘가에 있으면서 지구를 위해 열심히 노력하고 있는 것으로 보아야 한다. 그러나 내가 이해하는 붓다는 그렇

---

14) 이와 비슷한 유의 책으로 『우주가 사라지다』라는 책이 있다. 이 책은 저자인 레너드가 예수의 제자인 도마와 다대오를 영적인 차원에서 만나 나눈 대화를 기록한 것이다.

게 어느 한 자리를 차지하고 있을 분이 아니다. 모든 것을 초월해 우주와 하나가 된 분이 어느 지역에 주석하고 있다는 게 이해하기 힘들다. 이런 관점에서 보면 킴의 주장은 매우 생경하다고 할 수 밖에 없다.

킴의 주장이 이해가 잘 안 되는데도 불구하고 여기서 그의 주장을 소개하는 것은 이 단체 혹은 이 마스터들이 한국에 대해 비상한 관심을 갖고 좋은 예언을 남겼기 때문이다. 그는 특이하게도 2016년과 2017년, 그리고 2019년 등 세 차례에 걸쳐 한국에서 이 상승 마스터들로부터 메시지를 받는 국제대회를 열었는데 그 중에서 2016년과 2017년의 대회에서는 한반도의 미래에 대한 예언이 집중되었다. 이것은 매우 특이한 일이다. 이 대회는 그동안 서양에서만 열리다가 2016년 아시아에서 처음으로 열렸는데 그 장소가 한국이니 기이한 일이 아닐 수 없다. 한국과는 아무 관련이 없어 보이는 이 단체가 갑자기 한국의 미래에 대해 영적인 이야기를 시작했으니 신기한 것이다. 이 마스터들이 어떤 존재냐는 것을 떠나서 이들이 전한 가르침에는 귀담아 들을 것이 많다. 그래서 여기서 소개하는 것이다.

킴은 주장하기를 자신이 이 같은 국제 대회를 여는 것은 이 마스터들의 고결한 상위 에너지가 물질 영역으로 흘러들어 올 수 있게 하기 위함이라고 한다.[15] 그가 이렇게 하는 이유는 이 지구를 변화시킬 수 있는 주체는 결국 인간이기 때문이다. 이에 대해 킴은 매우 재미있는 발언을 했다. 이 마스터들은 지구를 변화시킬 권능(power)은 있으나 그렇게 할 수 있는 권한(authority)은 없단다. 이 권한은 이번 생에 지구에 태어난 인류들이 갖고 있다. 그래서 인류가 마스터들에게 도움을 달라고 간절히 기원하면 그들의 권능이 방출되는데 그렇게 되면 권한을 갖고 있는 우리가 그 에너지를 가지고 지구를 변화시킨다는 것이다. 마스터들의 능력이 아무리 막강하다 하더라도 그들은 결코 인간의 일에 간섭하지 않는단다. 대신 그들은 지상과 소통할 수 있는 길을 열어 고결한 에너지가 인간계로 흘러갈 수 있게만 한다고 한다.

앞서 말한 것처럼 킴은 세 번의 국제 대회를 한국에서 개최했고 그 결과를 책으로 냈다. 이 책을 보면, 각 장의 앞부분에는 다양한 상승 마스터들의 메시지를 적고 있고 뒷부분에는 마스터들에게 기원하는 기원문을 실어놓았다. 나는 이 가운데에서 마스터들이 한국의 미래를 예언한 것들만을

---

15) 킴이 분류한 이 세계는 꽤 복잡하다. 이 물질계에는 4층이 있다고 하는데 위에서부터 보면 정체성 영역(identity realm), 멘탈 영역, 감정 영역, 물질 영역이 그것이다. 그에 따르면 이 물질계에서 어떤 사건이 발생하려면 그것은 정체성 영역부터 시작되어야 한다고 한다. 그러면 그 사건은 멘탈 영역으로 내려와 더 구체화되고 감정 영역으로 내려오면 기세를 얻는단다. 그런데 그 사건이 일단 물질 영역까지 오면 방향이나 기세를 바꾸는 일이 힘들다고 한다. 이 주장에 따르면 어떤 사건이 위의 영역에서 결정되어 물질 영역까지 내려오면 그 사건은 반드시 일어나게 된다.
이것은 앞에서 본 소태산의 주장과 비슷해 재미있다. 소태산 역시 자신들의 일이 성공하려면 음부, 즉 영적인 영역에서 인정받아야 한다고 주장했다. 이러한 주장은 물질계에서 일어나는 일은 영계와 긴밀한 관계에서 발생한다는 것으로 이해할 수 있겠다.

골라 소개해보려고 하는데 특히 2017년에 개최된 대회의 내용을 정리한 『통일 한국의 황금시대를 위한 신성한 지혜』라는 책을 중심으로 볼 것이다. 이 책의 제목에도 나와 있지만 이 상승 마스터들의 목적은 지구에 황금시대를 여는 것이다. 이 황금시대는 우리가 앞에서 본 수운 등이 주장한 개벽 선경 시대와 비슷한 의미를 갖고 있는 것 같다.

킴과 상승 마스터들의 견해에 따르면 지금까지의 세계는 이원적 의식에 현혹되어 다양한 갈등을 만들어냈고 그 결과 한계에 봉착해 있다고 한다. 이 이원적 의식 때문에 인류는 나와 남을 가르고 우리와 그들을 갈라 수많은 갈등을 자초했다. 상승 마스터들은 이 문제 많은 시기가 더 이상 계속되는 것은 바람직하지 않다고 생각해 이 시기를 종식시키고 새로운 황금시대를 열려고 하는 것이다. 이 마스터들의 목표는 충분한 수의 사람으로 하여금 그리스도 신성에 이르게 해 이들의 의식을 높이 고양시키는 것이다. 그러면 그런 사람들이 지금보다 훨씬 좋은 사회, 다시 말해 황금시대를 연다는 것이다. 한 마디로 말해 이 황금시대는 인류의 의식이 각성된 시대라 할 수 있다. 이런 시대의 도래와 관련해 이 마스터들이 한국의 미래를 어떻게 진단했는지 살펴보기로 하자.

예문:

1) 성모 마리아의 메시지

"지난해에 우리는 한국이 아시아의 열쇠라는 말을 했습니다.... 우리는 이 나라와 아시아 전역에 가져오고자 하는 황금시대 아이디어에 더욱 열릴 수 있는 지점으로 이 나라를 이끌어 가기 위해 지난 수십 년간 남한 사람들과 함께 일해 왔습니다...."(p. 14)

"... 우리 상승 마스터들이 보는 남한의 잠재력은, 사람들의 의식 수준 그리고 변화하려는 의지와 황금시대의 기반이 되는 아이디어를 실현하려는 의지의 측면에서 가장 높은 국가 군에 속한다는 말을 하고 싶습니다."(p. 18)

"우리 상승 마스터들은, 한국의 민주주의가 세계 최상위 수준의 민주주의를 향해 한 단계 더 올라갈 수 있는 준비를 갖추도록, 한국인들과 오랜 시간을 함께 일해 왔습니다."(p. 18)

2) 관음의 메시지

"(한국이) 통일이 되기 위해서는 특히 남한 국민들의 의식에 전환이 일어나야 합니다..."(p. 80)

"현재 한국의 통일은 현실적이지 않다는 점을 말하고 싶습니다. 남한이 통일에서 안게 될 부담을 실제로 감당할 수 있을 만큼 남한 국민들의 의식 전환이 이루어지지 않았기 때문입니다...(p. 80)

"통일이 성공적으로 이루어지려면 남한에 과감한 변화가 필요합니다. 남한 사람들이 스스로를 북한 사람보다 우월하다고 보면 성공적인 통일을 이룰 수 없습니다."(p. 82)

"그들(북한 사람)은 영적으로나 물리적으로나 여러분들의 형제자매이며, 그들을 도울 기회가 왔으면 존중하는 마음으로 도와주어야 합니다. 그렇지 않으면 참된 통일이 이루어질 수 없습니다."(p. 82)

".. 여러분은, 북한 사람들이 지성이 떨어지고 뭔가 결함이 있다거나, 여러분 수준에 이르지 못했다고 생각해서는 안 됩니다.

그들 중 다수는 높은 지성을 지닌 사람들입니다. ...그들은 통일된 한국을 위한 (성 저메인[16]의) 황금시대 비전을 가져오기 위해 북한에 육화하기로 선택하였습니다. 그들 중 일부는 사회의 특정한 위치에서 자신들의 길을 걸어왔습니다. 그들이 최고 지도층에 있지는 않지만, 현 북한 정권이 사

---

16) 성 저메인은 향후 이천 년 동안 지속되는 황금시대를 주관하는 마스터로 대단히 중요한 인물이다.

라진 후 북한 사회에 아주 빨리 진입하여 그들의 역할을 해내고, 자신의 신성한 계획을 성취할 수 있는 위치에 있습니다..."(p. 83)

"...남한의 재벌들이 단 시간에 대단히 우세한 위치를 점령하고 북한 사람들로부터 그릇되고 부당한 이득을 취하게 해서는 안 됩니다.

북한 사람들이 국가의 노예에서, 그들을 단지 이윤을 내는 수단으로 보는 다국적 기업의 노예로 바뀌는 것은 바람직하지 않습니다..."(p. 84)

3) 파르바티의 메시지

"...전임 대통령(박근혜)이 그렇게 강한 성격의 인물이 아니었다는 것입니다. 타락한 존재나 악인이었던 것이 아니라, 낮은 서열의 타락한 존재인 아버지와 카르마로 묶여 있었습니다...

전임 대통령은 육화에서 벗어난 과거 대통령의 자녀로 태어날 필요가 있었고, 그것이 많은 면에서 영향을 끼쳐 그녀의 정신을 심각하게 분열시켰습니다. 그래서 여러분 모두 잘 아는 무속인에게 휘둘리게 되었으며, 이는 대통령으로서 심한 갈등이 있었다는 의미입니다.

이것이 바로 어둠의 세력들이 전임 대통령을 이용해 그 지위에 세우려고 했던 근본적인 이유입니다. 전임 대통령을 이용해 (어둠의 세력인 파워 엘리트와 재벌들이) 자신들의 지배력을 강화시킬 수 있다고 생각했기 때문입니다... 주목해야 할 점은 바로 여러분의 요청이, 전임 대통령의 탄핵으로 이어진 빛의 승리를 가져온 발화점이었다는 사실입니다.(pp. 195~196)

"... 공산주의가 북한에서 남한으로 확산될 위협은 더 이상 현실화 될 가능성이 없습니다. 단지 어둠의 세력들이 이 두려움을 이용하려고 하는 것 뿐입니다...

우리 상승 마스터들은 빛을 통해 이 상황의 배후에 있는 모든 어둠의 세력들을 진정으로 소멸할 수 있도록 여러분이 요청해 주기를 바랍니다."(p. 197)

4) 리버티의 메시지

"... 북한에도 젊은 세대로 융화해 있는 아주 용기 있는 영혼들의 그룹이 있습니다. 그들은 이미 그곳에서 변화를 일으킬 준비가 되어 있습니다."(p. 220)

"...한국은 공산주의와 자본주의라는 두 체제가.. 대치 중인 마지막 국가입니다...

... 하지만 어둠의 세력들은 자본주의와 공산주의의 대립을 이용해 사람들을 분열시키는 노력을 계속하고 있기에 전 세계가 이 어둠의 세력들로부

터 자유로워지기 위해서는 아직 남은 일들이 있습니다. 현재 이 어둠의 세력들은 여기 한반도에 모든 힘을 집중하고 있습니다. 어둠의 세력들에게 북한은 공산주의 체제를 유지할 수 있는 발판이면서 요새처럼 보이기 때문입니다..."(p. 228)

"... 상승한 영역의 에너지가 조금이라도 유입되어 약간의 영향을 미친다면 북한은 마치 큰 조각상이 넘어져서 제 무게 때문에 붕괴되는 것 같은 운명에 처해 있습니다. 여러분이 한국의 미래를 긍정적으로 바라보기를 바랍니다..."(p. 229)

"남북한이 갑자기 통일된다면.. 북한의 경제가 정상화되는 과정에서 남한이 꽤 큰 대가를 치르게 될 것이다. 그럼에도 남북통일은 평화롭고 상대적으로 원만하게 일어날 가능성이 큽니다."(p. 229)

설명:

이 인용문에서 가장 먼저 관심을 끄는 것은 마리아가 한국은 아시아의 열쇠 같은 나라라고 한 것이다. 마스터들은 아시아에서 황금시대를 열기 위해 한국을 거점으로 삼고 오랜 동안 일을 했다고 주장했다. 열쇠는 당연히 닫혀 있는 것을 열게 하는 의미를 담고 있다. 황금시대란 매우 영적인 시대를 의미하는데 이것을 열려면 우선 핵심 국가인 한국이 영적인 나라가 되어야 한다. 그런 의미에서 한국이 열쇠 같은 국가라는 비유를 쓴 것이리라.

인용문에 나온 대로 한국은 그런 변화를 가져올 수 있는 잠재력을 가장 많이 갖고 있는 나라 중 하나라는 것이 마스터들의 생각이다. 한국인들은 자신들의 의식 수준을 높이거나 변화시키려는 의지가 다른 어떤 나라 사람들보다 강하다는 것이다. 이것은 결코 틀린 말이 아닐 것이다. 나는 비근한 예로 2010년대 중반에 있었던 촛불시위를 들고 싶다. 이때 한국인들은 비루한 대통령을 끌어내리기 위해 강한 저항을 하되 한 점의 폭력도 행사하지 않고 시위를 이어갔다. 그 결과 한국인들은 그를 성공적으로 탄핵했는데 이런 일은 다른 나라에서는 그 유례를 찾기 힘들 것이다.

마스터들은 또 한국에서 세계 최고의 민주주의가 실현될 수 있도록 한국인들을 독려했다고 했다. 그 결과인지 아닌지 모르지만 앞에서 본 대로 한국은 아시아에서 민주주의 지수로 보면 1위의 국가가 되었다. 과거에 지독한 독재국가였던 한국이 이렇게 빠른 시간 안에 민주주의를 실현한 것은 정말로 대단한 일이다. 이것도 세계에서 유례를 찾아보기 힘들 것이다. 이것은 일본과 비교해보아도 알 수 있다. 일본은 현대에 들어와 독재를 경험하지 않으면서 자기 식의 민주주의를 고수해왔다. 그래서 일본은 아시아에서 가장 민주화된 국가로 간주되었다. 그런데 한국은 민주주의의 실천 정도에서 비록 한 단계밖에 차이가 나지 않지만 일본을 제쳤다. 바로 이런 것들이 한국인들이 민주주의에 대해 갖는 엄청난 열망을 보여주는 것 아닐까 한다.

다음에 나오는 관음의 메시지는 한국인들이 북한에 대해 갖는 생각에 큰 변화가 있어야 한다는 데에 초점이 맞춰져 있다. 많은 한국인들은 자신들이 북한 사람들보다 우월하다고 생각해 그들을 낮춰보고 있는데 관음은 그런 태도는 바람직하지 않다고 강하게 주장하고 있다. 이와 동시에 관음은 특히 남한의 재벌들에 대해 경고하고 있다. 어떤 경고일까? 남한의 재벌들이 북한 사람 자체에 대해서는 별 관심을 두지 않고 북한을 그저 좋은 투자처로만 여기는 것을 경고한 것이다. 통일이 되면 아마도 남한의 회사들이 북한을 지역으로 나누어 개발할 가능성이 큰데 관음은 이것을 비판한 것이다. 그가 비판하는 내용은 무엇일까?

북한 사람들은 지금은 국가의 노예가 되어 있는데 통일 후에 남한의 재벌들이 북한을 개발할 때 북한 사람들을 다시금 기업의 노예로 전락시킬 수 있다는 것이 그 주요 비판 내용이다. 그렇게 되면 북한 사람들은 사람의 존엄성을 잃고 이윤을 만들어내는 수단으로만 취급받게 된다. 이것은 황금시대의 모토에 어긋난다. 새로운 황금시대에는 모든 사람이 자신의 영성을 깨닫고 한없이 자유로워야 하는데 이런 식의 개발은 사람을 노예로 만든다.

따라서 남한 사람들은 남북이 통일되었을 때 북한 사람을 존중하는 마음으로 대해야 한다. 그렇게 해야 되는 이유 중의 하나에 대해 관음은 북한에 높은 지성을 가진 사람이 많기 때문이라고 주장한다. 이 같은 메시지는 매우 놀라운 것이다. 우리는 언론에 제한적으로 나타나는 북한 사람들을 보면서 그들이 보이는 경직되고 오만한 태도 등 때문에 그들을 낮추어 보는 경향이 있는데 마스터들의 생각은 정반대이기 때문이다.

이와 관련해 개인적인 작은 경험을 이야기해보면, 몇 년 전에 태영호 공사라는 이가 영국 주재 북한 대사관에서 근무하다 망명했을 때 그를 보고 작게 놀란 적이 있다(지금은 그가 대한민국 국회의원이 되었다!). 그는 영어 말하기 실력도 대단했으며 갖고 있는 식견도 상당했기 때문이다. 북한에서만 교육을 받았을 텐데 어떻게 저런 국제적인 감각을 지닐 수 있었을까 하는 의아감도 들었다. 과문한 탓이겠지만 그는 내가 지금까지 만난 남한의 어떤 외교관보다도 품위가 있었고 영어 실력도 출중했다. 그때 내게 든 생각은, 태 공사는 대사도 아니고 공사에 불과하니 북한에서 아주 높은 위치에 있는 사람은 아니다, 따라서 만일 일개 공사가 저렇게 똑똑하다면 그 위에 있는 관리들은 얼마나 더 똑똑할까 하는 의문 아닌 의문이 들었다. 또 북한에는 저런 사람이 한두 사람만 있는 것 아니지 않겠는가 하는 생각도 들었다. 북한 사람이라고 하면 그저 촌스러운 사람만 있는 줄 알았는데 그런 것이 아니었던 것이다. 그런 끝에 그 뒤로는 북한의 고위 관리들을 다시 보게 되었다.

그런데 더 납득하기 힘든 이야기가 또 나온다. 관음에 따르면 북한에는 높은 지성을 가진 사람들이 많이 있다는데 그들은 한반도가 통일됐을 때 유효한 인력이 되기 위해 그곳에 태어나 대기하고 있다는 것이다. 이게 도대체 무슨 이야기일까? 이런 이야기는 듣기에 따라 '귀신 씨나락(볍씨) 까먹는 소리'보다 더 이상하게 들릴 수 있다. 이것은 인간의 환생설 혹은 육화설에 기반한 것이다. 이 이론에 따르면 우리는, 정확하게 말하면 우리의 영혼은 우리에게 가장 알맞은 몸을 갖고 제일 적합한 장소에 환생 또는 육화된다. 달리 말하면, 우리는 우리의 카르마를 가장 효율적으로 해결할 수 있는 환경에 태어난다는 것이다.

이런 생각을 갖고 관음이 말한 것을 살펴보면 대체로 이와 같이 해석할 수 있지 않을까 싶다. 통일이 갑자기 되면 할 일이 태산처럼 있을 것이다. 일만 많은 것이 아니라 일들이 아주 복잡하게 꼬여 있어 정신을 바짝 차리고 임하지 않으면 안 된다. 충분히 이해할 만하다. 두 국가가 합쳐질 때 얼마나 많은 일이 있겠는가? 이것은 통일이 되지 않은 현재로서는 어떤 일이 어떻게 벌어질지 예상조차 할 수 없다. 남한 정부는 지금도 통일 준비를 꽤 하고 있다고 자부할는지 모르지만 정작 통일이 되면 예상하지 못한 일들이 여기저기서 마구 터져 나올 것이다.

만일 사정이 이렇다면 현재의 북한 정권 인사들로는 통일 뒤의 산적한 문제를 풀 수 없을 것이다. 현재의 북한 인사들은 구체제에서 머리가 굳을 대로 굳은 사람들이기 때문이다. 이 사람들은 통일 대업을 완수할 수 없다. 따라서 이 사람들을 대체할 사람이 필요하다. 이 사람들은 머리가 깨어 있고 탄력적인 사고를 하는 사람이어야 한다. 다시 말해 새로운 비전을 가진 사람이어야 한다. 그런데 이 마스터에 따르면 이런 사람들이 이미 다수 북한에 태어나 있다는 것이다. 그렇지만 아직 이들은 북한의 최고 지도층에는 근접하지 못하고 있단다. 그러나 통일이 되고 북한 정권이 사라지면 이들이 권위 있는 자리로 들어가 통일 사업을 완수할 것이라는 것이 이 마스터의 주장이다.

이들이 북한에 태어난 것은 단순히 통일 뒤에 생기는 일을 처리하기 위해서만은 아니다. 그것도 목표 중의 하나지만 더 궁극적인 목표는 한국을 황금시대를 열 수 있는 나라로 만드는 것이다. 황금시대가 도래하려면 물론 한국이 통일되어야 하지만 통일 뒤의 한국이 황금시대를 여는 열쇠가 되기 위해서는 영성이 높은 사람들이 통일의 주역을 맡아야 한다. 이를 위해 지성이 높은 새로운 인물들이 북한에 태어났다고 주장한 것이다.

이것이 관음의 메시지인데 여기서 잊지 말아야 할 것이 있다. 북한이라는 나라는 현재 세계에서 유례를 찾아 볼 수 없는 극악한 생지옥과 같은 나라다. 사람을 이렇게 못살게 구는 국가는 세상에 없다. 전 인민을 북한이라는 거대한 감옥에 가두고 그들을 모두 노예로 만든 사회다. 또 그 많은 수용소에서 벌어지고 있는 참상은 인간의 상상을 뛰어넘는다. 그래서 이런 나라에 태어나는 것은 가장 피하고 싶은 일 중의 하나일 것이다. 그럼에도 불구하고 높은 영혼들이 기꺼이 그곳에 태어나기로 했단다. 그들은 황금시대의 도래를 위해 자신을 희생한 것이다. 이렇게 자신을 희생하는 것을 보니 그들은 틀림없이 영성이 높은 영혼들일 것이다.

이와 비슷한 이야기는 인용문에 있는 것처럼 리버티라는 이름을 갖고 있는 마스터의 메시지에서도 발견된다. 즉 지금 북한에는 아주 용기 있는 영혼들의 그룹이 육화되어 젊은 층을 구성하고 있다고 한 것 말이다. 그들은 현재 그곳에서 변화를 모색하려고 준비 중에 있다고 한다. 이런 이야기는 선뜻 믿을 수 있는 것은 아니지만 생각하는 방식은 매우 참신하다. 한국의 통일이라는, 아마도 세계에서 가장 복잡한 문제를 풀기 위해 이런 식으로 일이 전개되고 있다는 것은 수긍할 만한 이야기가 아닐 수 없다. 한국의 통일이라는 일은 너무도 복잡하기 때문에 어떤 섭리인지 몰라도 영적으로 대단한 존재들에 의해 큰 계획이 세워지고 그 계획대로 일이 진행되는 느낌이 든다. 그 대단한 존재가 여기서는 상승 마스터라는 것인데 그러하던 그러하지 않던 이 남북통일이라는 복잡하고 거대한 문제는 인간계와 영계가 다중적으로 얽혀 있는 느낌이 든다.

이 같은 존재들이 남북을 통일시키는 이유는 당연한 것이라고 했다. 통일 한국을 열쇠로 삼아 먼저 이곳에서 영적으로 매우 고양된 황금시대를 열고 그것을 전 세계에 펼쳐나가기 위함인 것이다. 새로운 시대가 밝히는 횃불을 한국인들이 높이 치켜들어야 한다는 것인데 여기서도 한 가지 의문이 든다. 왜 한국이 이런 역할을 해야 하느냐는 것이다. 슈타이너 식으로 말하면 왜 한국이 성배의 민족이 되어야 하느냐는 것이다.

이에 대해서는 정확한 답을 내놓기 힘들다. 좋은 답이 아닐 수도 있다는 것을 각오하고 답을 말한다면 황금시대, 즉 개벽선경시대를 펼 수준 높은 영혼들이 이 땅에 많이 태어나기 때문이라고 할 수 있지 않을까? 그러면 우리는 왜 이런 영혼들이 이 땅을 선택해서 태어나는가와 같은 질문을 또 던질 수 있다. 이 질문도 대답하기 어려운 것은 마찬가지다. 여기에는 무언가 영적인 섭리, 혹은 영혼들의 집단적 무의식 같은 것이 작용하지 않았나 싶다. 그렇다 해도 그 계획이 그렇게 잡히게끔 방향을 잡은 최초의 의도 혹은 생각이 어디서 비롯되었는가는 여전히 답할 수 없는 질문이다. 원래 최초가 어떻게 도래했는가를 아는 것은 쉬운 일이 아니다. 그러니 이것은 그저 신비로 남겨 놓고 다시 우리의 길을 가자.

그 다음은 파르바티라는 이름의 마스터가 전하는 메시지인데 이 단체의 설명에 따르면 그는 쉬바의 배우자라고 한다. 이 쉬바 역시 이 단체에서는 상승 마스터로 간주되고 있다.[17] 그런데 재미있게도 파르바티의 메시지에는 박근혜 전 대통령에 대한 내용이 있어 소개해보았다. 그는 우선 박근혜는 타락한 사람이거나 악인은 아니며 또 성격이 강한 사람도 아니라고 묘사했다. 사실 개인적으로 볼 때 박은 타락이나 악과는 거리가 먼, 그저 줏대 없는 인간인 것처럼 보인다. 타락한 사람이나 악인은 그래도 줏대가 있고 주체성을 갖고 있는 사람이다. 이 같은 자기중심이 있어야 타락을 하던지 악을 저지를 수 있는 것이다.

파르바티의 메시지에서 또 재미있는 것은 박이 이 세상에 태어난 것은 그의 아버지인 박정희와 카르마로 엮여 있기 때문이라는 것이다. 파르바티는 박근혜에 대해서도 매우 부정적으로 말하고 있지만 박정희에 대한 평가도 아주 박하다. 박정희가 낮은 서열에 처해 있는 타락한 존재라고 하니 말이다. 그런 타락한 존재와 카르마가 얽혀 있으니 박근혜도 그런 수준밖에 되지 못하는 것이다. 한국에는 박정희를 숭배하는 사람이나 세력이 많은데 그 사람들이 이 이야기를 들으면 많이 섭섭해 할지도 모르겠다. 그러나 박정희 시대를 직접 겪은 세대에 속하는 나는 파르바티의 평가에 동의하고 싶은 마음이다. 박정희는 분명 한국이 경제적으로 발전하는 데에 많은 공

---

17) 쉬바는 잘 알려진 대로 인도의 신을 대표하는 세 신, 즉 브라만, 비쉬누, 쉬바 중의 하나인데 여기서는 상승 마스터로 나왔다. 이처럼 신으로 숭앙받는 존재가 상승 마스터가 될 수 있는지 어떤지는 잘 모르겠지만 여기서는 이 단체의 주장을 따른다.

을 세웠지만 그렇다고 해서 그를 영적으로 높은 인간으로 볼 수는 없다. 그는 독재를 하면서 수없이 많은 사람들을 죽이고 괴롭혔기 때문에 영적인 인간이 될 수 없다.

그런데 파르바티에 따르면 박정희는 그래도 타락한 존재라고 할 수 있단다. 그에 비해 박근혜는 그 수준에도 못 미친다. 그 이유에 대해서는 앞에서 대강 살펴보았다. 나는 이 의견에 동의하지 않을 수 없다. 박정희는 뚜렷한 공이 있는 것에 비해 박근혜는 공은커녕 나라를 엄청난 혼란으로 몰고 갔지 않았는가? 그러니 박근혜는 타락한 상태에도 못 미치는 것이다. 박정희에 대해서는 뒤에 다시 나올 것이다. 미국의 벵손이라는 영능력자가 그의 전생에 대해 말한 것이 있다. 그 전생에서도 박정희는 무인(武人)이었는데 결코 훌륭한 사람은 아니었다. 그것은 그때 가서 보기로 하자.

파르바티에 따르면 박근혜가 대통령으로 있었을 때 나라가 그렇게 어둡게 된 것은 바로 어둠의 세력들이 노린 결과라고 한다. 어둠의 세력이란 권력을 잡고 있는 파워 엘리트 집단과 재벌들을 말한다. 그들은 이 사회에 대한 패권과 권세를 유지하기 위해 멍청한 사람을 대통령으로 만들었다고 한다. 그러나 한국인들은 마스터들에게 기도로 요청해 좋은 에너지를 받았고 매우 평화적이지만 집요한 방법, 즉 촛불 시위로 그런 어둠의 세력을 몰아냈다는 것이 이 마스터들의 설명이다. 이런 이야기는 그럴 듯하게 들리기는 하지만 그냥 받아들이기에는 켕기는 부분이 있다.

만일 이처럼 한국인들이 자신들의 선한 기운으로 어둠에 휩싸인 악의 세력을 몰아냈다면 그 다음에 좋은 세상이 와야 한다. 그런데 그 어둠의 수

장 같은 박근혜를 몰아낸 지 수년이 되었건만 이전보다 나아진 모습은 보이지 않는다. 대신 이전 정권이 보여주었던 것과 똑 같은 모습이 연출되고 있다. 한국은 이처럼 그 주된 세력이 좌냐 우냐에 관계없이 정치하는 양태는 똑같다. 어둠의 세력이 따로 있고 그것을 척결하는 밝은 세력이 따로 있는 게 아니다. 다 그 놈이 그 놈이다. 이에 대해서 상승 마스터들은 어찌 설명할지 모르겠다. 파르바티가 전하는 그 다음 메시지는 희망적이다. 한국은 공산주의로부터 받는 위협이 아무리 강해도 공산화 될 가능성은 없다고 하니 말이다.

그 다음 마스터인 리버티에 따르면 한국은 현재 공산주의와 자본주의가 대치하고 있는 마지막 나라다. 그래서 어둠의 세력들이 북한의 공산주의자들에게 빌붙어 목숨을 유지하려고 마지막 발악을 하는 모양이다. 그들에게는 북한이 마지막 요새이자 발판이기 때문이다. 이처럼 지구를 배회하는 어둠의 기운이 한반도에 집결해 있으니 그 세가 얼마나 막강하겠는가? 북한이 세계에서 가장 별 볼 일 없는 나라인데도 저렇게 버티는 것은 이런 어둠의 세력들이 운집하고 있어 그런 것 아닌가 하는 억측도 해본다. 그러나 아무리 이 어둠의 기운이 강해도 한국은 잘 버텨 나간단다. 필자가 지금까지 본 예언 중에 한국이 공산화 되어 소멸된다고 예측한 것은 없었다.

그런데 어둠의 세력이 잔뜩 모여 있는 북한이 무너질 때는 허망하게 무너지는 모양이다. 마스터들이 있는 영역의 에너지가 조금이라도 북한에 유입되면 큰 조각상이 제 무게 때문에 붕괴되듯 한 번에 무너진다고 하니 말이다. 큰 조각상은 겉으로 보면 매우 강건하게 보이지만 속이 비어 있는 경우가 있다. 그래서 무게의 중심이 잘 맞지 않으면 아주 작은 자극이라도 가해지면 그것을 견디지 못하고 허망하게 무너질 수 있다. 지금의 북한이 꼭 그 꼴이라는 것이다. 이것은 매우 정확한 지적으로 보인다. 북한은 핵을 개발해 놓고 온갖 허세를 부리지만 현재 엄청난 제재를 당해 속은 회복할 수 없는 골병이 든 상태다(거기다 최근에는 중국발 역병이 북한을 덮쳤다). 그러니 북한 정권의 아킬레스건을 치는 힘이 조금이라도 가해지면 낙후한 건물이 단번에 무너지듯 한 번에 붕괴될 것 같다. 북한은 자신이 감당할 수 없는 정도로 무게를 키웠기 때문에 약간의 자극으로도 무너질 수 있는 것이다.

그래서인지 이 마스터 리버티는 우리에게 한국의 미래를 긍정적으로 바라보라고 권하고 있다. 그러나 앞에서도 말한 것처럼 통일 후에 북한의 경제가 정상화되는 과정이 순탄한 것은 아니고 남한이 그에 대한 대가를 치러야 한다고 주장하고 있다. 이것은 당연한 것 아니겠는가. 통일이 갑자기 온다면 아무리 준비를 잘 하고 있더라도 많은 시행착오가 있는 법이다. 그렇지만 이 마스터도 한반도 통일은 평화롭게 올 뿐만 아니라 큰 혼란 없이 이루어진다고 하니 그것만으로도 위안 삼을 만하다 하겠다.

이상으로 이른바 상승 마스터들의 이야기를 들어봤는데 사실 이런 이야기는 이 분야에서 생소한 것이 아니다. 특히 최면 분야에서는 이런 이야기가 가끔씩 나온다. 피체험자를 역행 최면을 해서 태어나기 전의 세계, 쉽게 말해 영계로 보내면 이 마스터에 대한 언급이 나온다. 피체험자들이 최면을 받고 영혼의 상태가 되었을 때 그들은 자신의 옆에 영적으로 매우 높은 영혼이 있는 것을 목격하는 경우가 있다. 최면계에서는 영적으로 높은 이 영혼들을 마스터라고 부르는데 그들과 대화를 해보면 일반 영혼들이 전혀 알 수 없는 지혜나 지식을 얻을 수 있다고 한다. 이 같은 사례는 일반인들에게는 생소하지만 이 분야에서는 상식처럼 되어 있다. 그런데 마침 한국에 좋은 사례가 있어 이번에는 그것을 소개하려고 한다.

5.1 역행 최면에서 나온 예언 - 『전생 여행』을 중심으로
신뢰도: 3.5점

『전생여행』 표지

이번에 볼 예는 정신과 의사인 김영우 씨가 내담자인 원종진이라는 사람을 역행 최면해서 정보를 얻어낸 경우다. 김 씨는 최면을 이용하여 원씨를 열 번에 걸쳐 전생으로 보내 다양한 전생을 상기시켰다. 그리고 그 내용을 정리해서 낸 것이 바로 『전생 여행』(정신세계사, 1996)이라는 책이다. 그런데 이 책의 내용 중에 마침 한국의 미래에 대한 흥미로운 예언이 있어 그것을 보려고 한다. 이런 예언

은 평범한 영혼인 본인은 결코 알 수 없는 것이다. 그런데 원 씨에게 최면을 걸고 대화하던 중 전혀 뜻하지 않은 존재가 튀어 나왔다. 이 존재가 바로 마스터로서 이들은 앞에서 말한 것처럼 영적인 진화 정도가 인간보다 훨씬 높은 존재들이다. 한국의 미래에 대한 예언은 이 마스터가 발설한 것이다. 여기서 나온 마스터는 바로 앞에서 본 상승 마스터와 그 기본 개념이 흡사해 여기에 포함시켜 보았다.

위의 예를 처음 접하는 독자들은 이런 내용을 수긍하기 힘들 것이다. 따

라서 독자들의 이해를 돕기 위해 다른 예를 들어보는 것이 좋겠다. 이 부문에서 가장 유명한 책은 브라이언 와이스라는 미국의 저명한 정신과 의사가 쓴 『나는 환생을 믿지 않았다』 (김철호 역, 김영사, 2019)일 것이다. 그는 컬럼비아 대학과 예일대학의 의대 같은 명문대를 나와 정신과 전문의가 되었다. 정통 의학도답게 그는 처음에는 전생 같은 것을 전혀 믿지 않았다. 이것은 거의 대부분의 정신과 의

『나는 환생을 믿지 않았다』 표지

사들이 취하고 있는 태도라 이상한 일이 아니다. 그들은 과학적인 의학 교육을 받았기 때문에 전생이나 영혼 같은 비과학적인 것에 대해서는 전혀 관심을 기울이지 않는다.

그러다 심한 공포감 때문에 치료를 받으러 온 캐서린이라는 여성을 만나면서 와이스의 인생은 바뀌어버린다. 처음에는 와이스도 이 여성을 고치기 위해 정신의학에서 정통으로 간주되는 치료법을 시도했다. 그런데 어찌된 일인지 모든 치료법이 효험이 없었다. 그렇게 막다른 골목에 처한 와이스는 궁여지책으로 캐서린을 최면을 통해 전생으로 보내는 시도를 했다. 정통적인 치료법이 모두 듣지 않으니 밑져야 본전이라는 생각으로 전생 요법을 써 본 것이다. 그는 이러한 요법에 대해 알고 있었지만 이런 것은 과

학적인 방법이 아니라고 생각해 그동안 시도하지 않았다고 한다. 그러나 최면 결과는 그녀가 86번이나 되는 수많은 전생을 겪은 것으로 판명됐다. 이 사실을 발견하고 와이스는 엄청난 충격을 받게 된다.

그것보다 더 놀라운 것은 캐서린이 그녀의 수준으로는 절대로 알 수 없는 것을 알고 있었다는 것이었다. 예를 들어 와이스 부친의 히브리식 이름이나 생후 3주 만에 죽은 그의 아들의 병명을 정확히 알고 있는 것, 또 딸의 이름에 얽힌 내력 등 그녀가 도저히 알 수 없는 것들을 모두 정확히 꿰뚫고 있었던 것이다. 그래서 와이스가 그녀에게 '도대체 그런 것을 어떻게 아느냐'고 묻자 최면 상태에 있던 캐서린은 마스터 영혼들이 말해준다고 대답했다. 자신이 86번이나 환생한 것도 마스터 영혼들이 알려준 것이라고 말했다. 그러니까 이 마스터 영혼들은 모든 것을 다 알고 있었던 것이다.

이 마스터 영혼들은 영적으로 매우 높은 존재라 이 지상에 다시 환생하지 않아도 된다고 한다. 와이스의 표현대로 하면 그들은 지구 학교를 졸업해 이 지상에 다시 올 필요가 없는 존재들이다. 지구에서 배울 것을 다 배워 더 이상 올 필요가 없는 것이다. 고등학교를 졸업하고 대학교에 간 사람이 다시 고등학교에 올 필요는 없지 않겠는가? 이 마스터들에게는 지구로 환생하는 윤회는 끝난 것인데 이것은 영혼이 아주 고결해졌을 때에만 가능한 일이다. 그들은 영계에서 다른 영혼들의 영적인 진보를 위해 힘쓰는 아주 고마운 존재라고 한다. 이러한 설명은 앞에서 본 상승 마스터들을 상기시켜준다. 상승 마스터 영혼들도 영계에서 지구에 사는 영혼들을 위해 항상 힘쓰고 있다고 하니 말이다.

이와 비슷한 예는 로버트 슈워츠가 쓴 『웰컴 투 지구별(Your Soul's Plan)』(황근하 역, 샨티, 2008)에도 보인다. 사후생이나 환생을 연구하는 사람 가운데 슈워츠는 꽤 독특한 사람이다. 그의 연구가 독보적이기 때문이다. 그는 '사람이 지상에 태어나기 직전 영계에서 어떤 일을 하는가'에 대해 연구한 사람이다. 그에 따르면 우리는 태어나기 직전 이번 생에서 맺게 되는 인연과 겪을 일들을 모두 계획한다고 한다. 그래서 이 책의 제목이 'soul's plan'이 된 것이다. 그러니까 우리는 태어나기 전에 이번 생에 누구의 자식으로 태어나고, 누구를 만나 결혼하고, 누구와 친구가 되고, 그런 사람들과 살면서 어떤 일을 겪을지에 대해 사전 계획을 세운다는 것이다. 이런 입장에서 보면 우리가 살면서 겪는 일 가운데 우연인 것은 하나도 없게 된다. 모든 것이 계획되었다고 하니 그렇다는 것이다.

여기서 이 주장이 사실인지 아닌지에 대해서는 논의하지 않겠다. 대신 슈워츠가 밝혀낸 결과에 대해서만 보기로 하는데, 해당 영혼이 태어나기 직전에 이번 생에 대한 계획을 짤 때 혼자서 짜는 게 아니라고 한다. 이 계획을 세우는 데에는 카르마의 법칙 등 살펴보아야 할 요소들이 많기 때문에 우리 같은 평범한 영혼은 혼자 할 수 없고 높은 영혼의 지도가 필요하다고 한다. 이때 방금 전에 말한 마스터 영혼들이 옆에서 많은 도움을 준다는 것이다. 이처럼 영혼과 영계를 다루는 문헌들을 보면 이 마스터라는 존재에 대한 언급이 빠지지 않고 나온다.

우리가 지금부터 볼 내용도 같은 맥락에서 이해하면 된다. 의사인 김 씨가 원 씨를 최면시켜 그 상태에서 마스터들을 불러 그들에게 한국의 미래에 대해 묻고 대답을 들어본 것이다. 이 책은 내용이 꽤 많기 때문에 다 소개할 수는 없고 우리의 주제에 맞는 것만 골라 정리해본다.

예문:

(여기에서 '김'은 김영우를, '원'은 원종진을 의미하는데 정확히는 원이 전하는 마스터라 할 수 있다.)

김: 앞으로 우리나라는 어떻게 변해갈지 알 수 있습니까?

원: 도덕적인 국가가 될 것입니다··· 기독교의 세력들이 상당히 쇠퇴하고 많은 부분이 소멸할 것입니다... 불교도 마찬가집니다. 먼저, 종교적인 부분에 있어서는 새로운 사람들이 나타날 것입니다... 세 번째, 영적인 현상에 대한 준비들이 많이 일어날 것입니다.... 정신적인 삶, 도덕적인 삶, 영적인 추구들이 우리의 문화생활을 풍성하게 하는 그런 시대가 될 것입니다... 지금은 혼란기입니다. 그것을 거치지 않으면 그 시기는 빨리 오지 않습니다.(p. 89)

김: 북한의 미래는 어떻게 됩니까?

원: 북한은 빨리 망하지 않습니다.... 급격한 변화에 의해서 한반도에 있는 사람들이 연합하게 될 것입니다. 앞으로 한국은 동북아시아 지역에 있

어서 중국의 동북 3성 쪽과 연합체를 이룰 것입니다…. 티베트의 독립은 아직 힘들지만 동북아 쪽은 100년이 지나기 전에 만주 쪽과 그 주변 민족들과의 경제적 연방을 이룰 것입니다. 국경의 의미는 없습니다. 국경보다는 정보와 자본으로 인한 통합체가 탄생하게 될 것입니다….(p. 109)

원: 남북은 98년 이후에 통일이 됩니다. 많은 사람들의 얼굴이 한반도 지도에 보입니다…. 엄청난 에너지를 주체할 길이 없어지는 것이지요. 우리는 시베리아를 우리의 식민지로 삼게 됩니다…. 전 세계는 한국에게 있어서 정신적 식민지가 될 것입니다… 한국은 그들을 섬기는 나라가 되어야 할 것입니다…. 앞으로 이 나라에서 위대한 정신적 지도자가 나올 것입니다. 그렇다고 해서 다른 나라에서는 나오지 않는다는 것이 아닙니다. 중국과 인도… 프랑스와 저 멀리 아프리카에서까지 많은 지도자들이 나올 것입니다…. 기대하십시오…. 이론의 출발은 한국에서 이루어집니다. 그러나 그것은 한국의 것이 아닙니다. 인류보편의 것이지요…. 모든 진리가 하나로 통하게 되고 많은 민중을 가르치기 위해서 다른 모습으로 나타났던 것들이 원래의 한 맥을 이루게 될 것입니다.(pp. 119~120)

설명:

위의 예언에는 놀라운 내용이 많이 나온다. 그러나 객관적으로 보면 위에서 본 내용은 신뢰도가 떨어질 수밖에 없다. 왜냐하면 어느 것도 검증할 수 없기 때문이다. 특히 피최면자가 말하는 마스터라는 영혼에 대해서 아는 바가 없어 더더욱 그렇다. 진짜 그런 존재가 있는 것인지 아니면 피최면자가 상상으로 만들어낸 존재인지 알 수 없다. 와이스의 최면 시술에 나온 마스터라는 존재도 검증할 수 없는 존재이기는 마찬가지다. 그러나 앞에서 본 것처럼 피체험자인 캐서린은 본인의 능력으로는 절대로 알 수 없는 정보를 마스터로부터 받았다고 하는 것으로 보아 이 마스터가 실제로 존재할 수 있는 것으로 보아야 할 것 같다.

이에 비해 원 씨를 통해 나온 마스터는 그런 구체적인 정보는 전하지 않고 두루뭉술한 일반적인 정보만 전할 뿐이다. 이 정도의 정보를 가지고는 그 마스터의 존재 여부를 검증하기 힘든데 그럼에도 불구하고 여기에 이 사례를 소개하는 것은 이 마스터가 전달하는 메시지나 예언이 다른 예에서 나온 것과 상당 부분 일치하기 때문이다.

신기하게도 여기에 나오는 마스터의 예언에서도 한국은 미래에 도덕적인 국가가 된다고 한다. 또 한국의 기독교나 불교 교단에 새로운 사람들이 나타나는 등 많은 변화가 일어난다고 한다. 그래서 앞으로는 영적인 추구나 도덕적인 삶이 우리 생활의 주류를 이루게 된다는데 그 결과 사람들은 물질적인 추구보다는 도덕과 영성을 추구하면서 기쁨을 느낀다고 한다. 여기에는 포함시키지 않았지만 앞으로는 자연과 더 가까워지려고 하는 생활 양태도 나타난다고 한다. 이것은 환경 문제를 염두에 둔 발상 같다.

자연과 친화적인 사람은 당연히 영성이나 도덕성이 높을 수밖에 없다.

그런 사람은 물질에 관심이 적고 소비를 가능한 한 줄임으로써 지구에 부담이 가는 행동을 최대한 자제한다. 앞으로 한국에는 이런 사람들이 많이 나오게 되고 그럼으로써 한국이 세계에서 가장 도덕적인 국가가 된다는데 이것이 실현되고 말고는 전적으로 한국인들의 선택과 노력에 달려 있다고 할 수 있다.

이러한 주장은 우리가 맨 앞에서 본 소태산과 정산의 생각과 정확히 일치한다. 그래서 신기한 것인데 이 두 부류의 사람들은 출신 배경도 다르고 태어난 시대도 다른데 어떻게 이렇게 똑같은 예언을 할 수 있는 것일까? 그것만이 아니다. 그 다음 주장도 양자가 상당 부분 일치한다. 원 씨를 통해 마스터들이 한 예언은 매우 직설적이다. 세계 각국이 앞으로 한국의 정신적인 식민지가 된다고 하니 말이다. 이 식민지라는 단어가 너무 강해서 부정적으로 들리는데 과거에 착취만 당했던 그런 식민지를 연상하면 안 되겠다는 생각이다. 왜냐하면 앞으로 생겨날 이 식민지들은 한국의 섬김을 받기 때문이다. 완전히 반대 개념의 식민지가 되었다. 수탈당하는 식민지가 아니라 혜택 받는 식민지가 되었으니 말이다. 이런 맥락에서 보면 세계 각국이 한국의 식민지가 된다는 것은 가장 도덕적인 국가가 된 한국의 덕 (德)에 이끌려 자발적으로 한국을 추종하는 것으로 이해하면 어떨까 한다.

이 주장은 정산이 말한 '한국은 종교의 부모국'이라고 한 것과 그 맥을 같이 하는 것으로 보인다. 한국이 부모국이 되니 다른 나라들은 자식이라고 할 수 있다. 자식은 부모에게 의존해서 살아야 하니 식민지 같은 운명을 갖고 있다고 하겠다. 그런데 부모는 자식을 잘 키워야 하는 의무가 있다.

이것 역시 원 씨의 마스터가 말한 것과 상통하는 바가 있다. 착취하는 식민지가 아니라 섬김을 받는 식민지이기 때문이다. 부모가 자식이 잘 되게끔 그들을 섬기며 살아야 하는 것과 비슷한 맥락에 있다고 할 것이다.

물론 한국이 이런 국가가 되는 시기는 아직 오지 않았다. 마스터에 따르면 지금은 혼란기인데 이 같은 혼란을 겪지 않으면 이 시기는 오지 않는다고 한다. 그래서 의문이 생긴다. 우선 드는 의문은 과연 이 혼란은 언제까지 계속될 것인가에 관한 것이다. 혼란이 너무 오래 지속되면 사람들은 정신적으로 피곤해져 영이고 도덕이고 무관심해질 수 있다. 그 다음 의문은 이 혼란이 끝난 다음에 정말로 도덕적으로나 영적으로 드높은 한국이 탄생할 것인가에 관한 것이다. 아직은 이렇게 될 어떤 단초도 보이지 않는데 원 씨의 마스터도 이에 대해서는 언급하지 않으니 그 추이를 예측하기 힘들다.

이 마스터는 북한의 미래에 대해서도 짧게 언급하는데 그에 따르면 일단 북한이 빨리 망하지는 않는단다. 이 책이 나온 것이 1996년이니까 올해 (2020)로 24년이 되었다. 그 동안 북한은 망할 듯 망할 듯 하면서 오늘날까지 왔으니 이 예언은 틀리지 않았다고 할 수 있겠다.

그런데 이 예언보다 우리의 주목을 더 끄는 것은 그 다음에 나오는 내용이다. 100년이 지나기 전에 한국이 중국의 동북아 3성, 즉 길림성, 요령성, 흑룡강성과 경제적인 연합체가 된다는 것이 그것이다. 이때가 되면 국경의 의미는 없고 정보와 자본으로 통합체가 생긴다고 하는데 이 예언은 21세기의 노스트라다무스라 불리는 미국의 조지 프리드먼 교수가 행한 것과 상당히 일치해 놀람을 자아낸다.

그동안 한국에는 중국의 동북아 3성, 통칭해서 만주 지방이 멀지 않은 미래에 한국의 세력권 안에 들어온다거나 혹은 더 나아가서 시베리아가 한국의 식민지가 될 것이라고 예언한 사람은 없었다. 한국인들은 설마 그런 일이 생길 것이라고는 꿈에도 생각하지 못했을 것이다. 중국이라는, 무서울 뿐만 아니라 동시에 오만하기 짝이 없는 큰 나라가 그 땅을 갖고 있는데 우리가 어떻게 그곳을 우리의 세력권 안에 넣을 수 있겠느냐는 것이다. 그런데 앞에서 언급한 프리드만 같은 이가 같은 주제에 대해 이야기한 것은 조리가 있어 전혀 비현실적이지 않았다. 그가 행한 정세 분석의 적중률은 80%에 달해 미국의 언론에서는 그를 '그림자(Shadow) CIA',라고 부른다고 한다.[18]

프리스먼이 행한 예측은 그의 저서인 『100년 후(The Next 100 Years)』 (손민중 역, 김영사, 2010) 등에 정리되어 있는데 여기에 나온 한국의 미래에 대한 예측이 이 최면에서 나온 내용과 상당히 흡사해 재미있다. 그의 예측에 따르면 우선 한국은 2030년까지 남한의 주도로 통일된다(2030년까지 가지도 않고 그보다 더 일찍 통일될 것이라고 한다). 그 이후 한국은 10년 동안은 힘들겠지만 북한의 땅과 자원, 값싼 노동력에 남한의 기술·자본·리더십이 합쳐져서 엄청난 시너지가 발생하면서 대단히 강한 나라로 변신한단다. 한국이 만주 지역을 놓고 중국과 경쟁을 하게 되는 것은 바로 이때부터다.

---

18) 그 정도에 그치는 것이 아니라 그가 대학을 그만 두고 세운 기관이 있는데 여기에서 매일 발행하는 정세예측 보고서는 220만 명이 유료로 구독하고 있다고 한다. 그리고 국방부 조간 브리핑에도 그의 보고서가 올라간다고 하니 그의 정보력을 알만 하겠다.

그런데 그의 예측에 의하면 중국은 2020년부터 내부에 심각한 균열이 생긴단다. 여러 가지 문제가 있지만 10억 명이나 되는 극빈층 문제를 해결하지 못해 나라가 무너지기 시작한다는 것이 그 큰 이유 중의 하나다. 그렇게 되면 만주 지역에 있는 동북 3성은 한국 쪽으로 편입되는 것이 그들에게 이익이 된다고 생각해 비록 영토는 중국에 속하지만 경제적으로는 한국으로 편입된다는 것이다. 국제정치라는 것은 항상 '파워' 중심으로 움직이기 때문에 힘이 센 쪽으로 쏠리는 것은 어쩔 수 없는 것일 것이다. 이렇게 되는 시기에 대해 프리드먼은 2040년 정도로 예측하고 있는데 1949년생인 그는 그때까지 살아 자신의 예측이 맞는지를 확인해보고 싶다는 말을 남기기도 했다.

또 이 최면에서는 시베리아가 한국의 식민지가 된다고 예언하고 있는데 프리드먼의 예측에도 이와 비슷한 내용이 보인다. 지금 러시아는 과거의 영광을 꿈꾸면서 재기하려고 온갖 노력을 다하는데 결국 그 일을 성공하지 못하고 2류 국가로 전락할 것이라는 것이 프리드먼의 예측이다. 그렇게 되면 시베리아 전체는 아니더라도 적어도 극동 아시아에 대한 러시아의 영향력은 매우 약해질 수밖에 없다. 그러면 연해주 지방을 중심으로 한 지역 역시 한국의 세력권 안으로 들어올 확률이 크다. 이것은 동북 3성의 경우와 비슷하다 하겠다. 원래 세상이란 것이 다 그런 것이다. 돈이 많고 세가 강한 쪽으로 모든 것이 몰리게 되어 있는 것 말이다.

프리드먼은 한국이 일본과 갖게 될 관계에 대해서도 재미있는 말을 남기고 있다. 즉 통일 한국은 일본을 넘어설 수는 없지만 적어도 가시 같은 존재가 될 것이라고 예측했다. 그런데 일본은 다시 아시아에서 가장 강한 나라로 복귀하기 때문에 한국은 이런 일본을 견제하고 더 나아가 중국을 견제하기 위해 미국이 필요할 것이고 미국 역시 이 두 나라를 억누르기 위해서 그들에게 한국은 반드시 필요한 존재가 될 것이라고 한다. 이렇게 된다면 한국은 미국과 가장 가까운 나라가 될 것이라고 예측할 수 있겠다.

그 배경이 완전히 다른 두 예언 혹은 예측이 이렇게 서로 맞아 떨어지니 신기하기만 하다. 영적인 예언과 사회과학적인 예측이 서로 일치하니 이 정도라면 실제로 이 예측대로 실현되지 않을까 하는 생각도 든다. 이 예언이 실현될 시간은 얼마 남지 않았으니 기다리면서 추이를 보면 되겠다. 마지막으로 이 마스터는 한국에서 위대한 정신적인 지도가가 나올 것이라고 예언하고 있는데 아직까지는 그럴 조짐이 보이지 않는다. 물론 다른 나라에서도 훌륭한 지도자가 많이 나오는데 출발은 한국이라고 주장하는 것을 주목해야 한다. 이것은 앞에서 본 것처럼 개벽시대가 한국에서 시작된다고 주장한 신종교 창시자의 주장과 맥락을 같이 한다. 그러나 이것은 한국만을 위한 것이 아니라 인류 전체를 위한 것이라고 하니 더 의미가 큰 것이다.

6. 집단으로 읽어본 한국인의 전생과 미래 - 데이비드 벵슨의 이야기
신뢰도: 3.5점

『유명한 사람들의 전생 이야기』 표지

이번 이야기는 데이비드 벵슨이라는 사람이 쓴 『유명한 사람들의 전생 이야기』(서민수 역, 도솔, 1999)에 바탕을 둔 것이다. 이 책에서 말하는 내용은 이런 주제에 관심 없던 사람들에게는 그야말로 허랑(虛浪)하고 방탄(放誕)한 이야기로 들릴 것이다. 전생이라는 것도 받아들이기 버거운데 무슨 유명한 사람의 전생이란 말인가?

벵슨은 다음과 같은 생각을 전제로 하고 있다. 인간은 계속해서 환생하는데 매번 환생할 때 전혀 새로운 사람이 되는 것이 아니라 전생에 가졌던 것과 비슷한 성향이나 성격을 갖고 태어난다고 한다. 그리고 영적 수준도 이전 생의 그것과 그다지 다르지 않다. 그러니까 우리는 거듭 환생하면서 똑같거나 매우 비슷한 상태와 수준으로 태어나 비슷한 일을 반복한다는 것이

다.[19)]

　그뿐만이 아니다. 벵슨은 이 책에서 이야기하지 않았지만 우리는 환생하면서 전생의 외모까지 닮는다고 한다. 이것은 더 받아들이기 힘든 주장일 것이다. 왜냐하면 우리는 환생할 때 이전의 부모와 다른 부모 밑에서 태어나는데 어떻게 전현생의 외모가 닮을 수 있겠느냐는 것이다. 그런데 이 주제에 대한 연구를 보면 이 주장에 설득력이 있는 것을 알 수 있다. 이에 대한 연구는 미국에서 많이 되어 있는데 그 중에 대표적인 것은 월터 셈키우(Walter Semkiw)라는 사람이 쓴 『Born Again』 같은 책일 것이다. 그는 정신과 의사인데 이 책에서 이안 스티븐슨의 연구에 힘입어 전생이 밝혀진 사람의 전생 사진을 현생의 그것과 비교하면서 분석하고 있다. 이 이야기를 믿고 안 믿는 것은 다른 문제이지만 이 책에 나온 사람들의 사진만 보면 정말로 전생의 외모와 금생의 외모가 아주 비슷한 것을 알 수 있다.[20)]

　지금 소개하는 벵슨은 이 분야에서 유명세를 많이 탄 사람 같지는 않다. 그의 다른 저작들이 잘 보이지 않기 때문이다. 그는 평범한 기독교 가정에서 자라면서 캘리포니아 주립대학에서 심리학과 역사학을 전공했다. 그는

---

19) 여기서 다음과 같은 철학적인 문제는 다루지 않을 것이다. 즉, 이 환생이 최초에 시작되는 시점이 있는 것인가? 만일 그런 시점이 있다면 각 영혼들은 환생 전에 어떤 상태로 있었는가, 그때에도 지금 생처럼 자아의 개별성을 유지하고 있는가? 인간은 이처럼 환생을 끊임없이 반복해야 하는 것인가? 아니면 환생을 하지 않을 수도 있는가? 만일 환생을 하지 않는다면 그 영혼은 어디서 무엇을 하는가? 등등인데 이 자리는 이런 주제를 다루는 자리가 아니니 여기서는 그냥 지나치기로 한다. 이 이외에도 훨씬 더 철학적인 질문을 던질 수 있는데 어차피 답을 구할 수 없으므로 여기에서 질문을 그치는 게 낫겠다.

20) 이것을 확인하고 싶은 사람은 다음의 사이트에 들어가 보면 되겠다. 이 사이트는 Institute for the Integration of Science, Intuition and Spirit(IISIS)라는 단체가 만든 것이다. 이 이외에도 이 주제와 관련된 사이트가 많은데 이 사이트에 들어가면 연동이 되니 참고하면 되겠다. www.IIsis.net

---

대학 시절부터 영적인 체험을 많이 했다고 하는데 그가 가장 영향을 많이 받은 사람은 기독교 신비가인 플라워 뉴하우스 여사였다. 뉴하우스 여사는 목사였는데 뉴에이지 계통으로 분류되는 모양이다. 그녀는 기독교적인 시각에서 윤회, 투시, 전생 기억, 천사들의 활동, 영적 진화의 거대한 섭리 등을 가르쳤는데 벵슨의 이론은 대부분 뉴하우스에게서 온 것이다. 그는 뉴하우스와 공부를 하면서 명상 중에 체외이탈을 체험하기도 하고 천사적인 존재나 내면의 스승들을 만나 그들로부터 지혜를 배웠다고 전하고 있다. 그러는 과정에 그가 갖게 된 능력 중의 하나가 이른바 아카식 레코드를 읽어내는 것이었다. 그에 따르면 한 주제에 대해 깊이 명상하면 그 주제와 관련된 아카식 레코드에 접선되어 평상시의 각성 상태에서는 알 수 없는 최고의 지혜를 얻는다고 한다.

이 책은 세계적으로 유명한 사람들의 전생을 다루고 있지만 우리는 그가 한국에 대해 언급한 것만 검토해보려고 한다. 그는 자신의 책이 한국에서 번역되어 출간된다는 소식을 듣고 몇 주 동안 한국에 집중해서 명상하고 기도를 했다고 한다. 그와 동시에 그는 한국사 공부도 병행했다. 한국 독자들을 위한 서문을 쓰기 위해 그렇게 한 것인데 그 서문이 거의 30쪽이나 되는 것을 보면 그가 이 서문을 쓰기 위해 상당히 신경을 많이 쓴 것을 알 수 있다. 여기에는 박정희나 김일성, 김정일, 정주영 등과 같은 한국의 유명 인사의 전생에 대한 설명이 나오는 등 매우 흥미로운 설이 제시되고 있다. 그래서 이번 장에서는 그의 서문을 중심으로 그가 분석한 한국에 대해 보려고 하는데 나도 받아들이기 힘든 설이 많이 나온다. 따라서 그것들을 다 소개하지는 않고 추려서 보겠다. 이번에는 앞 장처럼 예문을 제시하는 것이 아니라 그냥 그의 설명을 소개하고 분석할 것이다.

설명:

뱅슨은 한국을 영적으로 파악하기 위해 한국인의 집단의식에 초점을 맞추어 깊은 명상을 했다고 한다. 이것은 한국인들이 갖고 있을 것으로 생각되는 집단(무)의식을 읽는 작업이었을 것이다. 앞에서 말한 대로 한 국가에는 잠재적으로 비슷한 성향을 가진 사람들이 태어나는 것처럼 보인다. 이렇게 태어난 사람들은 그들의 공업(共業)을 형성하고 그 민족의 현재와 미래의 상태를 결정할 것이다. 그러니까 이 같은 공업을 통해 그 민족은 일정한 기운을 얻게 될 것이다. 뱅슨은 이 작업을 통해 한국인의 영적 영역으로 들어가 깊은 심령과 접촉할 수 있었다고 한다. 그때 그가 경험한 것을 그의 생생한 목소리로 들어보자.

그런데 그때 아주 **강력하고 아름다운 황금빛 후광**과 마주쳤다. 난 그 것이 한국의 영적 '오라'로서 현재와 미래의 영적 성장을 위한 잠재력을 담고 있음을 직감했다.

한국인이 지닌 영성의 힘은 엄청났다. 그것은 한국이 지닌 과거의 모든 질병을 치유하고도 남을 영적 잠재력과 완전성을 표현하고 있었다. 분명 한국은 뭔가 비범하고 특별한 영적 운명을 갖고 있다. 마치 **불행하고 힘든 과거를 벗어나 황금빛 미래로 들어가는** 영혼의 운명처럼 말이

다.(pp. 9~10)

위의 묘사는 그저 어느 한 영적인 개인이 제시한 것에 불과하다. 그럼에도 불구하고 이 설명에 상당히 끌리고 동의하고 싶은 마음이 생긴다. 이 설명은 '맞다 틀리다'의 문제로 접근할 것이 아니라 상당히 그럼직한 설명이라고 생각하면 어떨까? 한국이 이 정도의 영적인 파워가 없었다면 지금 이 단계까지 올 수 없었다고 생각되기 때문이다. 황금빛 후광 같은 강렬한 에너지의 집체가 있었기에 지금과 같은 찬란한 한국을 만들 수 있었다는 것이다. 현재의 한국 모습을 보면 이런 강력한 영적인 모습이 보이지 않을지도 모른다. 그러나 벵슨이 말한 것은 잠재력이지 현재에 나타난 모습이 아니라는 것에 주의해야 한다.

한국인의 잠재력과 드러난 현재의 모습이 어떻게 다른지를 예를 들어 설명해보자. 현재 한국 기독교의 모습은 신구교를 막론하고 대단히 실망스럽다. 이 모습에 대해서는 이 책의 서두에서 잠깐 다루었다. 그러나 더 크게 보면 한국인들은 엄청난 영성을 가지고 있는 것이 틀림없다. 그렇지 않고서야 한국인들이 어떻게 이렇게 대량으로 교회로 몰려갔겠는가? 그들이 비록 교회에 가서 하는 일은 구복 행위이지만 어떻든 영성의 잠재력이 대단하니까 교회로 몰려들어 세계에서 제일 큰 교회도 만들어내고 세계 50대 교회 가운데 반을 한국 교회로 박아 놓은 것이다. 이것은 가톨릭도 마찬가지라 했다. 아시아에서 가톨릭이 유일하게 성공하고 신자 수가 불어난 나라는 한국밖에 없다. 그런 면에서 바티칸의 교황청은 한국이 너무 귀하고 중해 예뻐 죽을 지경일 것이다. 어떻든 이런 일은 영성이 약한 민족에게는 일어나지 않는다. 그런데 지금은 이 많은 신자들이 개인적인 구복 차원에 그치고 있지만 나중에 그들의 영성이 좋은 방향으로 고양되면 그때 나올 수 있는 긍정적인 에너지가 얼마나 엄청날지 상상하기 힘들다. 그렇게 된다면 벵슨이 말하는 것처럼 한국인들이 과거에 지니고 있던 모든 질병을 치유할 수 있을지도 모르겠다.

또 한국인은 비범하고 특별한 영적인 운명을 갖고 있다는 발언도 의미심장하다. 우리는 앞에서 여러 신비가들의 주장을 통해 미래에 한국이 어떤 나라가 될 지에 대해 살펴보았다. 그들은 한결같이 한국은 영적으로, 도덕적으로 세계를 이끌 중심국가가 될 것이라고 하지 않았던가? 같은 주장이 벵슨의 입에서 다시 나오고 있어 신기할 따름이다. 벵슨이 명시하지는 않았지만 이처럼 비범하고 특별한 영적 운명을 가진 한국은 세계를 영적으로 이끄는 나라가 되지 않을까 하는 생각이다. 그것은 한국인이 잘 나서 그런 것이 아니고 영적인 능력을 가진 사람들이 대거 한국에서 태어나니 한국은 그런 길로 갈 수밖에 없는 운명을 지니게 된 것이리라.

그런 한국인들이 자신들의 임무를 잘 완성하면 힘든 과거를 벗어나 황금빛 미래로 진입할 수 있단다. 한국인들이 얼마나 힘든 과거를 살았는가는 삼척동자도 다 안다. 그런데 이제는 이 엄청난 영적인 파워 덕분에 황금빛 미래를 펼칠 수 있다고 하는데 이것은 앞에서 본 어떤 설명과 겹치는 면이 있다. 앞에서 상승 마스터들의 메시지를 검토할 때 그들은 한국이 적어도 아시아에서는 황금시대를 열 나라라고 하지 않았던가? 황금이라는 단어가 다시 나왔다. 이런 시각에서 본다면 앞으로 한국인들이 어떻게 하느냐에 따라 세계에 황금시대가 도래하는지의 여부가 결정될지도 모르겠다. 만일 그것이 사실이라면 한국인이 지닌 운명이나 의무는 대단히 막중하다고 하겠다.

한국은 유교와 기독교가 지배하는 사회? 벵슨은 한국인들의 집단 무의식의 근원에 대해서도 언급하고 있는데 이에 대한 것은 너무나 격외(格外)의 이야기라 소개하기가 조금 꺼려진다. 그에 따르면 한국인의 집단의식은 상이집트 사람들의 핵심적인 집단의식에서 파생했다고 하고 지역적으로는 고왕국 시대에 '쿠쉬'라는 곳에서 진화했다고 하는데 이런 주장은 너무나 생경해 받아들일 수 없다. 그러니 판단을 유보할 수밖에 없겠다.

그러나 그 다음의 이야기는 받아들일 만한 것이라 주의를 기울여보자. 그가 보기에 현대 한국은 종교적으로 유교와 기독교가 지배하는 형세라고 한다. 이런 관찰은 매우 뛰어난 것이라고 할 수 있다. 한국은 현재 세계에서 가장 유교적인 국가인 동시에 아시아에서 기독교가 가장 왕성한 나라이기 때문이다. 한국인들은 종교를 불문하고 모두 유교적인 가치관을 갖고 살고 있다. 이는 내가 기회 있을 때 마다 주장하던 것이다. 이렇게 된 이유는 간단하다. 현대 한국은 유교를 국시로 삼은 조선을 이은 나라이기 때문이다. 그래서 조선의 사회 문화가 고스란히 한국에 전승되었다.

그런가 하면 한국에 있는 종교 중에는 기독교가 가장 강력한 힘을 갖고 있다고 할 수 있다. 어떤 근거로 이렇게 말할 수 있는 것일까? 근거는 아주 단순하다. 한국의 종교 인구 가운데 신구교를 합한 기독교도가 가장 많기 때문이다. 기독교는 이전에 가장 큰 종교였던 불교를 진즉에 추월했다. 그래서 현재 한국은 총인구 가운데 약 1/4이 기독교도인 나라가 되었다. 또 사회의 오피니언 리더 가운데에도 기독교도들이 압도적으로 많다. 그러니 종교 가운데에 기독교가 가장 힘이 강한 종교라고 할 수 있는 것이다.

사정이 이러하니 이 두 종교가 한국을 지배하고 있다고 본 벵슨의 판단은 적확하다고 할 수 있다. 그런데 벵슨이 파악하기로는 이 두 종교의 교조, 즉 예수와 공자가 전생에서 아주 긴밀한 관계를 가진 적이 있었다고 한다. 여기서부터 그의 주장은 도저히 검증할 수 없는 지경으로 나아가지만 호기심 충족 차원에서 이 두 사람 사이의 관계를 잠깐 보았으면 좋겠다.

벵슨에 따르면 예수는 전생에 BC 1340년 경 이집트의 파라오인 이크나톤(혹은 아케나톤)이었단다. 그런데 그때 그곳에 공자도 있었단다. 당시 공자는 신도시의 치안을 맡은 경찰총장 같은 지위에 있었다고 한다. 이것은 참으로 믿기 어려운 주장이지만 한편 재미있는 면도 있다. 여기에 나온 이크나톤은 세계 종교사에서 상당히 주목받는 인물이다. 그는 복잡한 다신교의 나라였던 이집트에서 느닷없이 태양신인 '아톤'을 숭배하는 일신교를 주창한 사람으로 이름이 높다. 종교발달사적으로 볼 때 당시의 이집트는 아직 일신교가 나올 정도로 성숙한 나라가 아닌데 갑자기 일신교 신앙이 나와 기이한 것이다. 그래서 그를 돌연변이라고 하는데 그가 죽자 당연히 이집트는 원래의 다신교 신앙으로 돌아간다. 그런데 이 이크나톤이 후에 예수로 환생한다니 아주 재미있는 가설이다. 왜냐하면 이 두 사람은 모두 (유)일신론을 주장했기 때문에 정신적으로 통하는 바가 있을 수 있기 때문이다.

그리고 공자가 경찰총장 같은 인물이었다는 설정도 재미있다. 잘 알려진 것처럼 공자는 세계 종교가 가운데 규범(예)을 가장 많이 강조한 사람이다. '예가 아니면 보지도, 듣지도, 말하지도, 움직이지도 말아라'와 같은 공자의 말이 그것을 대변해준다. 그런가 하면 경찰총장의 주된 업무도 시민들에게 질서를 지키게 하고 그것을 어긴 사람을 제어하는 것 아닌가? 두 인물이 모두 규범의 준수를 중요시 했다는 점에서 통하는 바가 있다. 그래서 벵슨이 이 두 사람을 같은 영혼으로 간주하는 것인지 모르겠다. 그러나 이것은 내가 조금 과도하게 이 두 영혼을 연결해 본 것이고 반론은 얼마든지 있을 수 있다.

그런데 더 재미있는 것은 이 두 영혼이 지금 한국에서 만났다는 것이다. 진짜 만났다는 것이 아니라 현대 한국이 전 세계에서 유일하게 유교와 기독교가 지배하는 사회가 되었다는 의미에서 그렇다는 것이다. 특히 한국은 전 세계의 기독교계가 주목하는 나라다. 앞으로 한국이 세계 기독교사에서 어떤 중요한 일을 할지 그 귀추가 궁금하기 때문이다. 한국이 전 아시아에서 유일하게 기독교가 번성하는 나라가 된 데에는 알 수 없는 모종의 (우주 의식이 부여하는) '섭리'가 있을 수 있겠다는 생각이다. 그렇지 않고서야 한국에서만 기독교가 융성하는 이 기이한 현상을 설명할 수 없다.

미국의 저명한 부흥 목사였던 빌리 그레이엄(1918~2018)은 한국에서 기독교가 치성한 것을 보고 '신이 한국을 준비시켜 영적으로 쇠퇴해가는 서방 교회에 선교사를 파송할 것'이라는 말을 했다고 한다. 벵슨은 한 걸음 더 나아가 그레이엄 목사는 전생에 예수의 제자였는데 앞으로 100년 안에 한국에 환생할 가능성이 있다고 주장했다. 그렇게 환생한 그레이엄은 아시아 전역을 복음화하고 그 힘을 가지고 더 나아가 미국의 기독교를 개혁할 것이라고 예시했다. 그러나 이것은 너무나 기독교 중심적인 사고이다. 아시아 국가 중에 아랍 국가들이 기독교를 받아들일 가능성은 전무하고 또 인도나 동남아시아도 결코 기독교화 되지 않을 것이기 때문이다. 이것은 명확한 사실인데 왜 벵슨은 이에 반하는 무리한 주장을 하는지 모르겠다.

한국 유명 인사들의 전생에 대해 지금부터는 재미삼아 벵슨이 제시한 유명 한국인들의 전생에 대해서 보자. 이것은 전혀 검증 안 되는, 아니 검증할 수 없는 것이라 그저 재미로 보았으면 한다. 그런데 벵슨의 이야기를 들어보면 고개가 끄덕거려지는 면도 있다. 이 책에서 벵슨은 한국의 많은 유명 인사들의 전생에 대해 언급하고 있는데 그 중에 재미있는 예 몇 개만 추려서 보자.

먼저 장보고를 보면, 그는 근대에 와서 일본 해군에서 최고의 영웅으로 손꼽히는 도고 헤이하치로[東郷 平八郎]로 환생했단다. 도고는 1905년 러일 전쟁 때 전 세계의 예상을 깨고 러시아의 발틱 함대를 패퇴시킨 영웅 중의 영웅이다. 그런데 장보고가 어떻게 해서 도고와 연결될까? 굳이 연결을 해보면 이런 추정이 가능하지 않을까 싶다. 잘 알려진 대로 장보고는 일본과 중국을 오가면서 많은 무역을 했으니 일본과 인연이 깊다고 할 수 있다.

장보고는 일본과 특수한 인연이 있었다. 장보고는 당시 일본에서 최고의 승려 가운데 한 사람으로 꼽히는 엔닌[圓仁]이 중국을 오갈 때 그에게 배편을 제공했다. 그뿐만이 아니라 엔닌은 장보고의 중재를 통해 당나라에서 유학 생활을 할 수 있었으니 장보고는 그에게 은인과 같은 사람이다. 엔닌은 장보고에게 감사한 나머지 일본에 돌아가서 그가 주석하던 교토의 연력사(延曆寺)에 그를 기리는 사당을 세우기도 했다. 이러한 인연이 있어 장보고가 일본에 환생했고 신라에 살 때와 마찬가지로 바다를 주름 잡는 해군 제독이 된 것일까? 이것은 모두 추정에 불과하지만 재미있다.

그 다음에 벵슨은 정치가들의 전생에 대해 이야기하고 있는데 그의 설명을 보면 이 사람들은 대부분 전생에 하던 짓을 되풀이하고 있는 것을 알수 있다. 벵슨의 주장을 요약하면 다음과 같다. 이런 사람들은 자신이 권력을 잡지 않아야 사람들이 편해진다는 것을 깨달아야 하는데 그들은 이 교훈을 학습 못해 매번 환생할 때마다 같은 잘못을 되풀이하고 있다고 한다. 이것도 흥미로운 해석이 아닐 수 없다. 이런 예를 들어보자. 벵슨에 따르면 대원군은 전생에 발해를 세운 대조영이었다고 하고 이성계는 이승만과 카르마적으로 강한 연관성이 있다고 한다. 대원군과 대조영은 어떻게 연결될까? 대조영에 대해서는 그가 새로운 나라를 세운 위대한 인물이라는 것밖에 모르니 더 이상 말할 여지가 없다. 하기야 대원군도 안동 김 씨의 폭압적인 세도정치를 넘어서 자기 아들을 왕으로 만들었으니 대단한 인물이라 아니할 수 없다. 그 다음으로 이승만과 이성계는 나라를 새로 열었다는 점에서 업보가 통하는 면이 있다고 하겠다. 그런데 이승만은 고집과 독선으로 유명한데 그게 사실이라면 이성계도 같은 성격을 갖고 있었을 것으로 추정할 수 있다. 하기야 그런 뚝심이 있어야 나라를 새로 세울 수 있는 것 아니겠는가?

재미있는 것은 전두환과 박정희의 전생이다. 전두환은 놀랍게도 고려 때 무신 정권을 확립한 최충헌이 환생한 사람이란다. 그리고 박정희는 이 무신 정권의 마지막 실권자였다가 암살당한 최의가 환생한 것이라고 한다. 최의가 최충헌의 증손자에 해당하니 아주 가까운 인척이라 할 수 있는데 이 두 사람은 권력에 대한 욕망도 닮아 있다. 재미있는 것은 전생에서는 박정희(최의)가 전두환(최충헌)의 자손이 되어 그를 따랐는데 이번 생에서는 전두환이 박정희를 따른 것이다. 박정희는 전두환을 아들처럼 아꼈다고 하는데 그래서 그랬는지 전두환은 박정희가 암살됐을 때 박정희의 살해범을 체포하고 반대파를 제거하는 데에 앞장선다. 그 결과 정권을 찬탈하는 데에도 성공한다.

이렇게 보면 박정희와 전두환은 같은 상황에 있다고 할 수 있다. 고려 때에 최충헌의 정권이 최의에게 갔듯이 이번에는 박정희의 정권이 전두환에게로 넘어갔기 때문이다. 게다가 이 두 사람은 모두 군인 출신이니 고려 때와 똑 같은 상황에 있는 것이다. 과거의 일이 유사한 패턴으로 반복된 것이다. 환생을 연구하는 사람들은 전하기를, 우리 인간은 환생하면서 똑같은 실수를 저지르는 경우가 많다고 한다. 그리고 그 실수를 계속해서 하는 한은 환생을 멈출 수 없다는 것이 그들의 주장이다. 그 다음으로는 김대중의 여러 전생에 대해 말하고 있는데 그다지 주목할 만한 것이 없어 언급하지 않겠다.

벵슨은 정주영의 전생에 대해서도 많은 관심을 표했는데 그에 따르면 정주영은 13세기에는 태국에서 부유한 쌀농사꾼으로 살았다고 한다. 이때의 카르마의 영향 때문에 정주영이 이번 생에 첫 번째 사업으로 쌀가게(싸전)를 시작한 것인지도 모르겠다. 그런가 하면 18세기에는 중국인으로 태어나 매우 부유한 광동 상인의 생을 살았다고 한다. 이때 그는 자신과 거래하던 영국 상인들을 금전적으로 도운 일이 있었다고 한다. 이 카르마로 인해 그가 아무 것도 없는 상태에서 조선소를 지으려고 했을 때 유일하게 돈을 빌려준 곳이 영국금융사였다고 한다. 벵슨은 이런 것이 바로 과거 카르마의 직접적인 결과라고 주장한다. 뿌린 대로 거둔다는 것이다.

이 외에도 많은 이야기가 있지만 김일성과 김정일에 대한 이야기로 끝을 내야겠다. 이 두 사람의 전생에 대해 말하기 전에, 벵슨은 자신은 범죄자들의 의식은 조사하지 않는다고 실토했다. 그 이유는 그들의 에너지가 너무나 불쾌해서 자신이 큰 피해를 볼 수 있기 때문이란다. 이것은 충분히 이해할 수 있다. 어떤 사람의 전생을 알려면 그 사람의 고유한 에너지 진동에 자신의 것을 맞추어야 하는데 그러는 과정에서 그 사람의 나쁜 기운이 틈입할 수 있기 때문이다. 따라서 김일성이나 김정일 같은 악질적인 인간의 전생은 보지 않는 것이 좋은데 이 두 사람은 수 천 만의 사람들의 삶에 영향을 주었기 때문에 부득이하게 그들의 전생을 검색해 보았다고 한다. 그런데 그 결과가 흥미롭다.

벵슨에 따르면 이 두 사람에게서는 어떠한 영적 에너지도 찾아볼 수 없었단다. 특히 김정일은 영적 무지와 어둠 속에만 있어서 영적인 빛이 어떤 영향도 미치지 못했다고 한다. 그는 오로지 무력과 두려움, 영적 무지를 이용해 권력을 장악했다고 한다. 이것은 오늘날 북한에 딱 맞는 묘사다. 이 김 씨 일가는 일찍이 인류사에 유례가 없는 공포 정치를 실시해 북한 사람들을 철저하게 통제했으니 말이다.

그렇다면 김일성은 어떨까? 벵슨에 따르면 김일성은 전생에 송나라와 금나라의 협공으로 만주 지역으로 쫓겨난 거란족의 비루한 폭군이었다고 한다. 또 다른 생에서는 타슈켄트에서 아주 교활한 폭군으로 살았다고 하는데 김정일은 그 시절에도 김일성의 아들로 태어나 규모가 큰 도적질이나 뇌물 착복, 권력 남용 등에 몰두했다고 한다. 이 자들은 전생에서도 계속해서 권력을 쟁취해 조직적으로 사람들을 괴롭힌 것이다. 이것은 그들의 자손인 김정은에게도 그대로 적용될 것이다. 극악한 폭정을 자행했다는 점에서 볼 때 김정은은 자신의 조부나 부친보다 더 하면 더 했지 결코 덜하지 않기 때문이다. 그런데 북한이 이렇게 된 데에는 남한 사람들이 카르마적으로 책임져야 할 부분이 있다는 것이 벵슨의 주장이다. 이 카르마를 갚으려면 남한 사람들이 북한 사람들을 포용해야 한다고 하는데 북한은 나라 전체가 정신병동 같은 곳이라 이런 자애스러운 손길을 기꺼이 받을지 모르겠다. 이 책에는 이 이외에도 다른 설명이 많지만 이해하기 곤란한 것들은 모두 생략했다. 예를 들어 한국인들의 전생 흐름에 대해 벵슨은 한국인들은 메소포타미아의 히타이트인들과 연결되어 있다고 주장하는데 이런 것들은 이해하기도 어렵고 그다지 중요하지 않은 것 같아 모두 생략했다.

마지막으로 그는 한국에 대해 갖는 이미지를 이렇게 정리했다. '한국은 앞으로 아시아에 매우 중요한 역할, 즉 **아시아와 서구** 세계 간에 긍정적인 영향을 미치는 **도덕적이며 문화적인 교량 역할**을 담당하게 되리라고 본다.' 그러면서 그는 한국은 앞으로의 세계에서 중심적인 역할을 할 것이라고 조심스럽게 예측하고 있다. 정말로 한국이 이렇게 됐으면 하는 바람과 함께 이 장을 마친다.

그 외에 시중에 떠도는 한국의 미래에 대한 예언들

지금까지 본 한국의 미래에 대한 예언들은 신뢰도가 어느 정도 있고 메시지가 확실한 것들이다. 이와는 달리 시중에는 신뢰하기 힘든 예언들이 많이 유포되어 있다. 이런 예언들은 너무나 작위적이고 허구적이라 믿을 수 없다. 그러나 그런 것을 믿는 사람들이 적지 않기에 정확한 정보를 주는 차원에서 이 예언들을 소개하고 그 부당함을 밝히고자 한다.

1. 한국의 비결 서적들이 전하는 한국의 미래

지금 한국 사회에는 꽤 많은 비결서들이 돌아다니고 있다. 그 중에서 인구(人口)에 가장 많이 회자(膾炙)되는 것을 들어보면 『정감록』, 『송하비결』, 『격암유록』, 『남사고비결』, 『북창비결』 등이 있다. 그 외에 비결서는 아니지만 비슷한 성격을 지닌 책인 『주역』이나 『정역』 등을 통해 한국의 미래를 점치는 경우도 있다. 주역 등을 가지고 한국의 미래를 점친 이 중에 가장 유명한 사람은 말할 것도 없이 탄허 스님일 것이다.

나는 이번 책에서 이런 비결서들을 전혀 검토하지 않았다. 이유는 간단하다. 신뢰도가 많이 떨어지기 때문이다. 이런 책들이 내리는 해석은 매우 자의적이어서 문제인데 그런 예는 얼마든지 들 수 있다. 그 한 예를 들어보면, 지구의 지축은 현재 23.5도 '삐뚤어져' 있는데 이것 때문에 앞으로 인류에게 대 재앙이 생길 것이라고 주장하는 책이나 예언가들이 많다. 그들에 따르면 이 대재앙 후에 지축이 바로 서고 유토피아적인 개벽시대가 온다고 하는데 이것은 너무나 막무가내 식의 해석이다. 차원이 다른 것을 서로 연결했기 때문이다. 지축이 바로 서는 것은 지질학, 즉 과학적인 현상인데 이것을 개벽시대의 도래라는 인문역사적인 차원과 연관시키는 것은 안 될 일이다. 이 두 관점은 차원이 다르기 때문이다. 유토피아적인 세계는 인간들이 노력해서 도래하게 하는 것이지 지구의 지리 환경이 바뀐다고 오는 것이 아니다.

또 다른 예를 들어보자. 탄허가 『주역』이나 『정역』을 가지고 해석하는 것 가운데 '일본은 손방(巽方)이라 하는데 이 손은 주역에서 입야(入也)라고 푼다. 여기서 入은 일본 영토의 침몰을 의미한다'라는 것이 있다.[21] 이 설명은 무언가 대단한 것이 있는 것 같은데 면밀히 따져보면 문제가 한둘이 아니다. 검증하기 어려운 것들이 너무 많다. 먼저 일본을 손방이라고 했는데 과연 무슨 근거로 그렇게 주장하는 것일까? 여기부터 자의적인 해석이 들어간다. 그들의 해석을 보면, 팔괘 가운데 손방은 동남쪽을 의미한다는데 그게 일본을 의미한단다. 이런 해석에는 문제가 너무 많다. 손방이 왜 동남쪽을 의미해야 하는지, 동남쪽은 왜 일본을 의미해야 하는지에 대한 객관적인 근거가 없기 때문이다. 그 다음은 더 하다. 이 손은 성정(性情) 상 입(入)을 의미한다고 한다. 그런데 손괘가 왜 '입'이라는 성질을 갖게 되는지에 대해 아무런 설명이 없다. 이런 설명에는 어떤 근거도 제시되지 않는다.

---

21) 장화수(1996), 『21세기 대사상—장화수 교수와 탄허 큰 스님의 미래 예언』 혜화출판사, p. 70.
    이와 비슷한 주장은 다음의 책에도 나온다.
    탄허(2012), 『탄허록—미래 사회의 주인공에게 남긴 100년을 내다본 지혜 모음』 한겨레출판사.

이것도 문제지만 이에 대한 탄허의 해석은 지나친 감이 있다. 밑도 끝도 없이 입야의 入을 일본 침몰을 의미한다고 해석했으니 말이다. 入이란 그저 '들어간다'라는 뜻인데 그게 어떻게 바다로 침몰한다는 것으로 비약되어 해석될 수 있을까? 이 세상에 '들어가는' 행위는 아주 많은데 왜 하필 바다로 침몰한다는 쪽으로 해석했느냐는 것이다. 너무도 자의적이고 단정적이다. 탄허의 해석은 아직 끝나지 않았다. 그는 거기서 한 걸음 더 나아가 일본 영토의 3분의 2가 바다로 가라앉는다고 했다. 그런데 도대체 어떤 근거로 3분의 2만이 가라앉는다고 하는 것일까? 이 문장에는 이렇게 해석할 만한 단서가 전혀 없다. 사실 일본이 침몰한다는 예언은 에드가 케이시 같은 저명한 신비가도 한 것이지만 믿을 만한 근거가 없다. 예언은 거기서 끝나지 않는다. 일본이 함몰하면 한국의 동해안도 일부가 바다로 가라앉는단다. 반면 서해의 대부분은 육지로 솟아올라 이것을 개간하는 데에 십 수 년이 걸린다고 한다. 이런 주장에 대해서는 여기서 분석하고 평을 하는 것 자체가 무색하다. 이런 따위의 예언은 정말로 터무니없기 때문이다.[22]

이런 것들은 모두 『주역』이나 『정역』의 이론을 음양오행설로 해석해서 나온 결론인데 이 오행설 역시 그 적용에 있어 매우 제한적이고 자의적이라는 것을 잊지 말아야 한다. 왜 제한적이라고 하는 것일까? 세계에 일어나는 사건은 매우 복잡하기 이를 데 없는데 이것을 오행이라는 다섯 가지 시

---

22) 이 이외에 탄허는 1980대 초반에 앞으로 30년 뒤쯤에 여자 임금이 나타나고 그 3~4년 뒤에 남북통일이 된다고 예언했다는 주장이 있다. 박근혜가 대통령이 되었을 때 이 예언이 적중했다고 다들 호들갑을 떨었지만 3~4년 뒤에 통일은커녕 그 여자 임금이 권좌에서 떨려 났으니 전혀 적중한 것이 아니다.

각에 국한해 사안이나 사물을 보기 때문이다. 이에 대한 예는 많다. 우리는 오행론에 따라 오행의 기운 상 북쪽은 수(水)이고 남쪽은 화(火)이며 동쪽은 목(木)이고 서쪽은 금(金)이라는 식으로 방위와 기운을 연결시키는데 이렇게 간주해야 할 근거가 어디 있는가? 왜 북에는 물의 기운이 있어야 하고 동에는 나무의 기운이 있어야 한다는 것인가? 이 해석은 너무나도 자의적이라 보편적인 근거가 없다.

탄허는 이 오행론을 『주역』의 이론과 섞어 더 이해할 수 없는 해석을 한다. 예를 들어 월남전에서 미국이 패배할 수밖에 없는 이유를 오행으로 푸는 것이 그것이다. 탄허의 설명에 따르면[23] 베트남은 이방(离方)인 남(南)쪽인데 이는 곧 화(火)의 기운을 대표한다. 반면 미국은 태방(兌方)이라 금(金)으로 풀 수 있단다. 그런데 베트남 전쟁에서 금의 기운을 가진 미국과 불의 기운을 가진 베트남이 싸웠으니 미국이 지는 것은 당연한 것 아니냐는 것이다. 쇠가 불에 들어가면 녹아버리듯이 쇠의 미국이 불의 베트남으로 들어갔으니 이길 수 없다는 것이다. 이 설명을 들으면 처음부터 모든 것이 작위적이라 별 설명할 필요를 느끼지 못한다. 베트남이 왜 이방이고 미국이 왜 태방이며 그것들은 각각 어떤 근거로 금의 기운과 불의 기운을 갖고 있다고 하는지에 대해 적절한 설명이 없다. 그저 예로부터 그렇게 말해왔기 때문에 그렇게 설명할 뿐이다.

이 오행론으로 사건을 설명하는 것이 매우 작위적이지만 어떤 때는 그

---

23) 브레이크뉴스 2018년 8월 21일 자. 이 내용은 원래 장화수 교수가 쓴 『대예언 대사상』(혜화출판사, 2018)에 있는 것이다.

해당 사건이 그럴 듯하게 설명되는 경우도 있다. 설명하다 보면 그런 일도 생길 수 있는 것이다. 그러나 앞에서 본 것처럼 맞지 않는 경우가 더 많다. 그런데 사람들은 이 맞지 않는 경우는 외면하고 무시한다. 그리고 맞는 부분만 보고 오행론의 해석이 정확하다고 생각한다. 이 베트남과 미국의 경우도 그렇다. 탄허는 두 나라 사이에 있었던 전쟁만 놓고 그럴 듯하게 해석했는데 전쟁 뒤에 어떤 일이 생기는가에 대해서는 전망을 내놓지 않았다. 만일 계속해서 미국이 쇠 기운을 갖고 있고 베트남이 불의 기운을 갖고 있다고 한다면 이 두 나라는 친하기 힘들 것이다. 두 기운이 상충(相衝)되기 때문이다. 그런데 실제로는 전쟁 뒤에 어떤 일이 일어났는가?

잘 알려진 것처럼 베트남 전 이후에 미국과 베트남은 수년 전에 전쟁을 한 나라들로는 보이지 않을 정도로 급속도로 다시 친해진다. 특히 1979년 베트남과 중국이 전쟁할 때 미국은 베트남을 지원했고 그 뒤에도 지금까지 돈독한 관계를 유지하고 있다. 왜 이런 일이 벌어졌을까? 양자의 이익이 부합되었기 때문이다. 미국의 입장에서는 중국을 견제하기 위해 베트남이 꼭 필요했고 베트남도 중국과 맞장을 뜨려면 미국의 도움이 절실했기 때문에 서로의 관계가 이렇게 좋아진 것이다. 적이 같기 때문에 친구가 된 것이다. 두 나라 사이에 벌어지는 관계는 이런 식으로 국제정치학적인 시각에서 해석해야 이해가 되지 『주역』이니 오행론이니 하는 형이상학적인 이론으로 푸는 것은 어불성설이라 하겠다.

이렇게 자의적인 해석이 많은 것은 다른 비결서의 경우에도 마찬가지라 이런 비결서에 대해서는 설명이 필요 없겠다. 그러나 그렇다고 해서 이 비결서들이 의미 없다는 것은 결코 아니다. 이 책들은 그 안에 들어있는 예언의 진위여부를 가리는 게 중요한 게 아니라 그 책을 통해 당시 사회를 이해할 수 있기 때문에 나름대로의 의미가 있다고 할 수 있다. 가령 비결서 가운데 대표 선수라 할 수 있는 『정감록』의 경우가 특히 그렇다. 이 책에 나온 여러 예언들은 그 본뜻을 알기가 어렵다. 또 해석하는 사람에 따라 해석이 다르기 때문에 종을 잡기 어렵다. 그러나 우리는 『정감록』을 통해 당시의 사회상을 이해할 수 있다.

『정감록』은 크게 보면, 당시 조선이 몇몇 가문에 의해서만 지배되자 이에 강한 불만을 가진 지식인들이 민중들과 함께 조선 정부에 대해 강한 반감을 표한 책이라 볼 수 있다. 그들은 이 책에서 '한강 이남 100 리에 닭 우는 소리와 개 짖는 소리가 끊어지고, 인적도 영영 사라질 것이다'라고 하면서 조선은 망해야 할 왕조라고 저주를 퍼부었다. 그리고 이런 재난이 생길 때 피해갈 십승지(十勝地)를 골라 알려주고 있는데 이는 조선의 선조 때 예언가로 유명한 남사고(南師古)의 생각을 이어 받은 것이다. 그 뒤에 여러 책에 이 십승지에 대한 설이 지속적으로 나오는데 책마다 조금씩 다르고 후대로 가면서 더 추가되는 등 그 확실한 설을 알기 힘들다. 따라서 이 십승지가 실제로 어디인가를 논하는 것은 별 의미가 없을 것이다. 그보다는 조선 후기에 민중들의 삶이 얼마나 피폐했으면 그런 폐해가 미치지 않는 이상향을 꿈꾸었을까 하는 사회학적인 해석이 더 유용할 것이다.

이 같은 이유로 이 비결서에 대한 설명을 마치려 하는데 이런 책의 속성을 잘 간파한 분이 있어 그의 주장을 소개하는 것으로 이 장을 끝내야겠다.[24] 이것은 비결서에 대해 전문적인 연구를 한 백승종 교수가 내린 결론이기 때문에 신빙성이 매우 높게 보인다. 이 다양한 비결서에는 여러 예언이 수록되어 있는데 이 예언들 가운데에는 서로 일치하지 않는 것이 꽤 있다. 그런데 신봉자들은 그런 것을 그리 문제 삼지 않는다. 백 교수에 따르면 비결서의 신봉자들은 비결서 간에 다른 정보가 있어도 그런 것을 괘념하지 않는단다. 예를 들어 보면, 어떤 비결서에는 섬에서 진인이 나와 조선을 붕괴시킨다고 하고 어떤 비결서에서는 북쪽 지방에서 온 장군이 조선을 망하게 한다고 기록되어 있다. 이것은 다른 이야기들이지만 비결서의 신봉자들은 그것을 문제 삼지 않고 오로지 자신들이 바라는 답인 조선의 멸망이라는 요소만을 선택해 자신의 설명을 이끈다고 한다. 생생함을 살리기 위해 백 교수의 말을 직접 들어보자.

> 비유하면 예언서란 온갖 색깔의 사탕이 섞인 사탕 봉지와 같다. 노랑 사탕을 먹고 싶은 사람은 그것이 손에 잡힐 때까지 몇 번이고 사탕을 골라낸다. 그것으로 그만이다. 중간에 파랑 사탕이나 빨강 사탕이 몇 개 나왔지만 그것은 그에게 아무 문제도 안 된다. 이것은 동서고금을 막론하고 예언서를 대하는 공통된 관점이다.[25]

이렇게 해석하기 때문에 비결서에 대한 해석은 '이현령 비현령' 식이 많

---

24) 백승종(2007), 『예언가 우리 역사를 말하다』, 2007.
25) "백승종의 정감록 산책"(34), 서울신문, 2005년 8월 31일 자.

다. 즉 '귀에 걸면 귀걸이, 코에 걸면 코걸이'식이라는 것이다. 객관적으로 접근하는 학문적인 엄격성이 없어 해석이 제멋대로 되는 것이다. 게다가 이런 책들은 후대로 내려오면서 변조되거나 조작되고 또 당사자의 필요에 따라 내용이 첨가되기도 한다. 그래서 원래 그 책이 의도했던 바가 왜곡되거나 흐려질 수 있다. 이런 이유 때문에 이런 종류의 비결서나 예언서를 믿을 수 없는 것이다. 이번 책에서 내가 이 비결서들을 정식으로 다루지 않은 것은 그 때문이다.

그럼에도 불구하고 이런 책들이 내린 여러 예언들을 보면 공유되는 부분이 있다. 즉 한국이 평화 통일되는 것은 물론이고 한국에서 진인이 나오고 세계의 중심국가가 된다는 것이다. 인류의 구원이 한국에서 시작된다는 예언도 많이 있었다. 이런 비결서들은 왜 한 결 같이 이런 예언을 내놓는 것일까? 이런 해석에 비판적인 사람들은 3등 국가였던 한국이 열등감 때문에 과도한 자민족중심주의에 빠져서 행하는 헛소리라고 주장할 수도 있을 것이다. 열등감이 너무 강해 그것을 보상하고자 자신을 마구 부풀렸다는 것이다. 반면 이 예언을 긍정적으로 해석하는 사람들은 이것은 한국이 궁극적으로 나아가야 할 방향을 제시한 것으로 이 예언을 이룰 수 있도록 한국인들이 총력을 기울여야 한다고 주장한다. 나는 여기서 이 두 주장 가운데 어떤 것이 맞는지에 대해서 말하고 싶지 않다. 단지 이 비결서들 역시 우리가 앞에서 보았던 내용, 즉 한국이 미래에 정신적으로 혹은 영적으로 세계를 이끈다는 예언을 하고 있는 것에 주목할 뿐이다.

2. 미국의 기독교 계통 예언자들이 말하는 한국의 미래

지난 2011년 벽두에 갑자기 인터넷에 미국계의 목사들이 한국의 미래에 대해 예언한 것들이 소개되기 시작했다.[26] 그 내용이 매우 희망적이라 당시 한국의 기독교인들은 그 예언에 매우 호의적인 태도를 보였다. 기독교인뿐만 아니라 일반 한국인들도 그 내용에 환호했다. 이런 예언을 한 사람들의 면모를 보면, 샨 볼츠(Shawn Bolz), 베니 힌(T. Benedictus Hinn), 하이디 베이커(Heidi Baker), 체안(Che An, 한글 이름은 안재호), 신디 제이콥스(Cindy Jacobs), 캐서린 브라운(Catherine Brown), 릭 조이너(Rick Joyner), 캣 커(Kat Kerr) 등이 그들이다. 이들의 예언은 내가 본론에서 다룬 예언가들이 전한 예언과 급수가 맞지 않는다. 신뢰도가 많이 떨어지기 때문이다. 그래서 나는 이들이 한 예언의 내용을 일일이 소개하지 않고 전체적인 뜻만 전할 것이다. 자세한 내용을 알고 싶은 독자는 인터넷에서 쉽게 찾을 수 있으니 그것을 검색하기 바란다.

이 예언들은 왜 신뢰도가 떨어진다고 하는 것일까? 우선 이 예언들을 믿어야 하지, 말아야 할지부터가 가늠이 잘 서지 않는다. 이 예언가들은 기독교 목회자답게 걸핏하면 하늘에서 무엇을 보았다고 하는데 그들이 본 것을 어떻게 믿을 수 있겠는가? 이것은 긍정적으로 보면 이른바 영적인 비전(vision)이지만 부정적으로 보면 환영(幻影, hallucination)에 불과하다고 할 수 있다. 그리고 그것이 비전이 되건 환영이 되건 개인의 심리 상태에 따라

---

26) 이 내용은 『Heaven Above Heavens』(World Government Jamigung, 2011)라는 책에도 소개되어 있다.

얼마든지 조작될 수 있다. 이러한 체험을 한 본인들은 자신이 본 것이 진실이라고 하겠지만 그것을 검증할 수 있는 방법이 없다는 의미에서 이러한 영적인 체험들은 믿을 수 없다.

이 예언들은 대다수가 이들이 한국에 와서 부흥회 같은 것을 할 때 전달한 것이다. 이 영상들은 유투브에서 어렵지 않게 찾을 수 있다. 그런데 이들의 정체를 조사해보면 미국에서 주류 기독교에 속해 있는 목회자들이 아니다. 미국의 주류 기독교라는 것은 남침례교나 장로교 같은 것인데 이들 목회자 가운데에는 주류에 속한 사람이 보이지 않는다. 심지어 이들 중에는 사기꾼으로 지탄받는 사람도 있다. 그럼에도 불구하고 이들의 예언을 소개하는 것은 그 내용이 앞에서 본 것들과 다르지 않아 신기하게 생각되었기 때문이다. 특히 이들이 한반도는 남한이 주도하는 평화 통일이 될 것이고 그 결과 한국은 앞으로 물질적 및 영적인 강국이 될 것이라고 예언한 것이 그렇다. 이들의 예언은 대체로 이렇게 진행된다.

其一:

"올 여름 천사의 방문을 받았습니다. 그 천사가 50년 동안 북한에서 일어난 일들을 얘기해 주며 북한에 많은 역사가 일어날 것이라고 했습니다. 이제 우리 세대에 휴전선이 사라질 것입니다."(샨 볼츠)

其二:

"한반도 위에 하나님의 천사들이 금 대접에서 금빛 액체를 쏟아

붓는 환상을 보았습니다. 하나님이 한국을 쓰실 것입니다."

"곧 북한이 해방될 것이며 자유가 올 것입니다. 또한 통일후 한국은 전 세계에서 가장 강력한 영적, 경제적 강국이 될 것입니다."(베니힌)

其三:

"하나님께서 말씀하시길…'내가 한국에 기름을 부어 줄 것이다. 내가 한국 사람을 쓸 것이다.'라고 하셨습니다."

"하나님께서 북한을 흔드실 것 입니다. 북한의 문이 열릴 것 입니다. 한국은 통일이 될 것이며. 엄청난 영적, 물질적 부강함을 하나님께서 한국에 쏟아 부어 주실 것입니다. 한국을 열방 중에 뛰어난 나라로 세우실 것입니다." (신디 제이콥스)

其四:

"하나님이 주신 환상을 통해, 나는 서울 위의 하늘이 열려지는 것을 보았습니다. 위를 바라보자 하나님의 보좌가 보였고 그 광경은 분명했으며 장엄했습니다. 하늘 높은 곳에서 두 천사가 서울 위 공중에 떠 있었는데, 한 천사는 나팔을 쥐고 있었고 다른 한 천사는 금빛 용액으로 가득 찬 사발을 들고 있었습니다. 첫 번째 천사가 나팔을 불기 시작하자 두 번째 천사도 그 사발을 남한의 수도에 쏟아 붓

고 있었습니다. 곧 그 물길이 전 세계로 퍼져 나가는 것을 보았습니다." (캐서린 브라운)

其五:

"북한에 놀라운 변화의 문들이 열리게 될 것이다. 두 개의 분단된 국가가 재연합하는 역사가 일어나게 될 것이고, 그때 한국은 영적인 면에서나 경제적인 면에서 지구상의 국가들 중 가장 강력한 국가들 중 하나가 될 것이다. 이것은 또한 동북아시아의 경제가 세계에서 두 번째로 강력한 지역이 되는 데 도움을 주게 될 것이며 경제적으로도 일본과 독일을 뛰어넘게 될 것이다. 또한 앞으로 올 혼돈의 때에 국가들을 안정시키는 역할을 할 것이다." (릭 조이너)

이상이 이들이 한국의 미래에 대해 내린 예언들이다. 이들의 주장은 중복되는 부분이 많아 이렇게 줄여보았는데 그들은 한 결 같이 한국에 신의 은사가 펼쳐진다고 주장했다. 그들은 이것을 '신이 한반도 위에 기름을 붓고 있다'라든가, 혹은 '천사가 서울의 상공에서 무언가 좋은 것을 붓고 있다'라 하는 식으로 표현했다. 그 결과 한국은 평화 통일이 되고 경제적으로 매우 강성한 나라가 되며 동시에 한국은 기독교가 번성하는 영적인 국가가 된다고 주장했다. 이들이 비전에서 무엇을 보았는지에 대해서는 상관하지 말자. 그것은 어차피 검증될 수 있는 것이 아니기 때문이다. 나는 이들의 주장을 별로 신임하지 않는다. 그러나 이들 역시 앞에서 본 다른 예언가들과 같은 주장을 하고 있는 것을 보면 한국의 미래에 엄청난 변화가 있을 수 있겠다는 생각이 든다. 이렇게 다양한 예언가들이 같은 예언을 하는 것은 결코 우연으로만 볼 수 없지 않겠는가? 한반도에 엄청나고 새로운 기운의 흐름이 간파되니까 일급의 예언가든, 저급의 예언가든 같은 주장을 하고 있는 것 아니겠냐는 것이다.

그런데 이 같은 기독교 계통의 예언가 가운데 재미있는 사람이 하나 더 있어 소개해보겠다. 이 사람은 선다 셀바라지(Sundar Selvaraj)라는 인도 부흥사로 한국에 와서 2018년 4월 25일에 행한 설교에서 다음과 같은 이야기를 하고 있다. 그 역시 부흥사답게 한국과 관련된 비전을 보았다고 하면서 그 비전에서 매우 강하고 힘센 용이 북쪽에서 휴전선을 따라 내려오고 있는 모습을 보았다고 주장했다. 이 용은 공산주의를 상징하는 나쁜 동물이다. 그런데 그는 이 비전을 보는 중 서울 위쪽에 있는 휴전선의 동부 전선이 뚫린 것을 발견했다고 주장했다. 셀바라지는 남쪽의 어떤 사람이 이 부분을 열어준 것 같다고 말하면서 그 틈으로 용이 머리를 박았다고 전했다. 지금은 머리만 들어와 있지만 나중에는 몸 전체가 들어오니 남한의 기독교도들이 일치단결해서 기도로 이 용을 막아내야 한다고 당부했다. 남진하는 공산주의의 힘을 막자는 것이다.

이것을 들은 한국의 기독교도들은 당시 문재인 정부가 지나치게 북한과 가까울 뿐만 아니라 군사적인 면에서도 너무 많이 양보한 것을 셀바라지가 지적한 것이라고 풀이했다. 그해(2018년) 9월에 남북은 군사 분야 합의서를 교환해 비무장지대(DMZ)의 비무장화, 서해 평화수역 조성, 군사당

국자회담 정례화 등을 약속했는데 이때 반대파들은 이것은 국방안보 포기 각서와 다름없다고 하면서 강하게 비판했다. 한국 기독교도들이 보기에 셀바라지의 비전은 당시 한국이 처한 모습을 정확히 보여준 것이었다.

그런데 이 셀바라지는 다른 기회에 상식에 어긋나는 이야기를 해서 그에 대한 신뢰도를 많이 떨어뜨렸다. 상황이 이렇게 되면 그의 언행에 대한 신뢰도도 낮아질 수밖에 없다. 그가 바이블의 문구를 해석한 것을 보면 도무지 신임할 수 없는 것들이 있다. 예를 들어 신약의 "요한 계시록" 13장에 적그리스도와 거짓 예언자에 대한 언급이 나오는데 그에 따르면 거짓 예언자가 바로 지금의 교황인 프란체스코 교황이라는 것이다. 그것도 예수가 직접 와서 자신에게 그런 말을 했다고 한다. 그의 해석에 따르면, 프란체스코 교황이 달라이라마 같은 세계적인 종교 지도자들을 모아 종교를 통일하려고 하는데 이런 것이 거짓 예언자의 모습이라는 것이다. 이것 말고도 그는 엉뚱한 이야기를 많이 늘어 놓고 있어 자신을 믿을 수 없는 사람으로 만들고 있다.

교황을 두고 거짓 예언자라고 치부하는 것은 그가 가톨릭에 대해 갖는 적개심의 표현일 뿐이다. 그런 발언은 기독교의 가르침에 충실한 사람이라면 결코 해서는 안 되는 것이다. 기독교는 타인에 대한 사랑과 용서를 주장하고 있는데 그의 발언은 미움과 적개심을 드러내고 있기 때문이다. 따라서 이처럼 기본적인 인성이 갖추어 있지 않은 사람이 하는 예언은 그대로 받아들여서는 안 된다. 그럼에도 불구하고 그의 예언을 소개한 것은 나름대로 재미있는 부분이 있었기 때문이다.

3. 자칭 외계인이 전하는 한국의 미래

마지막으로 다룰 주제는 시중에 떠도는 것으로, 외계인들이 전했다고 하는 한국의 미래다. 이 이야기는 하도 뜬금없어 다루지 않으려 했지만 워낙 인터넷 상에 많이 유포된 것이라 간단하게라도 다루는 것이 낫겠다는 생각이 들었다. 게다가 이 예언들은 잘못 알려진 부분도 있고 자의적으로 첨가된 부분도 있어 독자들에게 그 진상을 알려야겠다는 마음도 컸다. 그런가 하면 이 예언에서 나오는 결론 역시 지금까지 우리가 본 예언들과 다르지 않아 잠깐 소개하는 것은 무방할 것 같다.

아담스키가 한국의 미래를 예언?　처음에 볼 것은 일반적으로 조지 아담스키라는 사람이 말한 한국의 미래에 대한 예언이다. 아담스키는 1950년대에 외계에서 온 우주선(UFO)을 타고 금성을 위시해 태양계의 여러 행성들을 돌아다녔다고 주장한 사람이다. 이렇게 다녔으니 외계인과도 수많은 교류를 했는데 지금 UFO 연구학계에서는 그의 주장을 받아들이지 않는다.

그는 자신의 체험을 기록으로 남겼는데 국내에는 『UFO와 우주 법칙』(장성규 역, 고려원, 1991)이라는 제목으로 번역 출간됐다. 그런데 이 책을 보면 아담스키가 직접 한국의 미래에 대해 이야기한 것은 보이지 않는다. 따라서 아담스키가 한국의 미래를 예언했다는 것은 사실이 아니다. 대신 한국에 대한 예언은 역자가 쓴 서문에 나오고 있다.[27] 이 책의 역자는 한 신

---

27) pp. 24~27.

문 기사를 소개하면서 1958년에 한국의 어떤 천문학자가 금강산에서 화성인을 만나 금후 100년 뒤의 세계에 대한 예언을 들었다고 전하고 있다. 그러니까 앞에서 말한 것처럼 이 예언은 아담스키와는 아무 관계가 없고 역자가 다른 경로로 들은 것을 적은 것이라 할 수 있다. 여기에는 이보다 더 복잡한 이야기가 있지만 그것을 다 소개할 필요를 느끼지 않는다. 이 정도만 들어도 이 예언은 신뢰도가 제로에 가깝다는 것을 알 수 있지 않을까? 구체적으로 어떤 면에서 이 예언은 신뢰도가 영점(零點)일까?

　UFO 연구사를 보면 인간이 외계인을 만나 대화를 나누었다는 것은 외계인 피랍과 같은 검증할 수 없는 사건에서만 간혹 일어나는 일이지 보통의 조건에서는 거의 발견되지 않는다. 이 연구를 보면 대부분 사람들은 외계인들의 우주선을 목격했다고만 하지 외계인을 직접 만나 자유롭게 대화를 했다는 체험담은 거의 나오지 않는다. 설혹 그들이 외계인들과 대화를 했다 하더라도 우주선에 납치되어 그곳에서 대화하지 금강산 같은 지구의 특정 장소에서 대화하는 예는 없다. 그리고 대화를 할 때에도 텔레파시로 하지 지구의 언어로 하지 않는다고 알려져 있다. 게다가 화성에 무슨 외계인이 있다고 자신이 만난 외계인을 화성인으로 판단했는지 그것 역시 심히 의심 가는 대목이다. 그리고 외계인 피랍 사건의 경우에도 외계인들이 자신들이 어디서 왔다고 정확하게 밝히는 일은 그리 흔하지 않다. 이것이 일반적인 상황인데 이 이야기에서는 외계인 자신이 화성에서 왔다고 하니 신뢰도가 제로라는 것이다. 더 의심이 가는 것은 그 외계인이 한국의 미래를 예언했다는 것이다. 지금까지 내가 공부해본 바로는 외계인들은 지구 전체에 대해 관심을 갖지 한국 같은 특정한 국가의 미래에 대해서는 언급하지 않았다. 따라서 이런 여러 가지 정황상 이 이야기의 신뢰도가 제로라고 한 것이다.

그런데도 이 이야기를 소개하는 것은 이 예언에서도 다른 예언처럼 한국이 미래에 세계적인 모범 국가로 거듭날 것이라고 예언하고 있기 때문이다. 이 이외에도 이 예언에는 한국의 미래에 대해 구체적인 양상이 포함되어 있는데 자세한 설명은 피하고 싶다. 왜냐하면 이 예언은 믿을 수 없다고 해놓고 그것을 자세하게 인용하는 것은 앞뒤가 맞지 않는 일이기 때문이다. 사실 이 예언의 핵심은 간단하다. 그 결론만 보면, 미래에는 한국의 모든 면이 과학화되어 엄청난 물질적인 풍요를 이룰 뿐만 아니라 종교가 통일되는 종교 혁명이 일어나 한국이 세계의 중심국가가 된다는 것이다. 이 예언도 미래에 한국이 세계의 중심국가가 된다고 주장하고 있으니 그 점은 앞의 예언들과 같다.

일본 승려 기타노가 전했다는 한국의 미래는 날조된 것?　외계인의 예언과 관련해 마지막으로 다루려는 이 사건은 일본 승려와 관계된 것인데 이 역시 황당하기는 마찬가지다. 이것은 일본의 기타노라는 승려가 1975년 7월 22일 한 밤중에 4, 5명에 달하는 외계인들의 방문을 받고 그들로부터 인류의 미래에 대해 들은 사건이다. 이 이야기는 나운몽이라는 사람이 쓴 『동방의

한 나라』라는 책에 나오는데[28] 그 내용이 허무맹랑하기 짝이 없다.

　우선 나운몽이라는 사람에 대해 보면 그는 기독교 장로였는데 용문산에 기도원을 세우고 독특한 가르침을 폈다(그는 나중에 목사가 된다). 그러나 종래의 기독교 교리와 너무 다른 해석을 내놓아 교계로부터 이단 판정을 받게 되는데 2010년대에 들어와 감리교단에 편입되면서 이단 시비가 다소 진정되었다. 여기서 기독교에 대한 그의 독특한 주장을 소개하지 않겠지만 그 내용을 훑어보면 기존 교단의 입장에서는 이단으로 보일 소지가 많다. 그는, 한민족은 아담의 직접적인 후손이라고 하면서 매우 이스라엘적인 발언을 했는가 하면 반대로 단군 이래 한민족이 섬기던 한울님이 사실은 기독교인이 섬기는 하나님과 같은 것이라고 하면서 매우 한국적인 주장을 했다. 이런 것들이 분명 기존 기독교의 입장에서는 받아들일 수 없는 이단적인 것이지만 상당히 주체적으로 기독교를 받아들인 면모도 엿보인다.

　그런데 장로의 신분인 그가 느닷없이 자신의 저서에서 외계인에게서 전해들었다고 하는 일본 승려의 설을 소개하니 황망하기 짝이 없다. 그가 전한 이 이야기는 기독교와 불교와 외계지성체라는 세 개의 요소가 이상하게 섞여 만들어진 것이다. 그래서 이 이야기는 무엇이 진실이고 무엇이 거짓인지 모르게 뒤섞인, 신뢰도 제로의 허구라고 할 수 있다. 이것은 내가 일본인 제자와 같이 일본 내 사이트를 검색해서 내린 결론이다. 그 검색 결과는 다음과 같다.

---

28) 애향숙 출판부, 1979, pp. 588~591.

우선 기타노 게이호[北野惠寶, 1895?~ ?]라는 승려가 일본에 존재했고 그가 외계인과 만나 대화했다는 사건 같은 것이 있기는 했던 모양이다. 그러나 이것은 기타노 본인이 주장하는 것이지 다른 객관적인 증거는 없다. 그런가 하면 이 사람의 정체가 의심스럽다. 한국의 사이트에 돌아다니는 자료를 보면 이 사람을 일본 진언종의 대승정이라고 소개하고 있는데 이것은 전혀 사실이 아니다. 진언종은 정통파에 속하는데 이 사람은 이 교파와 아무 관계가 없다. 그는 일본의 정통 불교가 아니라 그 근원을 알 수 없는 신흥종교인 진언종 제파 연합 卍교단(眞言宗諸派連合卍教團)의 제2대 교주였다고 한다.

이 사람은 아마 허랑방탄(虛浪放誕)한 것을 좋아했던 모양이다. 하는 짓이 꼭 그렇다. 우선 그는 자신이 외계인과 수차례 만났다고 주장하면서 우주선이 착륙한 모습을 그림으로 그려 제시하기도 했다. 나도 이 그림을 보았는데 유치하기 짝이 없었다. 그저 큰 바위 위에다 우주선 모습을 한 비행체를 그려 놓았을 뿐이다. 그는 자신이 그때 외계인과 나눈 이야기를 원고지 19장에 우주어로 적었다고 주장했다.[29] 더 황당한 것은 이 외계인들의 소리를 녹음했다고 하는데 마침 유투브에 그 영상이 있어 내가 직접 들어보니 그저 옹알이에 불과했다.

한국에도 외계인에 미쳐 이상한 짓을 하는 사람들이 드물지 않게 있는데 기타노도 그런 사람 중에 한 사람으로 보인다. 그런데 문제는 그가 전한

---

29) 그가 그린 그림과 외계인과 나눈 이야기는 "UFO와 우주(UFOと宇宙)"라는 잡지에 실려 있는데 그 내용은 가타카나로 발음만 적어 놓았다.

메시지가 조작됐다는 것이다. 앞에서 인용한 나운몽의 책을 보면 외계인들이 자신들이 살고 있는 세계에 대해 소개하는 이야기가 나오는데 그것도 미심쩍기는 마찬가지다. 그 뿐만이 아니다. 외계인의 전언에 따르면, 앞으로 지구에 큰 변동이 있어 바다 밑이 돌출해 육지가 되고 섬이 물속으로 침몰하는 등 세계지도가 완전히 달라진단다. 이 비슷한 이야기는 앞에서 이미 언급했다. 이들 자타칭 신비가들은 지구의 대변동을 이런 식으로, 즉 육지가 가라앉고 바다가 융기하는 식으로 설명하는 것을 좋아하는 모양이다. 그런데 어떻든 여기까지는 일본 문헌에 나온다.

문제 그 다음이다. 나운몽의 책을 보면 외계인이 다음과 같이 말했다고 전하고 있다. 즉 이때 일본은 '하느님의 나라'인 조선을 괴롭힌 징벌로 전체 인구 가운데 20만 명밖에 살아남지 못한단다. 그에 비해 한국은 425만 명이나 되는 엄청난 인원이 살아남고 전 세계의 종주국이 되어 절대적인 핵심국가가 되고 성현 군자가 부지기수로 나와 세계를 지배한다고 한다. 이 부분이 문제다. 한국을 대단히 우호적으로 기술하고 있는 이 부분은 일본 측 문헌이나 인터넷에는 전혀 발견되지 않기 때문이다. 나와 내 제자가 같이 일본 측 자료를 찾아보았지만 그런 내용은 어디에도 없었다.

이렇게 보면 나운몽의 책에 나오는 이야기는 조작되었다는 것을 알 수 있다. 원본에는 있지 않은 것이 들어가 있으니 말이다. 하기야 한국에 관한 이 같은 내용을 일본인이 발설했다는 것은 상식에 반하는 것이다. 그렇지 않겠는가? 일본의 신흥종교 교주가 일본은 한국을 괴롭힌 대가로 쫄딱 망하고 한국이 앞으로 세계의 종주국이 된다고 말할 리가 없지 않겠는가? 아무리 외계인의 메시지라 해도 자신의 나라를 사정없이 내리깎는 주장을 그대로 옮길 리가 없지 않겠느냐는 것이다. 이것은 추측컨대 한국에서 누군가가 이 이야기를 자의적으로 집어넣어 그럴듯하게 만든 것일 것이다. 아마 한국인들은 기타노가 일본의 대승정이라고 하니까 대단한 사람인 줄 알고 그의 이야기를 옮겼을 것이고 그러다가 누군가에 의해 한국 관련 설명이 삽입되어 지금과 같은 모습이 된 것이리라.

일본 사정을 잘 모르는 한국인이 기타노의 발언을 각색한 것인데 이런 식으로 만들어 놓으면 여느 한국인들이 모두 사실로 생각할 것이라고 계산한 것 같다. 일본의 권위 있는 인사가 행한 발언처럼 해 놓았으니 말이다. 앞에서도 말했지만 원래 예언서라는 것이 다 이렇다. 후대로 내려오면서 그 예언서를 접한 사람들이 자신들의 이해에 따라 조작하고 왜곡한다는 것 말이다. 이런 일은 비일비재하게 일어난다. 그래서 이런 비의적인 내용을 다룰 때에는 더 조심해야 한다.

이제 한국의 미래에 대한 예언은 대강을 훑은 것 같다. 남은 과제는 한국인이 이 예언을 실현시킬 수 있는 잠재력이나 능력이 있는지 살펴보는 것이다. 예언은 그냥 거저 실현되는 것이 아니라 당사자의 부단한 노력이 있어야 성취될 수 있다. 이제 그 가능성에 대해 보자.

예언

III

종교사상가들이 예언한 한국의 미래와 사명

과연 한국인은 영적으로 높은 민족일까?

동 해

동해

우리는 지금까지 한국의 미래에 대해 영능력자들이 진단한 것을 보았다. 나는 원래 이들의 이야기만 소개하고 이 책을 끝내려 했는데 막상 그 시점에 다다르니 큰 의문이 드는 것을 막을 길이 없었다. 앞에서 본 것처럼 이들의 예언에 따르면 한국은 미래에 정신적으로 혹은 영적으로 매우 뛰어난 국가가 된다. 그런데 지금의 한국을 보면 과연 그런 일이 가능할까 하는 의문이 강하게 드는 것을 피할 길이 없었다. 한국 사회의 난맥상에 대해서는 앞에서 많이 거론했으니 재론할 필요 없겠다. 특히 정치권에서 자행되는 모습, 즉 편을 가르고 상대방을 사람 취급하지 않는 모습이나 어떤 짓을 하든지 내 편은 다 맞고 상대편은 다 그릇되었다고 하는 모습을 보면 과연 이런 사람들을 두고 영적으로 높은 민족이라고 할 수 있을까 하는 자괴감마저 들었다.

그런데 이 영능력자들이 말한 것은 한국인들의 현재 모습이 그렇다는 것이 아니라 한국인의 잠재 가능성이 그렇다는 것 아닐까 하는 생각이 스쳤다. 달리 말하면 이들은 한국인들이 앞으로 나아갈 방향을 제시한 것이라고 볼 수도 있다. 한국은 앞으로 영적인 국가가 되어야 할 소명을 가진 국가이기 때문에 한국인들은 자국을 그런 방향으로 발전시켜야 한다는 것이다. 물론 한국인들이 자기 나라를 그 방향으로 발전시키지 않을 수도 있다. 사람은 자유의지를 가졌기 때문에 본인들이 마음먹으면 얼마든지 다른 방향으로 갈 수 있다. 그러나 가장 좋은 것은 자신들이 지니고 있는 가능성을 발현시키는 것이다. 그런 작업을 통해 우리는 자아실현의 과업을 달성할 수 있기 때문이다.

한국인은 과연 영적으로 높거나 성품이 선한 사람들인가?

한국인이 영적인 사람이 되려면 '높은 영성'과 '선함'을 지녀야   위의 의견에 동의한다고 전제하고, 만일 한국이 이와 같은 나라가 되려한다면 생각컨대 적어도 두 가지 조건이 충족되어야 한다. 그 조건이 무엇일까? 한국인이 영적으로 높은 사람이거나 윤리적으로 선해야 한다는 것이 그것이다. 이 두 가지 조건을 갖추고 있어야 소태산 말마따나 한국이 세계를 정신적으로 이끌 수 있지, 영적으로나 윤리적으로 발달이 덜 된 민족은 다른 민족을 이끌 자격이 없다. 그런데 문제가 있다. 한국인들이 현재 도덕적으로 선한지 혹은 영성이 높은지를 판단할 기준이 없다는 것이다.

이것은 한 개인을 평가할 때에도 마찬가지다. 한 사람을 평가할 때 그 사람의 본성이 어떻다고 말하는 것은 매우 위험한 일이다. 다시 말해 어떤 사람을 평할 때 그의 본성이 선하다거나 영적으로 뛰어나다고 판단내리는 것은 위험하다는 것이다. 인간의 본성이 착하다고 주장한 사람 가운데 가장 유명한 사람은 맹자일 것이다. 한국인들은 그의 설을 긍정적으로 받아들이고 있지만 이에 대한 반론도 만만치 않다. 이유는 간단하다. 인간의 본성이 착하다는 것을 증명할 수 있는 방법이 없기 때문이다. 사람은 상황에 따라 얼마든지 착해질 수 있고 악해질 수 있다. 이런 까닭에 본성에 대해 이야기하는 것을 삼가는 것이 안전하다. 우리가 알 수 있는 것은 나타나는 모습뿐이다. 따라서 본성이 어떤지는 모른다. 같은 맥락에서 우리는 한국인들이 본성적으로 선한지 혹은 선하지 않은지, 또 영적으로 뛰어난지 혹은 뛰어나지 않는지는 알 수 없다. 그러면 우리는 무엇에 대해 말할 수 있을까? 우리는 다만 한국인들이 만들어낸 사회 문화를 통해서 현재의 모습이 어떤가에 대해서만 이야기할 수 있을 뿐이다. 그러면 한국인들의 현재 모습은 어떠한가?

한국인이 영적인 에너지가 충만한 것만큼은 사실이다! 이 시점에서 가장 먼저 시도하고 싶은 것은 한국인들이 영적으로 어떤 민족인지를 판단해보는 것이다. 한국인들이 영적으로 뛰어난 민족인지 아닌지와 같은 문제를 살펴보자는 것이다. 이 문제에 대해서는 비교적 판단내리기 쉽다. 우선 확실하게 말할 수 있는 것은 한국인들이 영성이 높은 민족인지 아닌지는 알 수 없다는 것이다. 그것을 판단할 만한 잣대가 없기 때문이다. 이에 대해서는 앞에서 충분히 이야기했다. 그러나 이 주제와 관련해서 확실하게 말할 수 있는 것은 한국인은 영적인 에너지가 대단히 강하다는 것이다. 이에 대해서는 앞에서 간헐적으로 언급했다. 특히 기독교에 대한 한국인들의 열정을 보면 그것을 알 수 있다고 했다. 영적인 에너지가 충만하지 않은 민족은 이런 일을 할 수 없을 게다.

현재 전 세계에서 기독교가 유일하게 불이 붙은 나라는 한국이 아닐까. 불이 붙어도 이렇게 단 기간에 활발하게 붙은 나라는 일찍이 없었을 것이다. 물론 지금 한국인들이 교회로 몰려가서 하는 행태는 그다지 긍정적이지 못하다. 그러나 현금의 사정이 어떻든 그들이 교회로 몰려간 것은 자신들 속에 들끓고 있는 영적 에너지를 주체하지 못했기 때문 아닐까 한다. 무엇인가 영적으로 위로 가고 싶은 마음, 혹은 무엇인가 초월하고 싶은 마음이 있어 자기도 모르게 교회로 간 것일 것이다. 더 큰 존재를 만나고 싶고, 만나면 그 존재에 안겨서 자기 이야기를 하고 싶고 또 그런 존재에게 자꾸 기도하고 싶어 하는 등등 한국인들은 더 크고 높은 것을 찾는 영적인 에너지가 충만해 이 같은 일을 하고 있는 것이다.

이런 욕망은 불교 같은 전통 종교 가지고는 충족되지 않았을 것이다. 불교는 너무 정적(靜的)이다. 화끈한 게 없다. 그저 불상에다 대고 비는 것만 있다. 아니면 참선한답시고 다리를 틀고 앉아야 하는데 이것은 정적 그 자체다. 한국인들은 이런 정적이나 조용함을 참지 못한다. 한국인들은 개신교의 부흥회에서 하는 것처럼 통성 기도를 하면서 마구 큰 소리로 떠들어대다 혀가 꼬여 방언이 터져야 직성이 풀린다. 그래야 속에 쌓인 그 엄청난 에너지가 폭발할 수 있다. 한국인들은 이렇게 이 에너지를 분출해야 사는 것 같은 느낌을 갖는 것 같다.

부흥회에서처럼 큰 소리로 떠드는 것은 일상생활에서는 거의 하지 않는 일이다. 이것은 그저 크게 떠드는 정도가 아니라 히스테리컬하게 울부짖고 마구 떼를 쓰는 것이다. 그런데 한국인들은 속에 엄청난 에너지가 '드글거리고' 있다고 했다. 그들에게는 그동안 이 에너지를 분출할 길이 없었는데 마침 기독교가 수입되자 그들이 갖고 있던 신기가 폭발하고 말았다. 그동안 유교 등과 같은 기존의 가르침에 의해 억눌려 있었던 에너지가 폭발한 것이다. 한국인들이 교회에 몰려가게 된 데에는 다른 이유도 있겠지만 가장 근본적인 요인은 한국인 내면에 가득한 영적인 에너지가 폭발한 때문이라고 할 수 있다.

한국인들이 요즘 교회에서 뿜어대는 영적인 에너지는 그다지 긍정적이지 않다고 했다. 방향이 없이 그냥 분출되고 있기 때문이다. 개인의 구복과 치유를 향해서만 이 에너지가 쏟아지고 있다. 그래서 사회를 변화시킬 수 있는 쪽으로 작용하지 않는다. 그런데 만일 이 에너지에 좋은 방향이 주어진다면 그 결과가 어떻게 될지는 아무도 모른다. 따라서 지금 한국인이 갖고 있는 이 같은 영적인 에너지가 바람직하지 않은 방향으로 가고 있는 것은 크게 걱정할 일이 아니다. 이 에너지의 향방은 언제든지 좋게 바꿀 수 있기 때문이다. 외려 걱정할 일은 이런 에너지가 없는 것이다. 이 에너지가 없으면 방향을 바꾸고 말고 할 일 자체가 없다. 아무것도 없는데 무슨 방향을 바꾸겠는가? 이렇게 보면 한국인들은 높은 영성을 지닐 수 있는 기본은 갖추었다고 할 수 있다. 영적인 에너지가 풍만하기 때문이다. 이 에너지를 고양시키기만 하면 한국인들은 영적으로 고매한 인간이 될 수 있을것이다.

사실은 한국인이 영성이 뛰어난 민족 같은데…　앞에서 필자는 한국인의 영성이 뛰어난지 어떤지 모른다고 했는데 그것은 학문을 하는 입장에서 객관적이고 조심스러운 태도를 취한 것이다. 그러나 이런 것들을 고려하지 않고 내 개인적인 생각을 말하라고 한다면 나는 한국인이 영성이 대단히 높은 민족이라고 생각한다. 그 유력한 증거로 여러 가지를 들 수 있지만 그 중에서 나는 한국인들이 근세에 매우 뛰어난 종교를 만들어냈다는 사실에 주목하고 싶다. 그런데 정작 한국인 본인들은 그 사실을 잘 모른다. 이 종교는 어떤 것을 말하는 것일까? 한국 신종교의 효시가 된 동학(천도교)과 동학을 계승해 일어난 '증산교', 그리고 한국형 불교인 원불교가 그것이다. 이 종교들 가운데 동학과 원불교를 중심으로 간단하게 보자.

우선 동학부터 보면, 동학을 창시한 수운은 우리 모두가 한울님을 마음속에 모시고 살고 있다고 주장했다. 이 한울님은 사람들이 내면에 지니고 있는 신성(혹은 신기)이라 할 수 있다. 한국인들은 신라와 고려, 그리고 조선조 동안 외세의 종교인 불교와 유교를 신봉하느라고 이 한울님의 존재를 잊고 지냈다. 그러다 수운 덕에 천 년 만에 자신의 내밀한 기운에 대해 눈 뜨게 된 것이다. 이것은 김범부 선생이 익히 주장하던 바이다.[30] 수운은 한국인들에게 이 기운과 통하는 법을 알려주었다. 주문 암송이나 검무 등이 그것인데 한국인들은 이를 통해 이 기운을 분출시킬 수 있었다. 당시 한국인들은 수운의 가르침에 힘입어 이 기운을 느끼면서 새로운 자아를 정립해 나아갔다.

이 같은 교리에 충실한 결과 동학(천도교)에서는 대단한 개혁 사상들이 쏟아져 나왔다. 이것은 앞에서 해월에 대해 논할 때 잠깐 보았다. 신분계급의 혁파는 기본이고 세계에서 어린이 운동을 처음 시작했으며 여성해방운동에서도 단연 선두에 섰던 것이 동학(천도교) 교단인데 이것은 모두 수운의 가르침 안에 단초가 있었기에 가능한 것이었다. 이에는 특히 한울님 사상이 큰 역할을 했다. 우리 인간은 내면에 한울님을 모시고 있다는 점에서

---

30) 김범부 저, 김정근 풀어씀(2013), 『김범부의 생각을 찾아서』, 한울

모두 평등하다는 정신은 앞에서 본 것처럼 한국 사회에 수많은 개혁을 가져 왔다. 그런데 안타까운 것은 한국인들이 이러한 정신을 계승하지 못했다는 점이다. 지금 한국 사회에는 동학이 천명했던 개혁 사상들이 그다지 영향력을 행사하지 못하고 있는데 그 잠재력마저 없어진 것은 아닐 것이다.

원불교도 마찬가지다. 내가 보는 관점에서 원불교는 전 세계에 있는 수많은 불교 교단 가운데 가장 합리적인 교단이라 할 수 있다. 독자들은 이런 말이 생경하게 들릴 수 있을 것이다. 세계에는 수많은 불교 교단이 있는데 어떻게 한국의 원불교가 가장 합리적인 교단이라고 할 수 있느냐고 하면서 말이다. 그러나 다음의 설명을 들어보면 독자들은 필자의 말에 수긍할 수 있을 것이다.

불교는 원래 아주 합리적인 종교다. 지금까지 있었던 세계 종교 가운데 가장 합리적인 종교라 할 수 있다. 그러나 시대를 내려오면서 다른 종교들이 다 그렇듯 불교도 원래의 불교가 무색하게 변해버린다. 불교의 합리적인 면은 많은 부분이 실종되고 비합리적인 것들이 덕지덕지 붙게 된다. 비합리적인 면이 있는 것은 어느 정도 용인할 수 있지만 심각한 문제는 그 비합리적인 것이 불교의 본령처럼 되어버렸다는 점이다(이것은 다른 종교도 마찬가지다). 그런 것 가운데 가장 비합리적인 것은 붓다를 상으로 만들어 소원을 비는 것이다. 그러니까 비유신론교였던 불교가 유신론교로 바뀌어버린 것이다. 이것, 즉 불상을 만드는 일은 원래 붓다가 강하게 금한 것이다. 잘 알려진 것처럼 붓다는 자신을 상으로 만들어 숭배하는 것을 일절 금했다. 우상 숭배가 되기 때문이다. 그런데 지금은 이게 불교의 본령처럼 되어 있다. 전 세계 어느 불교 교단을 보아도 불상을 법당 안에 모셔놓고 숭배하지 않는 교단은 없다. 붓다를 신으로 만든 것인데 이것은 불교를 창시한 붓다의 가르침을 거역하는 것이다. 그런데 한국의 소태산은 수천 년 동안 내려오던 이 비합리적인 요소를 일거에 날려버렸다. 불상을 치우고 그자리에 원(일원상)을 배치한 것이다. 그럼으로써 불교 원래의 합리적인 면을 살려냈고 그 결과 소태산은 붓다의 원래 뜻에 충실하게 된 것이다. 이런식으로 불교를 개혁한 예는 지금까지 다른 나라에서는 찾기 힘들다. 불교의 가장 큰 특징인 합리성이 한국의 원불교에서 다시 살아난 것이다.

원불교에서 원래의 불교가 지니고 있었던 합리적인 면이 되살아난 예는 더 있다. 원불교에는 '실지불공법'이라는 것이 있다. 이것은 예전처럼 무정물인 불상에 대고 돈을 써가면서 빌지 말고 실제의 대상에 대고 빌라는새로운 불공법이다. 여기에는 유명한 일화가 있다. 소태산은 어느 날 며느리가 하도 말을 안 들어 절에 불공을 드리러 가는 노부부를 만났다. 이 노부부는 불공을 드리면 며느리가 순해질까 해서 절에 가고 있었던 것이다. 이들에게 소태산은 불공을 드릴 대상은 불상이 아니라 며느리라고 하면서불공에 쓸 돈으로 며느리가 좋아할 만한 것을 사서 주라고 했다. 이 말을들은 노부부가 그렇게 몇 주를 하자 며느리가 마음을 돌렸다는 것으로 이이야기는 끝이 난다.

이 얼마나 이성적인 가르침인가? 불상이라는 무정물에 대고 빌어야 아무 효험이 없다는 것은 누구나 알 수 있는 일이다, 그런데 지금껏 그 일이잘못되었다고 말하는 사람이 없었다. 불교도들이 불상을 만들고 빌었던 데에는 여러 가지 이유가 있겠지만 다음의 이유가 가장 그럴 듯할 것이다. 가장 큰 이유는 신도들이 자신들의 복을 빌기 위해 붓다를 상으로 만든 데에서 찾을 수 있다. 그들은 빌 수 있는 대상이 필요했던 것이다. 그런가 하면 승려들도 이런 체제가 필요했을 것이다. 신도들로 하여금 불상 앞에서 불공을 드리라고 해야 돈이 들어오고 승려들의 사제권이 보장되기 때문이다. 승려들도 먹고 살기 위해 불공을 드리는 것이 관행이 된 것이다. 아울러 사제로서 인정받으면 신도들로부터 적절한 존경과 권위를 얻을 수 있으니 좋은 것이다.

그러나 이 불공드리는 것 역시 붓다의 가르침에 반하는 것이다. 무정물인 불상 앞에서 무엇을 해달라고 비는 것은 주술적인 행위인지라 붓다는 이런 행위를 용납하지 않았다. 그러나 전통 불교도 가운데 불상에다 대고 비는 불공법을 반대한 사람은 극히 드물다. 그러나 소태산은 앞에서 본 것처럼 실지불공법을 제시하면서 이번에도 이 미신적인 신행을 단번에 차버렸다. 그럼으로써 원래 불교의 가르침을 새롭게 쇄신했다. 원불교 교리에는 이런 것 외에도 이성적이고 합리적인 가르침이 쌔고 쌨는데 이 정도의 설명이면 충분하다는 생각이다.

이 자리는 한국 신종교를 설명하는 자리가 아니기 때문에 이 종교들의 가르침이 지닌 높은 면모를 다 밝힐 수 없다. 나는 한국의 신종교 운동을 다른 나라의 그것과 비교하기 위해 일본이나 중국 같은 이웃 나라들의 종교적 상황에 대해서도 주시해 보았다. 특히 민간에서 일어난 신종교 운동에 대해서 살펴보았는데 이들 나라에서 일어난 신종교 운동에서는 한국의 동학이나 원불교를 능가할 만한 종교들을 찾기 힘들었다. 이 의견이 국수적인 것으로 보일 수 있겠지만 어떻든 나는 그렇게 느꼈다.

중국의 경우를 보면, 중국은 지난 백 여 년 동안 큰 혼란에 빠져 있었고 급기야 통치 이념으로 사회주의를 채택하면서 종교 운동이 설자리가 없어졌다. 그러니 이런 국가에서 영성이 뛰어난 종교가 태동하는 일은 벌어질 만한 일이 아니다. 반면 일본의 경우를 보면, 일본은 자유민주주의 국가답게 매우 활발한 신종교 운동이 펼쳐졌는데 그들 가운데에 보편 종교의 수준에 다다른 것은 별로 눈에 띄지 않는다. 내 개인적인 판단으로 이런 수준에 올라간 종교는 일련종(日蓮宗) 계통의 입정교성회(立正佼成會)밖에 없다. 일반 독자들은 이 교단이 매우 생소하겠지만 일본에서는 신종교로서 창가학회에 이어 두 번째로 큰 교단이다. 신도도 600만 명이 넘으니 상당히 큰 종단인 것을 알 수 있다. 이 교단은 여러 가지 면에서 대단히 건실하고 합리적이기는 한데 그 교리에 획기적인 것은 발견되지 않는다. 앞에서 본 것처럼 인류 역사 최초로 어린이 운동을 가능하게 한 교리를 갖고 있다거나 불단에서 불상을 몰아낸 그런 창의적인 모습은 보이지 않는다는 것이다.

이런 맥락에서 나는 농담 반 진담 반으로 수운이나 해월, 소태산은 나라를 잘못 골라 태어났다고 말하기도 했다. 만일 이들이 제1세계에 태어났다면 지금 전 세계를 호령할 수 있는 대 교단을 만들었을 것이라는 것이 내 개인적인 생각이다. 현대 한국인들이 자신들의 조상들이 만들어낸 최고의 가르침을 외면하거나 관심이 없으니 이 땅에서는 이 엄청난 가르침이 제대로 기를 못 편 것이다. 그러나 독자들은 이 종교들의 가르침에 익숙하지 않아 내 주장에 동의하기 힘들지 모르겠다. 그렇지만 위에서 인용한 것만 보아도 이 한국의 신종교 창시자들이 영성이 매우 뛰어난 분들이고 그런 출중한 종교가들을 배출한 한국인들 역시 영성이 뛰어나다고 할 수 있지 않을까 하는 생각을 해본다. 하루 빨리 한국인들이 자신들이 갖고 있는 보물에 눈을 떴으면 하는 바람이다.

한국인들은 선한 사람인가 아닌가 영성은 그렇다 치고 그 다음 질문은 한국인의 성정에 관한 것이다. 즉 한국인들은 본성이 선한 사람인가 아닌가 하는 질문이 그것이다. 앞에서도 거론했지만 이 질문은 대단히 중요한 것이다. 왜냐하면 이 질문은 한국인들의 영성과 직결되는 것이기 때문이다. 선하다고 다 영성이 높은 것은 아니지만 영성이 높은 사람은 선하기 때문에 이 질문이 중요한 것이다.

세상에는 선한 사람들이 꽤 있다. 그러나 그렇다고 해서 그들의 영성이 모두 높다고 할 수는 없다. 마냥 착하지만 제 앞가림을 잘 하지 못하는 사람도 있기 때문이다. 이와 관련해서 제일 대표적인 예가 어린이일 것이다. 거의 대부분의 어린이들은 어쩔 수 없이 순진하고 착하다. 세상 물정을 잘 모르기 때문이다. 그러나 그렇다고 해서 그들이 영적으로 높은 인간이라고 말하지 않는다. 영적인 것과 선함은 다른 것이기 때문이다.

그런데 영적인 사람은 반드시 선하다. 여기에는 예외가 없다. 만일 어떤 사람이 악하다면 그것은 그가 영적으로 높지 않기 때문이라고 할 수 있다. 영적으로 뛰어난 사람은 다른 사람에게 해를 끼치는 것이 얼마나 나쁜 일인가를 잘 안다. 그래서 그런 사람은 악을 저지를 수가 없다. 일부러 나쁜 짓을 하지 않으려고 노력하는 것이 아니라 자연스럽게 나쁜 짓을 하지 않는다. 그래서 만일 어떤 사람이 선한 것으로 판명되면 그 사람은 일단 영적인 인간이 될 수 있는 기본적인 여건은 갖추었다고 할 수 있다. 이런 견해를 바탕으로 한국인이 선한지 혹은 그렇지 않은지를 검토해보자.

그런데 이 질문에는 문제가 있다고 했다. 과연 어떤 근거나 기준으로 한국인이 선한지 아닌지를 알 수 있느냐는 것이다. 이것은 쉽게 알 수 있는 것이 아니라고 했다. 앞서 말한 것처럼 우리가 알 수 있는 것은 보이는 것뿐이다. 그래서 우리는 이 보이는 것만을 가지고 말해야 한다. 보이는 것이 무엇일까? 바로 문화다. 한국인의 본성이 선한지 선하지 않는지는 알 수 없지만 그 사람들이 만들어낸 문화가 선한지 아닌지는 판단할 수 있을 것이다. 문화에도 여러 가지가 있지만 여기서 말하는 문화는 주로 사회 문화를 지칭한다. 우리는 한국인들의 본성은 알 수 없지만 그들이 어떤 사회 문화 속에서 살고 있는가는 알 수 있을 것이다.

이것이 무슨 말인지 이해가 잘 되지 않을 수 있으니 예를 들어보자. 가장 비근한 예는 남북한 사회를 비교하는 것이다. 남한 사회와 북한 사회는 같은 민족이 만든 사회임에도 불구하고 그 나타나는 모습이 왜 이렇게 큰 차이가 날까? 남한은 상대적으로 살기 좋은 사회를 만들어낸 데에 비해 북한은 세계에서 가장 살기 힘든 사회를 만들어내지 않았는가. 남한 사람과 북한 사람은 같은 민족이니 성향도 같을 것이다. 그런데 현실의 모습은 남북이 왜 이렇게 천양지차보다 더 크게 차이가 나는 것처럼 보일까? 이것은 남한은 그동안 좋은 사회 문화를 만들어내기 위해 노력한 반면 북한은 공산주의와 유교적 가부장제의 나쁜 점만 살려 나쁜 사회 문화를 만든 결과라 할 수 있다.

한국의 사회 문화는 어떤 모습일까 그 다음 질문은 이렇게 던질 수 있다. 남한의 사회 문화가 선하거나 좋다고 할 수 있을까 하는 것이다. 한국인들은 이 질문에 아마 그리 긍정적으로 답변하고 싶지 않을 게다. 한국 사회는 온갖 협잡과 거짓, 선동 등만이 난무하는 사회로 보이기 때문이다. 걸핏하면 데모하고 생떼를 부리며 모든 잘못을 남이나 다른 집단에 뒤집어씌우는 등 정말 살기 힘든 사회라고 생각할 것이다. 이 점에 대해서는 앞에서 충분히 밝혔다. 한국 사회에는 분명히 이런 점이 있다. 한국 사회를 이런 식으로만 이해하면 아주 나쁜 사회라고 생각할 수 있고 제 정신을 가진 사람이 살기 힘든 사회로 여길 수 있다. 힘센 자들의 폭력이 난무하는 사회처럼 보이는 것이다. 그래서 걸핏하면 사람들은 '이게 나라냐?'고 하면서 한껏 자기 나라를 경멸한다.

그런데 이상하게도 해외를 많이 다녀본 사람들의 의견은 다르다. 이들의 의견에 따르면 세계에는 사람이 안심하고 편안하게 살 수 있는 나라가 몇 안 된다고 한다. 그런데 그런 나라에는 한국이 포함된다고 한다. 이것은 한국인으로서는 참으로 믿기 힘든 것이다. 왜냐하면 한국은 제대로 돌아가는 게 하나도 없는 나라처럼 보이기 때문이다. 그러나 잠시만이라도 생각해보면 한국은 매우 안전한 나라라는 데에 동의할 수 있을 것 같다. 물론 북한이라는 지긋지긋한 변수를 제외하고 말이다. 남아메리카의 사정을 들어보면 그곳의 몇몇 나라에서는 일 년에 수만 명의 사람이 납치되어 살해당한다고 하지 않는가. 아프리카도 사정은 그리 좋아 보이지 않는다. 아랍세계는 이슬람교 때문에 답답하기 짝이 없고 특히 여성들이 편안하게 있기 힘들다. 인도는 잠재력은 대단하지만 가난과 불결을 어찌 할 수 없다. 동남아도 몇 나라 빼고는 살기 불편한 것은 마찬가지다. 중국은 통제가 너무 심하다. 특히 중국은 큰 도시에서 열차를 탈 때에는 말할 것도 없고 지하철 탈 때에도 노상 검색대를 통과해야 한다고 하니 고충이 이만저만이 아니다. 이렇게 보면 아시아에서 국민들이 일상에서 불안감을 느끼지 않고 살 수 있는 나라는 한국과 일본밖에 남지 않을 것 같다.

그런데 한국이 살기에 안전하고 편한 나라라는 증언은 해외 경험이 많은 한국인들에게서만 나오는 것이 아니다. 한국에 거주하는 외국인들에게서도 비슷한 이야기가 많이 나온다. 이들의 증언은 자기들이 살았던 모국과 비교하는 것이기 때문에 비교적 객관적이고 정확하다고 할 수 있다. 마침 현대는 유투브라는 매체가 발달해 개인들의 의견을 생생하게 들을 수 있다. 유투브 개인 방송에는 외국인들이 한국에 와서 좋게 느꼈던 것에 대해 말하는 방송이 꽤 많다. 그것을 모아 정리해보면, 그들이 한국에 살면서 좋았던 것 가운데 항상 수위를 차지하는 것은 한국은 살기에 안전한 나라라는 것이다. 특히 여성들이 밤에 마음 놓고 밖을 돌아다닐 수 있다는 것이 좋았다고 한다. 그런가 하면 도둑이 없는 것도 신기하단다. 처음에 이런 이야기를 들었을 때 나는 실감이 나지 않았다. '우리 사회가 안전하다니 이해가 안 된다. 여기 사는 우리는 매일 매일이 얼마나 힘든데'라고 하면서 말이다. 그런데 외국인들의 이야기를 직접 들어보니 그들의 말이 맞는다는 것을 곧 알 수 있었다.

한국이 살기에 얼마나 안전한가에 대해 그들이 말한 것을 정리해보니 다음과 같았다.

여성이 밤에 혼자 (미니스커트를 입고) 밖에 다닐 수 있다. 밤에 공원에 가도 전혀 위험하지 않다.

(스웨덴은) 우범 지대가 많아 그런 곳에서는 100미터 이상을 걸어 다니기 힘들다. 그래서 노인들은 외출을 자제한다.

밤에 아무 때나 무엇이 먹고 싶으면 슬리퍼를 신고 나가 편의점에서 음식을 살 수 있다.

카페에서 핸드백을 놓고 다녀도 아무도 훔쳐가지 않는다.

가게 밖에 물건을 쌓아 놓아도 아무도 훔쳐가지 않는다.

거리에 취한 사람들이 있어도 노래하고 소리만 지를 뿐 위해를 가하지는 않는다.

대강 이런 반응인데 이런 것을 당연하게 생각한 나로서는 이들의 반응이 매우 뜻밖이었다. 이런 것이 왜 신기하게 느껴지는지 이해가 안 되었던 것이다. 사람 사는 사회가 당연히 안전해야 정상이지 안전하지 않은 사회는 한 번도 생각해보지 못해 이들의 반응이 의외였던 것이다. 뜻밖인 것은 스웨덴이 안전하지 못하다는 것이었다. 위에는 인용하지 않았지만 어떤 스웨덴 젊은이는 자기 나라에는 우범 지역이 많아 강간이나 총기 사고 혹은 차를 불태우는 사건이 많이 일어난다고 증언했다. 그래서 100미터 이상을 가지 못한다고 한 모양인데 이것은 시내의 우범지대에만 해당되는 것일 것이다. 그러나 서울에는 이렇게 우범지대라고 할 만한 곳이 거의 없다. 서울의 거리에서 강간이 일어나고 총을 쏘며 차를 불태운다는 소식은 들어본 적이 없지 않은가.

또 신기한 것은 외국인들이 한국에 도둑이 없다고 증언한 것이다. 카페에서 핸드백을 놓고 다녀도 아무도 안 가져간단다. 예를 들어 어떤 사람이 자리를 점유하기 위해 의자에 핸드백을 놓고 주문을 하러 갔을 때 그 백을 어느 누구도 가져가지 않는 것이 신기하다는 것이다. 또 가게 밖에다 물건들을 진열해 놓고 팔아도 아무도 그것을 훔쳐가지 않는단다. 어떤 가게를 보면 손님들의 눈을 끌기 위해 물건을 가게 밖에 진열하는 경우가 있다. 이럴 때 안에 있는 주인은 이 물건들을 볼 수 없는 경우가 많다. 그래서 그것들을 가져가도 주인은 전혀 모른다. 외국인이 지적하는 것이 바로 이것이다. 이 물건들을 훔쳐 가도 아무도 모르는데 그것을 가져가는 한국인이 없는 게 신기하다는 것이다. 이 말을 들은 한국인들은 그건 당연한 일인데 왜 신기해하는지 그게 외려 신기하다고 답한다.

게다가 지하철에 소매치기나 도둑들이 없는 것도 신기하단다. 어떤 유럽 친구는 자기 친구 하나가 지하철에서 전화기를 들고 잠이 들었는데 깨보니 전화기가 없어졌단다. 그런데 한국 지하철에서는 몰카 범죄는 빈번하게 일어나고 있지만 물건을 강탈당했다는 이야기는 듣지 못했다. 한국도 1980년대 이전까지는 사람 많은 곳에 소매치기, 일명 '쓰리'가 창궐했다. 나도 당해본 적이 서너 번 있다. 그런데 지금은 소매치기 당했다는 말을 들어본 적이 없다. 자연스럽게 소멸된 모양이다. 이것은 아마 한국이 경제적으로 부유해지면서 생긴 현상 같다. 그러나 이것은 꼭 경제적인 면만으로 설명되는 것은 아닌 것 같다. 유럽의 많은 부유한 나라들이 여전히 소매치기 유의 범죄 때문에 곤란을 겪고 있기 때문이다. 예를 들어 이탈리아나 프랑스처럼 잘 사는 나라에는 소매치기가 없을 것 같은데 진실은 정반대라고 하지 않은가? 로마나 파리로 여행가는 사람들은 소매치기를 조심하라는 강한 충고를 받으니 그 사정을 알 수 있다.

이렇게 보면 한국 사회가 흡사 천당처럼 비춰질 수 있는데 이것은 한국인의 일상생활이 그렇다는 것이지 사회 체제가 그렇다는 것은 아니다. 사회 체제에 관한 한 구미의 국가들이 더 발전된 체제를 갖고 있는 것 같다. 특히 한국은 인권을 보호하는 체제가 아직 제대로 확립되어 있지 않다. 예를 들어 성소수자에 대한 배려라든가 다양한 사회적 약자들을 위한 지원 시스템은 분명 서구가 더 발달되어 있다. 한국은 지금 그런 시스템을 만들어나가는 노정에 있다고 하겠다.

그러나 위에서 본 것처럼 한국인들은 분명 선한 사회문화를 만들어냈고 그 문화 속에 살고 있다. 이에 동의한다면 한국인들은 영적인 고양을 꾀할 수 있는 기본 조건을 갖춘 셈이다. 영적인 사람은 선해야 하기 때문이다. 이 시점에서 우리는 이런 의문을 갖게 된다. 한국인들은 어떻게 해서 선한 문화를 만들어낼 수 있었을까 하는 의문 말이다. 이를 알려면 과거의 역사와 문화를 검토해야 한다. 특히 조선 사람들이 어떤 가치관을 갖고 살았는지 살펴보아야 할 것이다.

한국의 선한 사회 문화는 어디서 비롯되었을까? - 그 몇 가지 설명

인간성의 선함을 강조한 조선 - 철학적 배경은? 우리는 앞에서 현대 한국인들이 갖고 있는 사회 문화의 뿌리는 조선에 있을 것이라고 했다. 그렇다면 현대 한국의 선한 사회 문화도 그 뿌리를 조선에서 찾아야 할 것이다. 조선의 어떤 면이 선한 사회 문화를 배태하게 했을까? 이것은 가치관과 관계되는 것으로 이 가치관의 형성에 가장 많은 영향을 주는 것은 주지하다시피 그 사회가 신봉하는 종교 혹은 이념이다. 따라서 조선의 사회 문화를 알기 위해서는 당시 사람들이 지니고 살았던 이념을 살펴보아야 한다.

조선의 통치 이념이 성리학이라는 것은 너무나도 잘 알려진 사실이다. 조선 정부는 이 성리학을 국민들에게 습윤(濕潤)시키기 위해 전 시간을 투여했다. 그 결과 조선은 세계에서 가장 성리학적인 국가가 된다. 사람들은 조선이 성리학적 국가가 되었다는 것의 의미를 충분히 아는 것 같지 않다. 성리학적인 세계관을 받아들인다는 것은 사람들이 이 세계관을 통해 세상을 바라본다는 것인데 이는 대단히 거창한 주제라 다 다룰 수 없을 뿐만 아니라 그럴 필요도 없다. 여기서는 한 사회가 성리학적인 세계관을 받아들일 때 그 사회에 살고 있는 사람들이 인간의 본성에 대해 어떤 생각을 갖게 되는지에 대해서만 보기로 하자.

성리학은 주자가 유학과 관련해서 이전에 행해졌던 연구들을 종합해 집대성한 것이라 할 수 있다. 나는 성리학의 어려운 철리에 대해 말하려는 것이 아니라 주자가 한 일에 대해서만 초점을 맞추고 싶다. 이 책은 성리학의 철학 이론을 탐구하는 책이 아니니 이 주제는 다루지 않을 것이다. 대신 중국유학사 전체에서 주자가 어떤 점에서 독특한가에 대해서만 보기로 하겠다.

중국 유학사에서 주자는 여러 가지 족적을 남기는데 그 중에 가장 독특한 것은 공자의 도통 라인을 맹자로 맞추었다는 것이다. 이게 무슨 말일까? 간단하다. 주자는 맹자를 공자의 진정한 후계자로 보았다는 것이다. 공자가 죽은 뒤에 많은 사람들이 자기 이론을 이야기했다. 그 가운데 대표적인 사람이 맹자와 순자였다. 이런 상황에서 후대의 사람들은 공자의 제자 가운데 누구를 공자의 진정한 후계자로 삼을지를 선택해야만 했다. 누구의 해석이 공자의 사상을 제대로 이어받았다고 인정해야할지를 결정해야 한다는 것이다. 이것은 대단히 중요한 것이다. 후계자를 누구로 삼는가에 따라 그 뒤에 일어나는 철학 이론의 전개가 결정되기 때문이다. 이때 주자는 순자가 아니라 맹자를 공자의 진정한 후계자로 선택했다. 이것은 주자가 공자의 사상을 맹자의 시각에서 보기로 결정했다는 것을 의미한다. 이러한 결정이 주자의 철학이 형성되는 데에 어떠한 영향을 미쳤는가는 곧 보게 될 것이다. 우리는 지금 유교를 '공맹 사상'이라고 부르고 있는데 이것은 주자가 앞에서 본 것처럼 맹자를 공자의 후계자로 삼았기 때문이다. 만일 당시에 순자가 공자의 진정한 계승자로 뽑히고 그것이 관학이 되었다면 지금 우리는 유교를 '공맹 사상'이 아니라 '공순 사상'이라고 부르고 있을 것이다.

이런 일을 한 다음 주자는 가장 중요한 네 경전을 선정해 사서(四書)라고 칭하기 시작했다. 유교의 사서는 잘 알려진 대로 『논어』, 『맹자』, 『대학』, 『중용』이다. 사람들은 이 사서가 아주 오래 전부터 유교의 대표 경전이었을 것으로 생각하는데 그것은 사실이 아니다. 이 사서는 주자가 자신의 철학을 뒷받침하기 위해 인위적으로 만든 것으로 그 역사가 얼마 되지 않았다. 이 사서는 주자가 재세하고 있던 12세기에 구성된 것이니 공자의 시기와 비교해보면 그 시기가 얼마 되지 않은 것을 알 수 있다.

이 사서 가운데 『대학』이나 『중용』은 삼경 가운데 하나인 『예기』의 한 장을 각각 뽑은 것이기 때문에 경전이라고 하기 힘들다(사실 여기서 주자는 큰 무리를 했다!). 그런데 여기서 주목해야 할 것은 『맹자』가 『논어』에 버금가는 경전이 되었다는 것이다. 물론 그 이전에도 『맹자』라는 책이 있었지만 이 정도의 권위를 누리지는 못했다. 예를 들어 당(唐)의 영향으로 형성된 신라 시대의 과거제도인 독서삼품과의 시험 과목을 보자. 여기에는 『논어』나 『효경』 등은 당연히 있었지만 『맹자』는 포함되지 않았다. 왜 이런 일이 생겼을까? 그것은 당시에 맹자가 그리 높이 평가되지 않아 그의 언행을 기록한 『맹자』가 인기가 그다지 많지 않았던 때문일 것이다.[31] 이런 사실을 통해 우리는 당시에는 맹자가 아직 성인의 반열에 이르지 못했다는 것을 알 수 있다.

주자 이후에 맹자는 유학의 핵심 사상가가 되었기 때문에 그의 논설은 후대에 엄청난 영향을 미치게 된다. 그런데 맹자를 생각하면 무엇이 떠오를까? 성선설, 즉 인간의 본성은 선하다는 설이 그것이다. 성선설은 맹자의 등록상표 같은 것이다. 성선설이 함축하고 있는 의미는 무엇일까? 그것은 인간 본성에 대한 무한한 긍정을 말한다. 사람을 착하게 보고 그런 사람들이 만든 사회도 착하게 보는 것이다. 맹자에 따르면 우리 인간은 남이 불행하면 그것을 그대로 보아 넘기지 않는 불인지심(不忍之心)을 갖고 있단다. 이것이 바로 어진[仁] 마음인데 맹자는 사람의 본성 자체가 어질다고 믿었다. 한국인들은 이러한 인간관에 익숙해 여기에 별 의문을 갖지 않는다. 그러나 이러한 인간관은 여러 가지 인간관 가운데 하나일 뿐이다. 얼마든지 다른 견해가 있을 수 있다. 사실 이것은 맹자의 동학이었던 순자의 성악설과 완전히 배치되는 설이다. 이 두 사람은 같은 스승을 모셨지만 인간의 본성에 대해서는 반대되는 견해를 표출했다. 잘 알려진 대로 순자는 인간의 본성은 악하기 때문에 법과 예로 순화시켜야 한다고 주장했다.

또 맹자의 인간관은 기독교와도 다르다. 달라도 너무 다르다. 주지하다

---

31) 『맹자』는 당 나라 때에는 금기시 되던 책이었다고 한다. 그 이유는 맹자가 왕을 교체할 수 있다는 역성혁명을 주장했기 때문이다. 황제가 자신의 권위를 도전하는 이 같은 역성혁명을 주장한 책을 좋아할 리가 없지 않겠는가?

시피 기독교는 인간을 죄인으로 보고 있지만 맹자의 인간관에는 '죄'라는 개념이 존재하지 않는다. 인간의 속성을 죄인으로 보았기 때문에 기독교는 유교와는 완전히 다른 교리 전개를 보인다. 예를 들어 기독교 교리에는 구원, 용서 혹은 대속(代贖) 같은 개념들이 매우 중요한 위치를 차지하지만 맹자의 유학에는 이런 개념이 전혀 보이지 않는다. 이것은 두 가르침이 인간의 본성에 관해 완전히 다른 개념을 갖고 있기 때문에 발생한 일이다.

여기서 우리는 어떤 인간관이 맞는가에 대해서 논하려는 것이 아니다. 우리가 보고자 하는 것은 일정한 인간관을 가진 이념이 사회의 기본 사조가 되었을 때 그 사회에 어떤 현상이 생기는가에 대한 것이다. 잘 알려진 대로 조선은 맹자의 설을 바탕으로 만들어진 성리학을 사회의 주 통치 이념으로 삼았다. 앞에서 본 것처럼 맹자는 사람을 선하게 보았다. 따라서 그의 철학을 따른 조선 사람들 역시 사람을 선한 존재로 보고 그 선한 심정이 드러날 수 있도록 많은 사회적인 메커니즘을 만들었다. 조선 전기에 『삼강행실도』 같은 책을 만들어 전국에 배포한 것이 그 대표적인 사례라 하겠다. 이런 책을 통해 사람들은 자신들이 갖고 있는 선한 생각을 키워야겠다는 결심을 했을 것이다. 이외에도 이런 사례들이 매우 많은데 그것들을 다 볼 필요는 없고 조선 후기에 나타난 것 가운데 대표적인 것 몇 개만 추려 보자.

사람의 착한 마음을 더 살핀 조선의 문화 - 문자도의 경우 　조선 사람들은 이념적으로 인간은 선하다고 교육받았기 때문에 그 착한 심성을 발현할 수

문자도

있는 방법을 많이 계발했다. 그 가운데 가장 눈에 띄는 것은 이른바 문자도 (文字圖)라 불리는 것이다. 이 문자도에는 여러 종류가 있지만 "효제충신 예 의염치"라는 여덟 글자로 구성되어 있는 문자도가 가장 유명하다. 이렇게 여덟 글자를 써서 그것을 가지고 병풍을 만드는데 각 글자에는 그것과 관 계된 그림들이 장식되어 있다. 조선의 가정에서는 이 문자도 병풍을 방에 비치해 놓았으니 자식들은 매일 자연스럽게 이 문자들을 접할 수 있었을 것이다.

이 문자도는 한국인들에게는 매우 친숙한 것이다. 왜냐하면 효와 충, 예 의, 염치는 과거의 한국인들이 어렸을 때부터 귀에 못이 박이도록 들어온 덕목이기 때문이다(그러나 안타깝게도 지금은 그렇지 않다). 이 덕목은 말할 것도 없이 유교에서 가장 중시되는 것이다. 그런 까닭으로 생각되는데 한국인들은 이 같은 문자도를 통해 정신 교육 혹은 심성 순화 교육이 이루어지는 것을 당연하게 생각했다. 유교 문화권에서는 이런 교육이 이루어지는 것을 당연하게 생각한다는 것이다. 그런데 놀랍게도 이 같은 유교의 높은 덕목 교육이 민간 차원에서 심도 있게 이루어진 나라는 조선밖에 없었던 것 같다. 상식적으로 생각해보면 중국이나 일본도 같은 유교 문화권에 속해 있으니 당연히 이런 식의 유교 교육이 있을 것이라 예상할 수 있는데 현실은 그렇지 않은 것 같다.

특히 중국은 유교의 종주국이니 당연히 문자도 등을 통한 유교 교육이 이루어졌을 것이라고 생각하기 쉽다. 그런데 중국에서 가장 많이 유행한 문자도는 장수를 뜻하는 '수(壽)'나 재물의 획득을 뜻하는 '부(富)'라고 한다. 이것은 인간이 본능적으로 가장 원하는 것을 나타낸 문자들이다. 물론 한국에도 장수와 부귀를 나타내는 문자도가 있기는 하다. 그러나 가장 많이 유행한 문자도는 앞에서 본 대로다. 그런가 하면 일본은 아예 문자도가 없고 그에 필적할 만한 것을 찾는다면 '나무아미타불'을 한자로 쓴 족자 정도다. 이것은 그들이 불교를 매우 신실하게 믿었다는 것을 의미한다. 일본인들은 조선처럼 유교를 전면적으로 받아들이지 않았기 때문에 유교 덕목을 교육하는 데에 전력을 기울인 것 같지 않다.

한국인들이 문자도를 통해 인본주의적인 교육을 행했다는 것을 알게 해주는 증거 자료는 또 있다. 지금도 한국의 시골 마을에 가면 그 어귀에 '효제충신'이라고 쓰여 있는 돌을 어렵지 않게 발견할 수 있다. 이러한 전통이 남아 있는 것은 과거에 이 같은 덕목을 집중적으로 교육했기 때문일 것이다. 그런데 한국인들은 이런 모습을 신기하게 생각하지 않는다. 워낙 이런 모습을 많이 보았기 때문이다. 그러나 내가 그동안 답사 다녀 본 일본과 중국에는 그 어떤 마을에도 '효제충신'이라는 유교의 핵심 덕목을 돌에 새겨 놓은 곳을 본 적이 없는 것 같다. '없는 것 같다'고 표현한 것은 그 나라들의 마을들을 다 본 것은 아니기 때문에 불가피한 일이었다.

선한 이야기를 좋아한 조선 사람들   조선은 이처럼 인간의 선한 마음이 드러날 수 있있는 교육을 간절하게 실시했다. 그 영향으로 생각되는데 조선 사람들은 다른 어떤 이야기보다 인간의 선한 심성을 묘사하는 설화를 좋아했다. 이것을 조선 후기에 한정해서 보면, 당시 조선 사람들은 어떤 이야기를 가장 좋아했을까? 그들이 가장 많이 들었던 이야기는 노래(소리) 형태로 전달되었던 춘향전, 심청전, 흥부전 등이었을 것이다. 이 세 이야기는 한국인들이 가장 즐겨들었던 음악인 판소리 가운데 가장 유명한 곡이다. 이 이야기들은 현대 한국인들도 좋아한다. 그래서 춘향전 같은 이야기는 시대를 달리 하면서 여러 차례 영화로 만들어지곤 했다. 한국인들은 내용을 다 알면서도 이런 이야기를 들을 때는 항상 환호작약했다.

그런데 이 이야기들의 기본 내용이 무엇인가? 인간의 가장 기본 되는 심정, 즉 한 사람에게만 사랑을 바치는 순정, 아버지를 구하기 위해 자기를 희생하는 효심, 형제의 우애를 결코 저버리지 않는 충심 등이 그것으로 이것은 모두 인간의 선한 마음을 근간으로 하고 있다. 그리고 이 이야기의 결

말은 반드시 그런 선한 심성이 승리하는 것으로 되어 있어 마지막에는 모두가 행복해지는 것으로 끝난다. 이 이야기에 나오는 한국인들은 자신을 괴롭힌 사람에게 한을 품거나 복수의 마음을 갖는 일이 없다. 그런 사람이 있으면 그 사람을 회개시켜 그가 갖고 있을 법한 선한 심성을 되찾게 해 선한 인간으로 다시 태어나게 도와준다. 비근한 예가 흥부전에 나오는 놀부다. 이전에 놀부가 흥부에게 아무리 못되게 굴었어도 흥부는 그런 형을 응징할 생각이 전혀 없다. 대신 흥부는 놀부를 개심시켜 선하게 살 수 있게 도와주었다. 그 결과 이 형제들은 모두 행복하게 살게 된다. 이런 이야기들을 듣고 성장한 조선 사람들은 인간성에 대해 매우 긍정적인 마음을 가졌을 것으로 추단할 수 있다.

한국인들은 위의 이야기에 너무 익숙한 나머지 다른 나라도 사정이 비슷할 것이라고 생각할 것이다. 그러나 그 생각은 그다지 맞는 것 같지 않다. 멀리 갈 것도 없이 일본이나 중국 같은 이웃나라들의 사정을 보자. 먼저 일본을 보면, 한국인들에게 춘향전이 있다면 일본인들에게는 '충신장(忠臣藏)'이라는 제목의 이야기가 있다. 과거 일본에 있었던 수많은 이야기 가운데 일본인들이 가장 좋아했던 이야기를 꼽는다면 이 충신장을 드는 데에 주저함이 없을 것이다. 앞에서 말한 것처럼 한국의 춘향전이 시대를 달리 하면서 많은 영화로 재탄생되었듯이 일본의 충신장도 시대에 따라 각기 다른 버전으로 만들어진 것을 보면 그 사정을 알 수 있다. 일본인들이 이 이야기를 무던히도 좋아한 것이다. 그러면 이 이야기의 내용은 무엇일까?

이 이야기는 매우 비장하다. 47명의 사무라이가 주군의 원수를 갚고 모

드라마 충신장

두 할복으로 생을 마감하는 이야기니 그 마지막 장면이 얼마나 비장할지 안 봐도 '비데오'다. 일본은 사무라이의 나라라 그런지 역시 가장 인기 있는 설화는 사무라이에 관한 것이다. 이 이야기는 자신들의 주군에게 향하는 매우 굳건하고 불변하는 마음에 대해 이야기하고 있다는 점에서 인간의 옳음이 어떻게 실현되는가를 잘 보여주고 있다. 그런데 그 기본은 남을 죽이고 자신도 죽는 복수극이다. 악에 대한 철저한 응징을 강조한 것이다. 그런 관점에서 보면 이 이야기는 인간의 충직함에 대한 이야기일 수는 있으나 인간의 선함과는 그다지 관계가 없다고 할 수 있다. 유교에서 말하는 선한 심성인 효나 제와 아무 관계가 없다는 것이다.

이에 비해 중국인들이 좋아했던 설화는 다분히 유교적인 것이다. 이런 설화들이 많이 있지만 여기서는 중국인들이 가장 선호했던 이야기 세 편을 들어보자. 우선 맹강녀라는 여인의 이야기로 그 내용이 슬프기 짝이 없다. 그녀는 만리장성 건설에 징발된 남편을 찾아 갔는데 그가 죽었다는 말을 듣고 크게 상심해 한다. 하도 슬퍼 10일 동안이나 울었더니 성이 무너지면서 남편의 유골이 그곳에서 나오는 것으로 이야기가 끝이 난다. 또 남녀 간의 사랑을 다룬 축영대 이야기도 있다. 중국판 로미오와 줄리엣이라는 별명이 있는 이 이야기는 다소 복잡하게 전개되지만 줄거리를 단순하게 보면 다음과 같다. 즉 축영대라는 여성이 자신과의 사랑을 이루지 못하고 먼저 죽은 남자 애인인 양산백의 무덤으로 빨려 들어가 같이 나비가 되었다는 이야기가 그것이다. 방금 전에 본 맹강녀 이야기만큼 슬픈 이야기다. 또 아버지를 대신해 전쟁터에 나간 효녀 화목란(영어 이름은 뮬란)의 이야기도 있다. 이 이야기는 미국의 월트 디즈니사가 만화영화로 만들어 전 세계 사람들도 매우 친숙한 이야기가 되었다.

이런 이야기들은 월극이나 천극 등 여러 가지 극의 형태로 일반에게 제시되었다. 이 이야기 가운데 유교적인 덕목을 표현한 것은 화목란 이야기뿐이다. 다른 두 이야기는 남녀 간의 사랑을 표현한 것으로 유교와 직접적인 연관이 있다고 보기 힘들다. 인간의 선한 심성을 직접적으로 표현한 것도 아니다. 그러나 일본에 비해 이런 이야기들은 유교적인 내용에 더 충실한 것이라는 느낌이 든다. 중국은 역시 유교의 종주국이었던 탓에 중국인들이 즐겨 듣던 이야기에는 유교적인 내용이 투영되어 있음을 알 수 있다.

위의 이야기들을 정리해보면, 문자도나 설화의 전승을 통해 본 결과 과거의 한국인들은 어려서부터 인간의 착한 면만을 강조한 그림을 보았고 또 그런 이야기를 들으며 성장했다는 것을 알 수 있다. 그래서 그들은 사람은 으레 착하다는 생각을 갖고 살아온 것으로 보인다. 그리고 이러한 생각은 일제기를 거쳐 현대 한국으로 전달되었을 것이다. 물론 이렇게 전달되는 과정에서 그 메시지가 많이 희석되

영화 뮬란 포스터

었겠지만 여전히 그 기본은 유지되어 한국의 사회 문화가 선하게 형성되는 데에 일정한 역할을 했을 것으로 추정해본다.

전통 예술품에서 보이는 한국인의 선한 심성

한 민족이 갖고 있는 기본적인 성향을 알기 위해서는 위에서처럼 눈으로 볼 수 없는 철학적 논거나 문학 작품을 가지고 논하는 것보다 눈으로 볼 수 있는 유물을 가지고 이야기하는 것이 더 좋은 방법이다. 예술 작품에는

그것을 만든 민족의 심성이 고스란히 담겨 있을 뿐만 아니라 그것을 눈으로 확실하게 볼 수 있기 때문이다. 그래서 이번 장에서는 눈으로 볼 수 있는 예술 작품을 가지고 한국인의 심성을 논해 보고자 한다.

예술 작품에 보이는 한국인의 선한 마음 1 - 창령사 나한상 등　나는 그동안 만일 사람들이 한국의 전통 예술품들을 보게 된다면 아마도 그들은 한국인들이 선한 사람일 수밖에 없다고 생각할 것이라는 말을 많이 했다. 한국의 전통 예술 작품 가운데에는 선한 모습을 지닌 것이 너무도 많기 때문이다. 그런 사례가 많아 무엇부터 소개해야 할지 모를 지경이다. 그런데 이에 꼭 맞는 사례가 근자에 세간에 공개되어 그것부터 보았으면 한다. 이것은 매우 획기적인 예인데 갑자기 우리 앞에 나타난지라 그 충격이 매우 컸다. 하도 뜻밖이어서 전혀 기대하지 않은 보물이 하늘에서 떨어진 느낌이었다.

이 예는 바로 2019년 국립중앙박물관에서 있었던 한 전시회에 나타난 불상들을 말한다. 전시회의 제목은 "영월 창령사 터 오백나한 – 당신의 마음을 닮은 얼굴"로 되어 있는데 이 전시회는 원래 2018년에 국립춘천박물관이 먼저 개최한 것이다. 그 내력을 보면 2001년 강원도 영월에 소재한 창령사 터에서 화강암으로 만든 30cm 내외의 석불이 무더기로 쏟아져 나왔다. 이때 발견된 석불은 328기에 달하는데 그 가운데 비교적 온전한 것을 골라 수십 점을 전시한 것이다. 당시 이 전시는 진즉에 상당한 인기 몰이를 했다. 그러다 급기야 '관람객의 사랑과 전문가의 추천을 받은 2018년의 전시'로 선정되는 영예를 얻게 된다. 이 영예에 힘입어 국립중앙박물관

창령사 나한상

이 새롭게 단장하여 전시한 것이 2019년의 전시회다. 중앙박물관이 지방에 있는 국립박물관의 전시회를 이어받아 다시 전시회를 연 것은 처음이라 많은 사람들의 주목을 받았다. 그만큼 이 작품들이 훌륭했기 때문에 서울에서도 전시되는 기회를 얻은 것이리라.

이 나한들에 대한 전문적인 설명은 생략하고 아주 간단하게만 보겠다. 나한이라는 것은 보통 500명에 달하는 붓다의 최고 제자를 말하는데 중국이나 한국의 불교도들은 이들을 모두 작은 상으로 만들어 별도의 방에 안치하고 숭배했다. 한국의 절에 가면 나한전이라는 불당이 있는데 이것이 바로 이 나한들을 모신 집이다. 창령사 터에서 나온 나한상들은 고려 말과 조선 초에 만들어진 것으로 추정된다.

이 전시회가 춘천에서 처음 전시되었을 때 한국인들이 환호작약했다. 얼굴의 크기가 12cm 정도밖에 안 되고 몸도 그에 버금가는 작은 불상이었는데 그것을 보는 사람들은 모두 어떻게 이런 불상이 있을까 하고 놀라워했다. 그 불상들의 모습은 한국인 그 자체였다. 고유섭과 같은 학자들이 한국의 전통 예술의 특징을 말할 때 '수더분하고, 구수하면서 크고, 자유분방하고, 어른 같은 아해[32]'라는 표현을 많이 썼는데 그 표현이 이 불상에 딱 맞아 떨어진다. 이 불상을 조각한 솜씨를 보면, 인간의 손길은 최소한으로 하고 필요한 데에만 손을 댔는데 그것도 아주 자유분방하게 처리했다. 오죽 하면 어떤 학자는 '이 상태에서 더 닳거나 문지르면 돌로 돌아가 버릴 것'이라고 표현했을까? 이렇게 인위적인 손길을 최소한으로 하는 것은 한국 전통 예술의 특징이다. 한국인들이 이 전시를 보고 찬사를 보낸 것은 자신들의 모습을 보는 것 같은 느낌을 받았기 때문일 것이다. 수더분할 뿐만 아니라 착하기 짝이 없는 정겨운 모습 말이다. 선하고 다정하고... 더 이상 설명이 필요 없을 게다.

나는 이 불상들을 보면서 이런 미술품은 동아시아에서 한국인밖에 만들지 못할 것이라는 결론을 내렸다. 이런 판단이 국수적이라는 비판이 있을 수 있겠지만 내가 그동안 일본과 중국 답사를 하면서 만났던 불상에서는 이런 것을 발견할 수 없었기 때문이다. 일본과 중국의 전통 예술품들은 대부분 인위 그자체로 지극히 정교하게 만들어졌다. 한국인들은 이들이 갖

---

32) 사실 이 단어는 틀린 것이다. 이보다 '아해 같은 어른'이라고 해야 정확할 것이다. 이것을 만든 사람은 어른이지 아해가 아니기 때문이다.

서산 용현리 마애여래삼존상(문화재청 제공)　　　경주 배동 석조여래삼존입상 중 가운데 여래상

고 있는 정교함을 따라가지 못한다. 아니, 한국인들은 그런 정교함에는 관심이 없는 듯하다. 그래서 그런 작품을 만들지 않았을 게다. 그러나 이 석불에서 볼 수 있듯이 인간의 선한 심성을 있는 그대로 드러내면서 자연과 조화를 이루는 것은 한국인들이 예술품을 만들 때 가장 선호하는 표현 방법이다. 나는 이 불상의 모습이 한국인들이 내면적으로 간직한 본성을 가장 잘 표현한 것 가운데 하나라고 생각한다.

　그런데 이 불상들은 조선이 들어서기 전후에 만들어진 것이니 유교와 직접적인 연관이 있는 것은 아니다. 그렇게 보면 한국인들은 조선조에 유교를 전적으로 받아들이기 전부터 인간이나 자연에 대해 매우 선한 생각을 갖고 있었던 것 같다. 이 주제는 또 다른 큰 주제라 여기서는 다루지 않겠다. 이에 대해서는 필자가 다른 책에서 심도 있게 논하고 있으니 그 책을 참고하기 바란다.**33)** 아마도 천성적으로 착한 한국인들이 조선조에 성리학을 받아들이면서 자신들이 갖고 있던 선한 생각을 더 발전시킨 것으로 보면 될 것 같다.

이런 불상들은 한국에서 많이 발견되기 때문에 그와 비슷한 예를 더 드는 것은 어렵지 않다. 그런 불상이 너무 많아 다 거론할 수 없지만 그래도 서산 마애삼존불(마애여래삼존상)이나 경주 배동 삼존불상(석조여래삼존입상)은 그냥 지나칠 수 없겠다. 이 삼존불의 가운데에 있는 본존불상은 그 웃는 천진난만한 모습이 창령사 나한상과 그리 다르지 않다.**34)** 서산 삼존불의 본존불상도 그 미소가 일품이지만 배동 삼존불의 본존불이 보여주는 미소 역시시 천진난만하기 그지없다. 백제(서산 마애불)나 신라(배동 삼존불)와 고려 말(창령사 나한불)은 수백 년을 격해 있는데도 불상의 얼굴이 닮아 있어 놀랍기 짝이 없다. 그리고 그런 모습은 조선말이 되면 장승이나 민화 같은 민속 예술에서 다시금 그 순진한 모습을 보인다. 특히 돌로 만든 장승들을 보면 그 예술적인 표현에 깔려 있는 생각이 앞에서 본 불상들과 그리 다르지 않다. 창령사 나한불을 형용할 때 썼던 단어들을 그대로 장승이나 민화에 대입해도 잘 어울린다. 돌장승들의 수더분하고 구수한 모습, 또 민화 호랑이들의 천진난만한 모습이 바로 그런 것이다.

---

33) 마씨아오루 · 최준식(2019), 『한국미의 자연성 연구』 주류성.
34) 서산 마애불의 미소는 '백제의 미소'라고 하는 것에 비해 이 창령사 터 나한의 미소는 '강원도의 미소'라고 부른다고 한다.

또 다른 예를 들어보자. 절을 들어가다 보면 항상 사천왕상들을 만나게 된다. 이 사천왕들은 불법을 지키는 사람들이라 매우 무서워야 한다. 그들의 발밑을 보면 악귀가 꼼짝 못하고 발에 눌려 있는 것을 발견할 수 있다. 악귀는 아주 독한 놈이라 그 놈을 꼼짝 못하게 하려면 아주 무섭게 대해야 한다. 그래서 중국이나 일본의 절에 가면 사천왕의 얼굴들이 매우 무섭게 묘사되어 있다. 이것은 사천왕의 역할을 볼 때 당연한 것이다. 그런데 한국 절의 사천왕은 그런 모습이 전혀 보이지 않는다. 그저 마음씨 좋은 서역의 아저씨처럼 보일 뿐이다. 한국인들은 도무지 무서운 모습을 그려내지 못하는 것 같다(한국에서 무서운 귀신은 소복을 입고 한에 서린 여자 귀신밖에 없는 듯하다).

이와 똑같은 상황은 귀면기와, 즉 귀신 혹은 도깨비를 묘사한 기와에서도 발견된다. 여기에 있는 귀신은 나쁜 귀신을 쫓아내는 귀신이기에 매우 무서워야 한다. 그래서 중국과 일본의 귀면기와를 보면 귀신이 매우 무섭게 묘사되어 있는 경우가 많다. 그에 비해 한국의 귀면기와에 묘사되어 있는 귀신은 하나도 무섭지 않다. 어떤 때는 귀신이 웃고 있는 경우도 있다. 귀신이 익살스럽게 보이는 것이다. 한국인은 귀신마저 선하게 그린단 말인가?

이것은 도깨비도 마찬가지다. 중국의 귀신이나 일본 도깨비('오니')는 엄청 무서운 반면 한국 도깨비는 당최 무섭지 않다. 꼭 어수룩한 한국사람 같다. 민담에 나오는 도깨비들은 다음과 같은 모습으로 나타난다. 도깨비는 일단 심술궂어 장난을 좋아한다. 사람들을 잘 골린다. 그런데 그러면서도

나주 불회사 돌장승

민화호랑이

전라남도 장흥 보림사 사천왕상

귀면 기와

미련해서 사람에게 잘 속는다. 그러다가 착한 사람을 만나면 그에게 복을 내려주기도 한다. 마지막으로 그들은 한국 사람처럼 가무를 아주 좋아한다. 독자들은 이런 이야기를 들으면 일일이 예를 들지 않아도 고개를 끄덕일 것이다. 전적으로 동의할 수 있기 때문이다. 그 비근한 예는 '도깨비와 혹부리 영감' 같은 이야기에서 찾을 수 있다. 이 이야기에서 도깨비는 노래를 좋아하는가 하면 인간에게 벌을 주기도 하고 속임을 당하기도 하는 존재로 묘사되어 있다. 그런데 세상에 노래와 춤을 좋아하고 인간들에게 속임을 당하는

무신도 대감신

그런 도깨비나 귀신이 어디 있는가? 과문해서 단정할 수는 없겠지만 귀신이나 도깨비를 이런 식으로 이해하는 민족이 한국인들 빼고 또 있을지 모르겠다. 이처럼 한국인들은 어떤 대상을 설정하든지 나쁘게 묘사하지 못하는 것 같다.

그래서 혹자는 한국인들에게는 선악의 개념이 없다고 주장하기도 하

는데[35] 귀신들이 그다지 무섭게 나오지 않는 것은 한국의 무교(무속)에 나오는 신령들도 마찬가지다. 무당들이 섬기는 신령들을 일별해 보면 인간을 억박지르고 협박하는 그런 신령이 없다. 이 신령들은 처음에는 인간에게 위해를 가할 듯 호통을 치면서 협박한다. 거기까지는 이 신령들도 무섭다. 그러나 무당이나 신도들이 손을 비벼가면서 싹싹 빌면 신령이 마음을 다 풀고 아주 호의적인 신령으로 바뀐다. 그렇게 선한 신령이 되면 신도들이 해달라는 것을 다 해주겠다고 큰 소리를 친다. 이 신령과 신도들의 관계를 보면 처음에는 흡사 신령이 강해 신도들 위에 군림하는 것 같지만 사실은 신도가 신령을 가지고 노는 것이다. 신도들이 골이 잔뜩 난 신령을 살살 달래서 자신들의 손아귀로 끌어들이기 때문이다. 이처럼 준엄한 면이 전혀 없는 신령이 다른 민족의 신화나 설화에도 있는지 그 자세한 사정은 잘 모르지만 다른 민족의 설화에 나오는 신령은 대부분 인간 위에서 군림하면서 절대적인 권위를 갖는 경우가 많지 않겠나 하는 생각이다.

그런가 하면 신령들을 모셔다 춤과 노래로 기쁘게 했다는 발상도 매우 특이하다. 한국 설화를 보면 신령들이 나와 춤을 추었다는 이야기가 나온다. 예를 들어 신라 헌강왕 때(9세기) 동해의 용이 아들 일곱 명과 함께 나와 동해안 개운포에서 노래와 춤을 추었다는 유명한 이야기가 그것이다(이 아들 가운데 하나가 처용이다). 이처럼 신령이 흥에 겨워 노래를 하면서 춤을 추었다는 것은 다른 민족의 설화에서는 잘 발견되지 않는다. 그러나 이것

---

35) 이에 대해서는 다음의 책을 참고하라.
　찰스 프레드 앨퍼드, 『한국인의 심리에 관한 보고서』 남경태 역 (2000), 그린비.

은 한국의 무교에서는 매우 일반적인 모습이다. 무당이 매 거리마다 노래와 춤을 추어 신령을 즐겁게 하는 것이 바로 그것이다. 이런 여러 예화들은 한국인들이 얼마나 낙천적이고 선한 심성을 가지고 있는가를 보여준다 하겠다.

예술 작품에 보이는 한국인의 선한 마음 2 - 분청자 등에서 한국인의 선한 마음이 잘 투영된 곳은 생각보다 많은지라 그것들을 일일이 다 언급할 필요가 없겠다는 생각이다. 그러나 그 가운데에서 분청자는 유독 한국인들의 그런 모습을 잘 보여주고 있어 잠깐 언급하면 좋겠다.

한국인들은 역대로 많은 도자기를 만들어냈다. 그런데 한국의 전통 예술을 연구한 학자들에게 '가장 한국적인 것이 무엇이냐?' 라고 질문하면 그들은 오래 전부터 그에 대한 대답으로 '분청자를 보라, 분청자에 해답이 있다'고 했다. 한국에는 전통 예술품들이 많이 있는데 그 중에서 유독 분청자가 한국적인 특징을 많이 갖고 있다는 것이다. 이 분청자에는 특히 조선 사람들의 생각이나 태도가 많이 담겨 있다. 이 분청자도 미적인 관점에서 보면 앞에서 본 창령사의 나한불과 같은 맥락에 있는 터라 나한불을 표현했던 용어들이 그대로 적용될 수 있다. 수더분하고 구수하고 검박하고 자유분방하다는 등등의 용어들이 분청자에도 통용될 수 있는 것이다.

이 분청자는 16 세기 전후에 조선에서만 산출된 특수한 자기다. 청자나 백자는 일본이나 중국에서도 많이 만들어졌지만 분청자와 비슷한 그릇은 이 두 나라에 없다. 이 그릇은 처음에는 그 미적인 수준을 인정받지 못하고

죽은 물고기를 그린 분청자

하치의 물건으로만 여겨졌다. 이 그릇의 예술성을 최초로 인정한 사람은 이 그릇을 만든 한국인들이 아니라 일제기의 일본인들이었다. 야나기 무네요시 같은 사람이 대표적인 사람인데 그는 일본 사람들은 이런 그릇을 만들 수 없다는 것을 재빨리 파악했다. 야나기는 당시 동북아시아에서 가장 뛰어난 미학자 중의 한 사람이었다. 그는 곧 이 그릇은 일본인들의 정신세계와는 너무도 다른 세계관을 가진 사람들이 만들었다는 것을 알아차렸다. 앞에서도 보았지만 모든 것에 용의주도하고 인위적인 터치를 가해야 직성이 풀리는 일본인들은 만들다 만 것 같고 그림도 제멋대로 그려져 있는 분청자를 보면서 탄성을 자아냈다.

그래서 그런지 분청자 중에 정말로 좋은 것은 일본에 많다. 특히 오사카에 있는 시립미술관은 한국의 국립중앙박물관보다 훨씬 더 좋은 분청자를 많이 갖고 있다. 한국인들이 분청자의 가치를 잘 모르고 있어 관심을 갖고 있지 않았을 때 문화가 한 걸음 이상 앞서 있었던 일본인(그리고 재일동포)들이 이 그릇들을 가져 간 것이다. 나는 한국의 분청자를 볼 때마다 우리 자신의 모습이 떠오른다. 창령사의 나한불을 볼 때와 거의 비슷한 감정을 느낀다. 내 마음의 깊은 곳에서 울림이 있는 것이다. 그리고 이런 그릇은

일본 교토 대덕사 소재 막사발(이도차완)

심성이 선하디 선한 사람이 아니면 만들 수 없다는 확신을 갖게 된다. 인간을 불신하고 이재에 밝아 약삭빠르며 외부로부터 오는 공포에 찌든 사람은 결코 이런 그릇을 만들 수 없다. 그래서 이 그릇을 볼 때마다 이 그릇은 자기 자신을 뽐내려는 기색이 전혀 없는 착한 그릇이라는 생각이 절로 난다.

이와 비슷한 것으로는 '막사발'이라 불리는 그릇도 들 수 있지만 이 그릇에 대해서는 많이 알려져 있어 부연 설명이 필요 없겠다. 이 그릇의 미학도 야나기 같은 일본인들이 먼저 알아차렸다. 일본인들은 이 그릇을 두고 작위적인 기교를 전혀 부리지 않은 것 같은데 엄청난 무의식적인 기교가 들어있어 신이한 그릇이라고 평했다. 일본인(그리고 중국인)들은 그릇을 만들 때 작위적인 기교를 끝까지 가져 가서 매우 정교하고 치밀한 그릇을 만든다. 그런데 막사발은 아무 생각 없이 만든 것 같은데 범상치 않은 기교가 있으니 놀라운 것이다. 야나기는 이 그릇의 미학에 대해 매우 철학적인 용어를 써가면서 설명했지만 내가 보기에는 순박하기 짝이 없는 사람들이 만

백자 달항아리 (문화재청 제공)

든 그릇으로 보일 뿐이다. 이 사람들이 어떤 사람인가? 성정이 순박하다 못해 착해빠진 사람들이다. 그래서 좋고 비싼 그릇을 만들어 돈을 많이 벌어보겠다느니 귀족들에게 이 그릇을 헌상을 해 출세를 해야겠다느니 하는 그런 마음이 없었을 게다. 그런 사람들이 아무 생각 없이 그저 자기 생긴 대로 그릇을 만들었을 것이다. 그래서 착함이 절절이 묻어나온 것이다.

그릇에 대한 설명은 여기서 그치려 했는데 조선 백자에 대해 한 마디도 하지 않고 가면 섭섭할 것 같아 잠깐이라도 이야기해야겠다. 조선의 대표적인 백자는 말할 것도 없이 '달항아리'다. 이런 그릇은 같은 자기 전통을 가진 일본이나 중국 같은 이웃나라에서는 발견하기 힘들다. 이 그릇처럼 하얀 바탕에 그 어떤 무늬나 그림을 그리지 않았을 뿐만 아니라 생긴 모습은 좌우가 비대칭으로 되어 있는 그릇은 중국이나 일본에서는 발견할 수 없다. 그런데 그 생긴 모습이 어떤가? 얼마나 순박한가? 아무 것도 그려 넣지 않았을 뿐만 아니라 완벽한 모습을 보이려고 노력하지도 않았다. 그릇 두 개를 붙여서 만들었는데 접합 부분도 완벽하게 감추지 않았다. 그래서 시간이 지나면 접합 부분이 터지게 되는데 그런 것에 대해서도 무덤덤해 수리할 생각을 하지 않는다. 이처럼 외모에는 그다지 신경을 쓰지 않는다. 그래서 이 그릇은 빼어난 미인이 아니라 수더분하지만 노숙하고 후덕한 중년의 모습을 대표한다 하겠다.

나는 지인들과 박물관을 자주 가는데 그럴 때 반드시 청자실과 백자실로 데려 가서 이들에게 어떤 그릇이 더 좋으냐고 물어보곤 한다. 사실 이런 질문을 하는 것은 어리석은 짓이다. 예술품들은 모두 나름대로 최고의 작품인데 그것 중에 어떤 것이 더 좋으냐고 물으니 말이다. 그러나 어떤 것이 더 나은가에 대한 질문이 아니라 어떤 것이 더 좋으냐는 질문이니 아주 하지 못할 질문은 아니겠다. 그렇게 질문을 던지면 대부분의 사람들은 조선 백자에 가장 끌린다고 답을 한다. 그리곤 그 많은 백자 가운데에서도 달항아리 앞에 가서 말을 잊고 한동안 쳐다본다. 그들은 왜 이 그릇이 좋다고 하는 것일까? 이것은 앞에서 본 경우와 같다. 한국인들이 자기 모습을 이 그릇에서 보기 때문이다. 이 그릇은 순박하고 착한 사람들이 만든 그릇이라고 했다. 그렇다면 이런 그릇을 좋아하는 사람들도 이 그릇과 똑같은 심성을 지니고 있다고 해야 한다. 현대 한국인들이 일상생활에서 아무리 험하게 살아도 그들의 깊은 심성에는 이 그릇이 지니고 있는 선함이 있다는 것을 잊어서는 안된다.

한국의 전통 건축은 착하다! 우리의 주제와 관련해서 마지막으로 논하지 않을 수 없는 것은 바로 전통 건축이다. 전통 건축에서도 앞에서 본 특징들이 어김없이 발견되기 때문이다. 전통 건축에서도 이 같은 예를 수도 없이 들 수 있지만 조선 시대의 대표적인 건축이라 할 수 있는 경복궁과 창덕궁, 그리고 종묘만 보아도 충분할 것 같다. 이 두세 건축만 보아도 한국인들이 얼마나 순박하고 선한 심성을 지니고 있는지 알 수 있기 때문이다.

건축은 자연 안에서 이루어진다. 그래서 자연과의 관계가 매우 중요한데 한국은 동북아 삼국 가운데 유달리 자연친화적인 경향이 강했다. 이때 말하는 자연친화적이라는 것은 한국인이 갖고 있는 고유의 자연관으로 자연에 어떤 인공적인 것을 만들 때 가능한 한 자연을 그대로 놓아 두고 인간이 자연 안으로 들어가는 그런 태도를 말한다. 말이 조금 모호하게 들릴 수 있지만 자연을 인간 자의대로 고치고 거기다 건축물을 만드는 것이 아니라 자연은 가능한 한 그대로 보존하고 인간의 집을 그 남은 공간에 짓는 그런 태도를 말한다. 이러한 태도는 앞에서 그릇을 말할 때에도 계속해서 언급되었다. 분청자나 막사발을 만들 때에도 한국인들은 인위적인 터치를 가능한 한 줄이고 그릇이 자연스럽게 보이게끔 노력했으니 말이다.

한국인들이 자연에 대해 갖는 이러한 태도는 중국인들의 그것과 큰 대조를 이룬다. 중국에서 전통 건축을 말할 때 인구(人口)에 많이 회자(膾炙)되는 용어가 있다. "인정승천(人定勝天)"이라는 것인데 그 뜻이 가관이다. '인간이 정(노력)하면 하늘을 이길 수 있다'는 뜻으로 이는 인간의 힘에 대한 무한한 신뢰를 보여주고 있다. 다시 말해 인간의 힘이면 하지 못할 일이 없다는 것이다. 이러한 생각을 갖고 있는 중국인들은 자연을 그냥 내버려 두지 않는다. 반드시 인간의 손을 거쳐서 다시 태어나게 만들거나 아니면

북경 이화원 호수

강이나 산을 자신들의 손으로 직접 만들어냈다. 이에 대한 예는 얼마든지 들 수 있다.

북경에는 청나라의 황실 정원이었던 이화원이 있다. 여기에는 곤명호라는 굉장히 넓은 호수가 있는데 이것은 원래 있던 작은 호수를 키워 만든 인위적인 호수다. 잘 모르는 사람들은 이 호수가 하도 넓어 원래부터 있던 것으로 생각하기 쉬운데 이것은 인간이 파서 만든 인조 호수다. 그리고 거기서 나온 흙을 가지고 호수 북쪽 끝에 산(만수산)을 만들었다. 이 산도 아무 정보 없이 보면 원래부터 그곳에 있던 산이라고 생각하기 쉽다. 이곳에는 원래 작은 산이 있었는데 그것을 키워 지금처럼 큰 산을 만들었다. 그러니까 이 산 역시 사람이 만든 인조 산이라 할 수 있다. 이처럼 중국인들에게 자연은 인간 다음에 오는 부격(副格)에 불과하다. 반면 인간은 모든 것에서 중심이 되는 주격이었다.

이와 비교해서 보면 한국인들은 자연을 대하는 태도가 중국인과 근본적으로 달랐던 것을 알 수 있다. 그들은 자연(그리고 자연을 의인화 한 자연신)을 숭배하고 좋아했다. 앞에서 신라 헌강왕의 예에서 본 것처럼 그들은 자연 혹은 자연신들과 같이 노래하고 춤추며 즐겁게 놀았다. 한국인들이 자연을 이렇게 이해했다면 그들은 그런 자연을 인간 마음대로 바꾸고 왜곡할 수 없었을 것이다. 자연이 저렇게 살가우니 차마 그것을 인간들이 자의적으로 다루지 못했을 것이라는 것이다. 그래서 한국인들에게는 자연이 주격이었고 인간들은 외려 부격이 되었다. 중국과 정반대가 된 것이다. 사정이 그러하니 과거의 한국인들은 자연을 있는 그대로 놓아둔 채 자신들이 그 안으로 들어가려 했다. 이것은 자연을 인간 세계로 끌어들인 중국인들의 태도와는 매우 다른 태도다. 중국인들처럼 산이나 호수 같은 자연물을 인간의 손으로 만들어낸다는 생각은 한국인들의 뇌리에는 아예 존재하지 않았다.

한국인들은 왜 자연을 이렇게 생각했을까? 이것은 한국인들이 자신들의 선한 심성을 자연에 투영한 결과일 것이다. 자신들이 선하니 자신들의 주위에 있는 자연도 선하게 본 것이다. 그런데 자연이 선하기는 하지만 인간의 입장에서 보면 너무 거대하기 때문에 그 앞에서 겸손할 수밖에 없었을 것이다. 그래서 그런지 한국인들은 자연에는 인간보다 위대한 존재가 있다고 믿은 것 같다. 산에 살고 있다고 하는 산신령이 바로 그들이다. 한국인들에게는 산에 산신령이 있다는 것이 매우 친숙한 소리로 들릴 것이다. 이것은 모든 절에 산신을 모시는 사당이 있는 것으로도 알 수 있다. 하기야 한국인의 최초 조상이라고 하는 단군도 나중에 산신령이 되었으니 한국인들의 산신 신앙은 오래된 것이라 할 수 있다. 그런데 중국에서는 이 같은 산신 신앙이 많은 사람들이 숭앙하는 일반적인 신앙이 된 것 같지 않다. 중국인들의 국교인 도교 사원에서는 한국의 사찰처럼 할아버지 모습을 한 산신을 모신 사원을 발견하기 힘들기 때문이다.

이에 비해 한국에서는 곳곳에서 산신을 모시고 있다. 하다못해 일반 가정에서 묘제를 지낼 때에도 가장 먼저 산신에게 공물을 바치고 기도를 하지 않는가? 그런데 이 산신은 보통 백발에 하얀 수염, 그리고 하얀 두루마기를 입은 선한 할아버지로 묘사된다. 이 산신은 항상 인간의 소원을 들어주고 돌보아주는 착한 존재다. 한국의 설화에서 산신령이 나쁘게 묘사되는 경우는 단 한 번도 없다. 나는 이것 역시 세상을 선하고 긍정적으로 보는 한국인들의 마음이 투사된 것으로 이해한다. 한국인들이 인간이 선하다고 생각하니 자연도 선하고 그곳에 사는 신령도 선한 것이다.

착하디착한 경복궁, 창덕궁, 그리고 종묘　이처럼 모든 자연에는 선신이 살고 있다고 믿었기 때문에 한국인들은 자연을 함부로 대할 수 없었다. 그래서 한국인은 자연 앞에서 겸손하고 순박할 수밖에 없었고 자연을 향해 대드는 자세를 취하지 않았다. 이것은 몇 가지 예만 보면 금세 알 수 있다. 그런 예가 부지기수지만 대표적인 것으로 한국의 궁궐을 보고자 한다.

　우선 경복궁부터 보자. 경복궁은 조선의 정궁이었던 만큼 설명할 것들이 많다. 그러나 이 자리는 경복궁을 소개하는 자리가 아니니 다 각설하고 이 궁이 자연과 어떤 관계를 갖고 있는가에 대해서만 보자. 그러면 한국인들이 자연에 대해 갖는 생각을 알 수 있다. 그것을 알기 위해 먼저 이 궁의 위치부터 보자. 주지하다시피 이 궁은 뒷산인 백악산을 주산으로 삼아 산의 기슭에 건설되어 있다. 이렇게 산기슭에 궁을 건설하는 것은 일본이나 중국에서는 잘 발견되지 않는 조선 고유의 모습이다. 이것은 흡사 궁이 자연에 안기는 것 같은 형세라 할 수 있다. 혹은 산 앞에서 산을 경배하면서 조아리는 모습이 연상되기도 한다. 이를 통해 자연 앞에서 한없이 겸손했던 한국인의 생각을 다시금 엿볼 수 있다. 궁을 이렇게 건설했기 때문에 경복궁 안으로 들어가면 어떤 건물을 보든지 뒤에 있는 산과 중첩되어 좋은 경치를 감상할 수 있다. 이런 모습은 일본이나 중국의 궁궐에서는 발견할 수 없다.

　자연 앞에서 겸손한 인간의 모습은 이것에서만 발견되는 것이 아니다. 궁의 위치도 그런 모습을 보여준다. 조선 사람들은 궁을 산자락에 세웠지만 백악산 바로 앞이 아니라 오른쪽으로 조금 빗겨서 건설했다. 그러니까 경복궁의 주 건물인 근정전은 백악산의 중심과 살짝 어긋나 있다는 것이다. 이것은 조선 사람들이 자연을 존중하는 마음의 표현이다. 조금 거친 표현을 하면 자연을 함부로 으르지 않겠다는 것이다. 우리가 어떤 사람과 갈등 관계에 있으면 보통 그 사람의 면전 바로 앞에서 위협을 가한다. 상대방을 으르기 위해서 바로 앞에 서는 것이다. 만일 그렇지 않고 조금 옆에 서 있으면 그것은 상대방을 위협하는 자세가 될 수 없다. 조선 사람들은 건축을 할 때 그런 마음을 표시하기 위해 이처럼 건물을 산의 중심에서 조금 빗겨나게 건축했다. 저 자연에는 산신령이 살고 있는데 그 자연을 어떻게 함부로 할 수 있겠는가?

이런 정신을 잃어버렸을 때 어떻게 되는가를 알 수 있게 해주는 좋은 예가 있다. 이 문제 많은 건물은 경복궁에 바로 연해 있다. 충분히 예상할 수 있는 것처럼 청와대 본관이 그 주인공인데 이 건물은 백악산 기슭 정 가운데에 있다. 그래서 남산처럼 높고 먼 곳에서 보면 금방 눈에 띈다. 건물을 이렇게 산에 밭게 짓고 정 가운데에 건설하는 것은 이전 조상들이 절대로 하지 않은 짓이다. 이것은 인간이 감히 산에 으르는 형세다. 그런데 현대 한국인들의 눈에는 이게 멋있게 보이는 모양이다. 조상들이 갖고 있었던 겸손한 마음을 다 잃어버린 것이다. 그나마 이전에 있던 청와대 본관은 이 정도는 아니었는데 1991년에 지금과 같은 새 본관을 만들면서 이렇게 되었다. 자연을 선하게 보는 한국인 고유의 자연관이 완전히 사라진 것이다. 하기야 아파트 건설에만 혈안이 되어 있는 요즘의 한국인에게서 무슨 선한 자연관을 기대할 수 있겠는가? 지금의 한국인에게 땅과 같은 자연은 투기의 대상일 뿐이다.

경복궁과 더불어 언급되어야 할 건물은 종묘다. 종묘는 왕실 사당이기 때문에 아주 장엄하고 우뚝 솟게 지어야 한다. 왕의 조상들의 신령을 모셨으니 어떤 것보다도 빼어나야 한다. 과거 왕조에서 선조 왕들의 신령보다

종묘 정전 원경

더 권위 있는 존재는 있을 수 없다. 종묘(중국에서는 태묘)는 그런 존재를 모셨으니 그 권위를 제대로 표현할 수 있는 건물을 지어야 한다.

　조금 다른 예가 될 수 있겠지만 굳이 비교한다면 서양의 교회가 이 개념에 가장 부합될 것이다. 서양에서 가장 권위 있는 존재는 말할 것도 없이 신이다. 신을 모신 건물은 교회다. 교회는 신이라는 최고의 존재를 모신 집이기에 높은 언덕 위에 지었다. 그래서 서양의 마을을 바라보면 항상 언덕 위에 있는 교회가 가장 먼저 눈에 띠는 것이다. 그렇게 되면 민가들은 전부 그 밑에 있게 되니 교회는 이 백성들 위에 군림하는 것이 된다. 그래야 교회의 권위가 산다.

이에 비해 한국의 종묘는 어떠한가? 정전 건물 자체는 장엄한데 도무지 자신의 권위를 자랑하려는 의도가 보이지 않는다. 이 사정을 알려면 남산처럼 높은 곳에 가서 종묘를 보아야 한다. 쉽게 예측할 수 있는 것처럼 종묘의 정전 같은 큰 건물은 높은 곳에서 보면 눈에 아주 잘 띤다. 건물의 규모가 워낙 크기 때문이다. 청와대 본관이 꼭 그런 형국이다. 이 건물은 어디서 보든 눈에 확 띤다. 그렇게 된 데에는 위치도 문제이지만 건물의 색깔도 한몫했다. 용마루가 지나치게 하얀 색깔이고 기와는 파란 빛이라 뒤에 있는 산과 색깔(녹색)이 부딪히기 때문에 눈에 잘 띠는 것이다. 이 건물은 여러 모로 문제가 많은데 이것은 현대 한국인(특히 관리)들의 빈약한 건축관을 반영한다고 하겠다.[36]

이에 비해 종묘는 어떠한가? 남산에서 보면 종묘의 정전을 찾는 일이 쉽지 않다는 것을 곧 알 수 있다. 건물이 숲속에 숨어 있기 때문이다. 그래서 건물을 찾으려고 하지 말고 우선 숲을 찾아야 한다. 그런 다음 그 숲 안에 있는 정전을 찾아야 한다. 그런데 이 건물은 숲에 안겨 있어 자신을 드러내거나 뽐내려고 하는 의도가 없다. 그저 자연 안에 있는 것이다. 이 건물은 동북아에서 두 번째로 긴 건물이지만[37] 자신이 길다고 자랑하지 않고 자연 속에 안기어 있다. 이런 것이 바로 자연을 인간보다 우선시 하는 한국인들의 선한 자연관이다.

---

36) 월간 『스페이스』 2013년 3월호를 보면 20개에 달하는 한국 최악의 현대 건축을 선정한 기사가 있는데 그 중 13개 정도가 관청에서 주도해 지은 것이다. 이것으로 보면 한국 관리들이 지닌 건축관은 매우 수준이 낮다고 할 수 있다.

37) 가장 긴 건물은 일본 경도에 있는 삼십삼간당(三十三間堂)이라는 절이다.

인정문 앞공간

　마지막으로 창덕궁을 보자. 이 궁은 한국의 궁궐 가운데에는 유일하게 유네스코가 선정한 세계유산에 들어가 있다. 선정된 가장 큰 이유는 궁 안에 있는 건물들이 자연과 기막힌 조화를 이루고 있기 때문이다. 창덕궁에 대해서도 많은 설명을 할 수 있지만 한 마디로 한다면, 산기슭에 궁궐을 짓되 그 산에는 손을 대지 않고 인간이 지은 건물을 그 사이에 있는 공간에 얹어 놓은 건축물이라고 하면 되겠다. 이런 궁궐은 전 세계에 유례가 없기 때문에 유네스코에 등재된 것이리라.

　창덕궁의 친자연성을 잘 보여주는 요소는 많다. 그 중에서도 인정문 앞 공간은 창덕궁의 그런 면을 가장 잘 보여주는 곳이라 할 수 있다. 이 공간은 사진에서 보는 것처럼 사다리꼴로 되어 있다. 그런데 궁궐 정전의 정문 앞에 있는 공간이 이처럼 사다리꼴로 되어 있는 것은 상상할 수 없는 일이다. 모든 것에 격식을 차려야 할 궁궐에 이런 비정형적인 공간이 들어가는 것은 있을 수 없는 일이라는 것이다. 창덕궁의 설계자는 왜 이런 공간을 만들었을까? 그 이유는 이 정전 영역의 앞뒤에 있는 작은 언덕들을 손상시키고 싶지 않아서였다. 물론 설계자도 이 앞마당을 장방형으로 만들 수 있었다. 그러나 그럴 경우 정전 영역 앞뒤의 언덕에 부분적인 훼손이 불가피했을 것이다. 그 언덕을 그대로 살리면서 건축하다 보니 이 영역이 사다리꼴이 된 것이다. 창덕궁의 설계자(박자청)는 정전 영역에 있는 작은 자연도 손상시키고 싶지 않아 파격적인 설계를 한 것이다.[38] 이런 모습은 일본이나 중국에서는 상상할 수 없는 일이다.

창덕궁에는 이것 외에도 친자연적인 요소가 많다. 가령 후원을 만들 때에도 자연을 그대로 놓아두고 꼭 필요한 곳에만 정자를 세우고 작은 연못을 파는 것 등이 그것이다. 여기서 중요한 것은 한국인들이 자연을 대하는 태도다. 또 반복되는 것이지만 한국인의 선한 심성이 그대로 자연에 투사되어 자신들의 생존 때문에 자연을 손상하는 일을 하지 않은 것이다. 그런데 앞에서도 말한 것처럼 이렇게 자연을 존중하고 숭경했던 민족이 지금 자연을 향해 하는 짓을 보면 어쩌면 저렇게 자신들의 본성을 망각할 수 있을까 하는 놀라움을 갖게 된다. 그러나 아무리 그렇다고 해도 선한 본성은

---

38) 박자청은 이 일로 하옥까지 되나 결국은 풀려 나와 자신의 뜻을 관철한다.

완전히 사라지지는 않았을 것이다. 그것을 어떤 방식으로 회복할지는 여기서 내가 짧은 지식으로 답할 일이 아니다. 이것은 여러 사람들이 오랫동안 논의를 해야 그 해답이 나올 것이다.

장을 마치면서

이렇게 해서 우리는 한국인들이 선한 사회 문화를 만들었고 그 결과 선한 성품을 지니고 있을 것이라는 결론을 얻을 수 있었다. 그런데 이 장을 마치기 전에 우리의 주제와 관련해서 꼭 들고 싶은 실례가 있다. 이것은 한국인들이 벌인 사회 운동과 관계된 것인데 앞의 내용에는 집어넣을 만한 데가 없어 이렇게 뒤로 뽑았다. 한국인들이 행한 사회 운동 가운데 한국인들의 선한 성품이 너무나 잘 반영된 사례가 있어 한 번 설명해보려는 것이다.

한국인이 행했던 선한 사회 운동에 대해 과거 역사에서 한국인들이 벌인 사회 운동 가운데 가장 대표적인 것으로 3.1운동을 꼽는 데에 이의를 달 사람은 아마 없을 것이다. 이것은 3월 1일을 3.1절이라고 부르면서 국경일로 삼고 법정공휴일로 제정한 것만 보아도 한국인들이 이 운동을 얼마나 중요하게 생각하는지 알 수 있다. 특정한 날을 '절'이라고 부르는 것은 광복절이나 개천절의 예에서 알 수 있는 것처럼 나라 최고의 축일에만 붙이는 가장 격이 높은 날을 지칭할 때만 하는 일이다.

한국인들은 3.1 운동을 매우 자랑스럽게 생각하는데 가장 큰 이유는 이 운동을 평화적인 방법으로 진행했기 때문일 것이다. 즉 무력을 쓰지 않고 전 운동을 평화적인 시위로 점철한 것을 자랑스럽게 생각하는 것이다. 이것은 한국인들 사이에서는 아주 상식처럼 알려져 있는 사실인데 구체적으로 어떤 면이 그렇다는 것일까? 우선 그 운동을 주도했던 사람들, 즉 민족대표 33인들부터 매우 평화적인 방법으로 자신들의 생각을 표현했다. 그들은 이 운동에 참가한 사람들이 동요하는 것을 원하지 않았다. 그래서 그들은 시위대들이 밀집해 있는 탑골 공원에 가지 않고 식당에서 자기들끼리만 집회를 갖고 자수해서 바로 경찰서로 압송되었다. 따라서 이 과정에 어떠한 충돌도 없었다. 시민들도 마찬가지였다. 그들도 무력으로 일본 경찰에 맞서지 않고 평화적으로 두 손을 치켜들면서 '대한독립만세'를 외치기만 했다. 그들은 자신들의 독립의지를 만천하에 알리기만 하면 됐지 일본 경찰이나 군대와 충돌을 빚을 생각은 전혀 없었다. 무력으로 그들을 제압해서 자신들이 원하는 것을 쟁취하려는 의도가 없었다는 것이다.

　　3.1 운동이 갖고 있는 이 같은 평화적인 접근법은 칭송받아 마땅하다. 지금까지 있어 왔던 전 세계 시민운동 가운데 이렇게 평화적으로 시종일관했던 운동은 흔하지 않기 때문이다. 그러나 한편으로는 다음과 같은 의문이 생기는 것을 피할 길이 없다. 만일 한국이나 일본과 전혀 관계가 없는 제3자가 3.1 운동을 냉정하게 관찰했다면 어떻게 반응했을까? 혹시 '한국인들은 자신들이 저렇게 만세만 부르면서 독립을 달라고 하면 과연 세계적인 제국인 일본이 순순히 독립을 시켜줄까' 하는 평을 내놓지 않았을까?

이것은 충분히 가질 수 있는 생각이다.

객관적으로 당시의 정세를 판단해볼 때 일본이 한국을 포기하는 일은 결코 일어날 수 없는 일이었다. 일본이 이 알토란같은 조선을 왜 놓아주겠는가? 그리고 국제정세도 일본에 유리했다. 국제적으로 입지가 탄탄한 일본을 향해 당시 어떤 나라도 일본에게 조선이라는 좋은 식민지를 뱉어내라고 할 리가 없기 때문이다. 국제정치란 힘만이 작동하는 무법천지다. 도덕이고 명분이고 없다. 힘이 제일 센 국가가 제멋대로 하는 것이다. 이것은 지금도 그다지 달라진 게 없지만 당시에는 그 정도가 훨씬 심했다.

당시 국제 정치란 정글과 같아 경제적으로나 군사적으로 강한 나라가 제멋대로 하고 있었다. 그런데 한국인들은 그런 국제적인 현실을 전혀 고려하지 않고 그저 만세만 부르면서 독립을 달라고 했으니 제3자가 보면 도무지 이해할 수 없다고 했을지도 모른다. 당시 한국은 어떠한 힘도 없었다. 이것은 한국이 독립하게 된 요인을 보면 알 수 있다. 이러한 냉혹한 국제 질서에서 한국이 독립한 것은 자신들의 힘이 아닌 국제간의 전쟁에서 일본이 패함으로써 가능했다. 한국인들이 암만 용을 쓰고 독립운동을 해봐야 힘이 약하기 짝이 없는 한국으로서는 강대국들이 하자는 대로 이끌릴 수밖에 없는 것이다.

그러면 한국인들은 왜 이런 실패할 수밖에 없는 터무니없는 독립운동을 했을까? 여기에는 여러 가지 답이 있을 수 있겠지만 이 책의 논지를 적용하면 다음과 같지 않을까 싶다. 즉 한국인들은 '우리가 이렇게 선하게 너희들을 대하니 너희들도 우리를 선하게 대하라'고 생각한 것 아닐까? 앞에서 한국인들은 자신들의 선한 심성을 외부 세계에 투사했다고 했는데 이번에는 이것을 일본 제국주의자들에게 투사한 것이다. 그래서 그들은 그 잔악한 일본 제국주의자들도 선하게 바뀔 것이라고 생각했던 것 같다. 이런 정황은 기미독립선언서에 잘 나타나 있다. 이 글에서 민족지도자들은 '자신들을 일깨우기 바빠 일본의 옳지 못함을 책망할 겨를이 없다'고 주장하고 있다. 자신들의 일은 '남을 헐뜯는 데에 있지 않고 나를 바로 잡으라는 엄숙한 양심의 명령에 따른다'고 천명한 것이다. 그런데 이 문구는 얼마나 선한 것인가? 선하다 못해 순진무구하기 짝이 없다. 자기 나라를 병탄하고 온갖 악행을 일삼는 나라를 향해 너희들을 탓할 생각은 없고 우리 할 일만 하겠다고 하니 이 얼마나 착한 것인가?

여기서 나는 김소월의 '진달래꽃'이라는 시가 떠오르는 것을 피할 길이 없다. 독립선언문에서 보인 정신이 이 시에도 흐르고 있기 때문이다.

나 보기가 역겨워
가실 때에는
말없이 고이 보내 드리오리다.

영변(寧邊)에 약산(藥山)
진달래꽃
아름 따다 가실 길에 뿌리오리다.

가시는 걸음 걸음

놓인 그 꽃을

사뿐이 즈려 밟고 가시옵소서

나 보기가 역겨워

가실 때에는

죽어도 아니 눈물 흘리오리다

내가 싫어서 가는 이에게 어떤 악담도 하지 않고 고이 보내줄 뿐만 아니라 그 가는 길에 꽃까지 뿌려주겠다는 이 마음이 사무치게 선한 마음이 아니면 무엇이겠는가? 그러면서도 자신의 약한 모습을 보이기 싫어 눈물을 흘리지 않겠다는 강한 자존심도 잊지 않고 챙기고 있다. 소월은 잘 알려진 것처럼 가장 한국적인 시인이다. 그의 시 속에는 누구를 원망하기보다 자신을 먼저 질책하는 한국인의 선한 심정이 잘 드러나 있다. 이러한 마음은 지금 본 독립선언서에도 잘 드러나 있다.

이렇게 선언문을 통해 자신의 선한 심정을 드러낸 한국인들은 어떤 심산을 갖고 있었을까? 추정에 그칠 수도 있겠지만 나는 당시 한국인들이 이렇게 평화적으로 시위를 하면 독립을 얻어낼 수 있다고 생각했던 것 같다. 그 근거는 무엇일까? 아마도 당시의 한국인들은 그 선함에 일본인들이 감동하여 자신들의 말을 들어줄 것이라고 상상한 것 같다. 우리가 이렇게 선하니 당신들도 선할 수 있다고 생각한 것 아니냐는 것이다. 자신들의 선함을 일본인들에게 투사한 것이다. 한국인들의 이런 기대는 물론 실현되지 않았다. 이것은 충분히 예상할 수 있는 일이었다. 사실 그들의 시도는 냉혹한 국제 질서를 알지 못했던 무지와 순진함에서 비롯된 것이라 할 수 있다. 그러나 그 시도 자체는 매우 선한 것이었다. 이것은 한국인들에게 선한 심성이 있지 않았다면 가능하지 않은 일이었을 것이다.

이러한 태도는 1907년에 있었던 헤이그 밀사 사건이나 1919년에 한국의 유림(儒林)이 파리에서 열린 만국평화회의에 보낸 장서의 내용에서도 발견된다. 당시 한국인들은 그런 세계적인 회의에 가서 자신들의 억울한 심정을 토로하면 각국의 대표들이 동조해줄 것으로 생각했던 모양이다. 우리가 선하게 접근하면 상대방도 선하게 나올 것이라고 생각한 것이다. 그러나 잘 알려진 것처럼 당시의 회의는 강대국들이 자신들의 이익을 챙기는 데에 바빴기 때문에 조선 같은 작고 보잘 것 없는 나라, 그리고 식민지로 전락한 나라에 대해서는 아무 관심도 갖지 않았다. 한국인들은 국제 질서나 국제 정치에 어두워 이 같은 순진한 일을 한 것이다. 그러나 이 경우도 한국인들이 선한 심성을 바탕으로 선한 방법으로 접근했다는 것은 흔들리지 않은 사실이라 하겠다.

정리하면서

이제 정말로 순례의 종착역에 닿았다. 이 책에서 나는 한국의 미래에 대해 예측해보았는데 그 접근 방법이 꽤 독특했다. 한국의 미래에 대해서는 여러 방법으로 접근할 수 있을 것이다. 예를 들어 정치경제학적인 면에서 접근할 수도 있고 사회학적인 방법으로도 접근이 가능할 것이다. 그런데 이번 책에서는 생뚱맞게 이런 학술적인 접근이 아니라 이른바 영능력자(그리고 영적인 존재)들의 투시적인 예언이라는 접근법을 택했다. 이렇게 했던 가장 큰 이유는 영적으로 아주 높은 수준에 있는 사람이라면 어떤 학자도 할 수 없는 전체적인 조망을 할 수 있으리라는 믿음 때문이었다. 영능력자들은 학자를 포함해 평범한 범인들이 갖지 못한 엄청난 직관력을 갖고 있다. 그 때문에 이들의 말을 주목해본 것이다.

그 결과 한국의 미래는 대단히 밝은 것으로 드러났는데 그와 함께 한국인들은 영적인 소명이 있다는 식의 예언이 많았다. 한국인들은 정치경제적이나 군사적으로 뛰어난 능력을 계발하여 전 세계에 기여하는 것이 아니라 정신적인 면에서 세계에 빛을 선사할 소명을 갖고 있다는 것이다. 이런 예언이 과연 실현 가능한 것인가의 여부를 조사하고자 우리는 한국인의 심성과 문화를 검토해 보았다. 그랬더니 한국인이 지닌 것으로 생각되는 영성은 아무리 후하게 쳐도 높은 것이라 할 수 없었다. 이렇게 판정할 수 있는 근거로 여러 가지를 들 수 있는데 그 중의 하나로 현재 한국의 영적 지도자 가운데에는 전 세계적으로 추앙 받는 사람이 하나도 없다는 것을 들 수 있다. 한 민족이 영적으로 높은 민족으로 인정을 받으려면 무엇보다도 그 나라에 위대한 영적인 지도자가 있어야 한다. 내가 개인적으로 볼 때 지금 세계에는 위대한 영적 지도자가 없다. 이 지도자는 그저 그런 사람이 아니다. 그 수준이 엄청나야 한다. 이 정도의 수준이 되는 사람을 예로 들면, 이슬람의 신비주의자인 루미(1207~1273)나 가톨릭의 신비주의자였던 아빌라의 테레사 수녀(1515~1582), 그리고 선종을 창시한 중국의 혜능(638~713) 등을 들 수 있을 것이다. 지금 세상에는 이들에 버금가는 사람이 없다. 기껏해야 미국의 고(故) 빌리 그레이엄 목사나 티베트의 달라이라마, 로마의 교황 정도가 있을 뿐이다. 이들이 세계적으로 유명한 종교인인 것은 맞지만 앞에서 예로 든 신비가들에 비하면 그다지 높은 수준에 있다고 할 수 없다.

그런데 한국에는 이 정도 급의 종교가들마저 없다. 교회가 그렇게 많고 신학교가 엄청 많은데도 전 세계적으로 저명하면서 세계의 기독교를 이끌고 나아가는 목사가 없다. 불교도 마찬가지다. 전 세계의 불교계에서 한국 불교가 차지하는 위상은 높지 않다. 그래서 세계적인 스타 승려가 없다. 유림이나 다른 민족 종교들은 그저 연명하는 수준이니 여기서도 기대할 만한 인물이 없기는 마찬가지다. 모두 한국 안에서만 떵떵거리지 외국에서는 아무도 알아주지 않는다. 이런 것을 통해 우리는 한국인의 영적 수준이 그리 높지 않다고 추정할 수 있다. 그러나 한국은 영적인 에너지가 충만하다고 했다. 아마 일요일 오전마다 전국에 있는 교회에서 뿜어져 나오는 에너지는 엄청날 것이다. 전체 인구의 4분의 1이 교회 혹은 성당을 다니고 있으니 그렇게 말할 수 있을 것이다. 동아시아에서 인구 비율로 따져볼 때 기독교인이 가장 많은 나라는 단연 한국이다. 그러니 영성을 향한 에너지가 엄청 날 수밖에 없는 것이다.

그런데 문제는 이 영적인 에너지에 방향타가 없다는 것이다. 그래서 그저 개인 구복이나 치성에만 매달린다. 따라서 사회에 좋은 영적인 문화가 형성되지 않는다. 만일 한국인이 지닌 영적인 에너지가 질적으로 전환된다면 그 힘은 엄청날 것이다. 질적인 전환이란 윤리적인 선함을 말한다. 영성의 발달에서 가장 기본적인 것은 도덕 혹은 선함을 갖추는 것이다. 만일 이 토대가 없다면 영성의 고양은 일어나지 않는다. 따라서 만일 한국이 미래에 세계의 정신을 인도하는 국가가 되려고 한다면 한국인들은 우선 한국 사회 내에서 선함을 찾는 운동을 일으켜야 한다. 그것을 통해 사회에 선한 문화가 만들어져야 한다. 만일 이 일이 성공해 영적인 에너지에 추진력이 생긴다면 어떤 일이 벌어질지 아무도 모른다. 선한 문화를 만들어 한국인들의 선한 심성을 깨우기 위해서 무엇을 어떻게 해야 하는지는 또 다른 큰 주제라 여기에서 다루지 않겠다. 또 그런 엄청난 일이 한 사람의 머리에서 나올 수도 없다. 한국이 미래에 세계를 정신적으로 이끄는 나라가 될 수 있는지의 여부는 전적으로 한국인들이 손에 달려 있다는 것을 잊지 말자.

에필로그

　여기서는 본문에 넣지 못했지만 꼭 포함시켰으면 하는 몇 가지 이야기를 마지막으로 소개해보려고 한다. 본문에서는 영능력자들의 예언을 소개하기에 바빠 정작 내가 생각하는 한국의 미래에 대해서는 밝히지 못했다. 내가 생각한 미래라고 했지만 앞에서 본 예언과 다른 특출한 것이 있는 것은 아니다. 내가 생각하는 한국의 미래도 영능력자들이 밝힌 것과 대동소이하다. 이것을 정리하면 다음과 같다. 한국은 앞으로 많은 혼란이 있겠지만 전쟁 없이 통일될 것이다. 통일 뒤에도 새로운 한국으로 태어나기 위해 격랑의 세월을 겪겠지만 큰 나라로 우뚝 설 것이다. 거기서 더 나아가 한국인들이 선하고 좋은 문화를 만들어낸다면 세계에 빛을 선사할 수 있을 것이라는 것이 나의 아주 거친 예측이다.

　그런데 한국이 앞으로 세계의 중심까지는 아닐지라도 중요한 역할을 할 것이라는 징조가 요즘에 확실히 보이고 있다. 사실 나 같은 구세대들은 한국이 세계에서 중요한 국가가 될 것이라고는 꿈에도 상상하지 못했다. 우리들은 우리의 조국인 한국이 노상 싸움만 하는 별 볼 일없는 3등 국가로 끝날 줄 알았다. 백인들을 앞서는 일은 아예 꿈도 꾸지 않았고 일본도 절대로 이기지 못할 것이라고 생각했다. 우리는 철저한 '루저'였다. 그런데 상황이 20세기 말부터 서서히 바뀌더니 이제는 적어도 경제적으로는 한국이 전 세계에서 상당히 중요한 국가가 되었다. 경제적으로는 그렇게 성공을 거뒀지만 문화적인 면에서 볼 때 한국은 세계 문화의 주류에 들어가지 못하고 노상 백인(그리고 흑인)들 것만 베끼기 바빴다.

그랬던 것이 한류가 터지면서 한국이 세계 문화의 중심에 들어갈 수 있다는 가능성이 보이기 시작했다. 한국인들은 아직도 이 한류라는 현상이 얼마나 특이한 것인지 잘 모르고 있는 것 같다. 왜 특이하다고 하는 것일까? 한류는 한국 역사상 처음으로 한국의 문화를 전 세계로 수출하고 그 중심 자리에 들어간 사건이기 때문이다. 지금껏 한국은 문화적으로 항상 변두리에만 있었다. 세계인들은 워낙 한국에 대해 무지했기 때문에 한국에 대해 아무 관심이 없었다. 사정이 그러하니 한국 문화라는 것은 전 세계인들에게 아무 의미가 없었다. 그러다가 음악과 드라마가 중심이 된 한류가 세계로 스멀스멀 퍼져 나갔고 '방탄소년단'이 나오면서 한국 가요가 세계 대중문화의 주류가 되었다. 이 현상에 대해서는 단행본을 쓸 수 있을 정도로 할 말이 많지만 그것은 다음 기회로 미루고 한국의 대중음악이 세계의 중심에 섰다는 사실에만 주목하자.

이 현상은 앞으로 한국의 (전통) 문화가 세계의 중심에 설 수 있다는 가능성을 보여준 것이다. 그래서 나는 한류란 한국 문화의 세계화를 가능하게 해 줄 마중물에 비유한다. 달리 표현하면 한국 문화의 세계화를 알리는 새벽과 같은 존재라 하겠다. 한국 문화가 세계로 향해 가는 여명을 밝힌 것이다. 만일 이것이 옳은 판단이라면 앞으로 한국은 대중문화를 넘어서서 한국의 '정신'을 세계에 선사해야 할 것이다. 이 이른바 한국의 '정신'이라는 용어는 많은 논란이 있을 수 있겠지만 간단하게 보면 한국인들이 고래로 지켜온 가치관, 세계관, 자연관으로 보면 되겠다. 이것이 무엇인지에 대해서는 앞에서 이미 많이 이야기했으니 더 언급할 필요 없다. 다만 이 일을 정말로 추진하려 한다면 많은 연구와 준비가 필요할 것이라는 것만 이야기 해두자. 우리가 한국의 대중음악을 수출하기 위해 많은 돈을 쓰고 엄청난 노력을 기울인 것처럼 이 일도 그렇게 해야 된다는 것인데 이 일은 한류 수출과는 비교가 안 되는 큰 기획이 필요할 것이다.

내가 한국의 미래를 좋게 보는 데에는 여러 근거가 있는데 그 하나는 한국의 어린 세대와 젊은이들이다. 나는 대학에 있으니까 젊은 학생들을 많이 보는데 그들은 정말로 잘 생기고 당당하다. 키도 크고 늘씬하다. 특히 젊은 여성들은 실로 빼어나다. 이 같은 사실은 이웃나라를 여행하고 오면 금세 알 수 있다. 한국 젊은이들은 이웃나라 젊은이들과 기운 자체가 다르다. 또 어린이들은 똑똑하기 그지없다. 이들에게는 도무지 내가 클 때의 그런 흐리멍덩함이 보이지 않는다. 아예 종(種)이 다른 것 같은 느낌이다. 그래서 앞으로 이 젊은 세대들이 이 나라를 이끌게 되면 한국은 완전히 다른 나라가 될 것이다. 20년 뒤쯤이면 이들이 중요한 자리에 포진할 터인데 그때에는 한국이 빛나는 나라가 될 것이라는 희망을 가져본다.

한국이 뻗어나가고 있는 나라라는 것을 알 수 있는 또 하나의 징표는 전세계에서 활약하고 있는 한국의 젊은이들이다. 아직 학계에는 세계적으로 뛰어난 젊은 한국학자가 없지만 스포츠계나 문화계에는 대단한 친구들이 많다. 김연아, 조성진 등으로 시작되는 그 예는 독자들이 다 알고 있을 터라 굳이 전부를 언급할 필요 없다. 이런 혁혁한 젊은이들이 있는 나라가 왜 망하겠는가? 현재(2020년) 한국은 대단히 어려운 시간을 보내고 있다. 북한의 핵 위협은 말할 것도 없고 주변의 나라들과도 관계가 좋지 못하다. 정치가 미숙하기 짝이 없어 이 같은 위기 상황에 제대로 응대하지 못하고 있다. 한국의 외교나 군사, 경제가 이렇게 헤맨 적이 없는 것 같은데 그럼에도 불구하고 한국은 이 난국을 잘 헤치고 전진할 것이라는 것이 내 예상이다. 이유는 간단하다. 한국의 젊은이들이 품고 있는 기운이 좋게 느껴지기 때문이다.

앞에서 한국의 젊은이들이 아주 수려하고 선하다고 했는데 나는 그와 관련해 조금 엉뚱한 생각을 한다. 이 땅에 사는 동물이나 곤충(그리고 식물)들도 선하다는 것이 그것이다. 독자들은 아마 한국인들이 선한 성품을 갖고 있다는 내 주장까지는 받아들일 수 있지만 토종 동물이나 곤충들도 착하게 보인다는 주장은 너무 나아간 것 아니냐고 힐문할지도 모르겠다. 그래서 이 내용은 본문에 넣지 않고 이렇게 에필로그로 뺀 것이다. 그러나 국수적이라는 비판을 각오하고 몇 마디 하면 다음과 같다.

나는 원래 한국에서 발견되는 토종 동물이나 곤충들이 선하게 보인다는 생각을 한 적이 없다. 그러다 해외에서 같은 종의 동물들이 들어오면서 자연스럽게 토종들과 비교하게 되어 알게 된 것이다. 이를 테면 토종 붕어를 볼 때 우리는 별 생각이 없이 붕어는 다 저렇게 생긴 것이라고 여겼다. 그러다 입 큰 베스 물고기 같은 무법자가 외국에서 들어오자 토종 붕어가 얼마나 순박하고 착하게 생겼는지 알게 되었다. 베스는 생긴 것도 사납고 아가리도 커서 닥치는 대로 아무것이나 먹는 남획자로 이름이 높다. 흡사 서양의 제국주의자들 같은 모습이다. 동물들도 사람을 닮는 모양이다. 이에 비해 토종 붕어는 세상 물정 모르는 순둥이 같다.

개도 그렇다. 토종이라 할 수 있는 황구(누렁이)를 보면 꼭 한국인을 보는 것 같다. 다 착하게만 보인다. 그래서 토종개를 보면 그것이 진돗개든 풍산개든, 아니면 그냥 황구든 도무지 무섭게 생긴 개가 없다. 외래종인 불도그처럼 사납고 이상하게 생긴 개가 없다. 특히 시골에 있는 황구를 보면 너무 순박해 말을 못 이을 정도다. 이것은 나만의 느낌이 아닌 게 내게서 박사학위를 한 중국 제자가 '선생님, 한국은 개도 예뻐요'라고 했기 때문이다. 그에 따르면 중국개는 한국 개처럼 예쁘지 않다고 한다. 그의 말이 사실인지 아닌지 모르지만 이전에는 한국 개가 그렇게 착하게 생겼는지 나도 몰랐다. 그러다 애완견 문화가 유행하면서 수많은 외래종의 개가 한국에 소개되자 한국 토종개들의 외모와 비교되기 시작했다. 그렇게 놓고 보니 토종개들은 순하기 짝이 없었다. 다른 동물은 몰라도 개들은 주인의 모습이나 성향을 많이 닮는 것 같다. 이유는 간단하다. 사람과 워낙 가깝게 지내기 때문이다. 따라서 토종개들이 착하게 보인다면 그 주인인 한국인들도 그런 심성을 갖고 있을 것이라는 추정이 가능하겠다.

다람쥐도 그렇다. 한국인은 어려서부터 토종 다람쥐만 보아왔기 때문에 다른 나라의 사정을 잘 몰랐다. 그런데 사실은 1960년대부터 한국의 다람쥐는 전 세계로 수출되고 있었다. 애완동물로 그 귀여움을 인정받았기 때문이다. 지금까지 수출된 마릿수를 계산해보면 아마 수백만은 될 것이다. 한국 다람쥐가 앙증맞고 귀여운 것은 한국인들도 알고 있었지만 다른 나라에 이런 다람쥐가 없는 줄은 알지 못했다. 다른 나라의 다람쥐도 모두 그렇게 생겼을 것이라고 생각했을 것이다. 그런데 실제로 다른 나라 다람쥐를 접해 보니 하나 같이 거칠고 험하게 생겼다는 것을 알게 되었다. 나는 매일 새벽에 남산을 가기 때문에 그곳에서 다람쥐를 자주 만난다. 그래서 한국 다람쥐가 얼마나 귀여운지 매일 체험한다. 그런데 의문이 하나 생겼다. 이전에는 쥐처럼 큰 다람쥐가 대세였는데 지금은 큰 다람쥐들은 없어지고 작은 다람쥐들만 있으니 그 이유를 모르겠다. 옛 다람쥐의 크기를 지닌 것은 청솔모밖에 없는데 큰 다람쥐들이 다 어디로 갔는지 궁금하다.

남산 이야기가 나와서 말인데 남산서 만나는 외래종에 대해서도 많은 유감이 있다. 남산에는 곳곳에 꽃을 많이 심어 놓았는데 이것들은 전부 수입 종 일색이다. 그래서 그냥 보면 예쁘게는 보이는데 화려하기만 하고 당최 한국 고유의 맛이 나지 않는다. 이전에는 꽃들을 보아도 고향을 느낄 수 있었고 마음이 편했는데 지금 보는 수입 종 꽃에서는 그런 것을 하나도 느끼지 못하겠다. 지금 한국의 꽃밭은 얼이 빠진 느낌이다.

꽃들은 그렇다쳐도 외래 곤충들은 정말로 못 봐주겠다. 이것들은 징그럽기 짝이 없을 뿐만 아니라 한 번 유행하기 시작하면 온 산을 뒤덮기 때문이다. 그래서 나무나 풀의 줄기에 수십 마리가 달라붙어 식물들을 고사시킨다. 바로 선녀 벌레나 꽃매미(일명 중국 매미) 같은 벌레들이다. 토종들은 결코 이런 식으로 생태계를 교란시키지 않는다. 그런데 어쩌다 들어온 외래종들은 이렇게 막장 짓을 한다. 이 꽃매미라는 것은 생긴 것부터 음흉하다. 날개가 갈색으로 되어 있는데 그 색깔이 매우 우중충하다. 그러다 날개를 옆으로 펴면 안에서 난데없이 화려한 분홍 색깔의 몸체가 나온다. 흡사 자신의 본 모습을 숨기고 있다가 화려한 분홍색으로 상대 곤충을 유혹하려는 모습이다. 이렇게 앞뒤가 다른 곤충은 처음 보았다. 그래서 음흉하다고 하는 것이다.

또 이 벌레의 유충은 더 '재수 없게' 생겼다. 여름에는 남산에서 매일 이 유충을 보는데 나는 처음에 이 벌레가 외래 산 무당벌레인 줄 알았다. 그런데 조사해보니 이 꽃매미의 유충이었다. 생긴 게 화려한 것 같기는 한데 한국의 자연에는 어울리지 않았다. 나는 이 벌레의 정체를 몰랐을 때에도 이것은 분명 외국서 들어온 것이라고 확신했다. 이 벌레는 도무지 선하게 보이지 않았기 때문이다. 선녀벌레도 여름에는 매일 보는데 그 징그러움에 대해서는 말하지 않는 것이 낫겠다. 이 벌레는 식물의 줄기에 수십 수백 마리가 달라붙어 즙을 빨아 먹음으로써 그 식물을 고사시킨다. 식물의 줄기가 이 하얀 벌레들로 뒤덮여 있으면 보기마저 안쓰러워진다. 이 식물이 얼마나 답답할까 하고 말이다.

나의 이런 이야기를 들으면 동식물이나 곤충을 가까이 하면서 사는 분들은 할 말이 많을 것이다. 각 영역에서 토종들이 외래종들에게 어떻게 당하고 있는지에 대해 할 말이 많을 것이라는 것이다. 예를 들어 한국의 토종 꿀벌들이 수입산 꿀벌에게 밀려 멸종 위기에 있다는 논문이 있는데 이것 역시 한국 벌들이 순해서 그럴 것이다. 재래종이 수입종에게 당한다는 소리를 하도 많이 들어 이 꿀벌 소식도 낯설지 않다. 그런데 요즘에 와서는 재래종들이 반격을 시도하고 있다는 반가운 소리도 들린다. 어떻든 앞에서 말한 대로 같이 사는 사람과 동물은 닮는 경향이 있는 듯하다. 만일 이 이야기가 사실이라면 이 땅에 사는 동물(그리고 식물)들이 한국인을 닮는다고 해서 이상한 일은 아닐 것이다.

예언 종교사상가들이 예언한 한국의 미래와 사명

지은이 | 최준식
펴낸이 | 최병식
펴낸날 | 2020년 6월 1일
펴낸곳 | 주류성출판사
주소 | 서울특별시 서초구 강남대로 435(서초동 1305-5) 주류성빌딩 15층
전화 | 02-3481-1024(대표전화) 팩스 | 02-3482-0656
홈페이지 | www.juluesung.co.kr

값 18,000원

잘못된 책은 교환해 드립니다.

ISBN 978-89-6246-419-1 03210